SOUVENIRS

DU

GÉNÉRAL Cᵀᴱ FLEURY

L'auteur et les éditeurs déclarent réserver leurs droits de reproduction et de traduction en France et dans tous les pays étrangers, y compris la Suède et la Norvège.

Ce volume a été déposé au ministère de l'intérieur (section de la librairie) en mai 1897.

Le Commandant Fleury
Chef d'Escadrons au 3ᵉ Spahis (1848)

SOUVENIRS

DU

GÉNÉRAL C^{TE} FLEURY

TOME PREMIER

(1837-1859)

Avec deux portraits en héliogravure

PARIS

LIBRAIRIE PLON

E. PLON, NOURRIT ET Cie, IMPRIMEURS-ÉDITEURS

RUE GARANCIÈRE, 10

—

1897

Les « Souvenirs » du général Fleury que nous présentons aujourd'hui au public ont été écrits dans les dernières années de sa vie ; la mort du Prince impérial le plongeant dans un inconsolable deuil et détruisant ses espérances justifiées, le général Fleury avait cherché dans un travail absorbant un adoucissement à sa douleur. Craignant de ne pouvoir mener à bonne fin la tâche qu'il s'était imposée, jugeant son œuvre incomplète, puisque même aux parties faites, il n'avait pu donner l'empreinte définitive, il n'a pas voulu appeler « Mémoires » ces pages écrites pour ses enfants, et qui ne devaient être publiées que dix ans après sa mort.

Les différents aspects de la carrière du général Fleury — militaire, politique, diplomatique — retracés comme ils le sont, sans prétention, mais avec l'accent de la sincérité, peuvent paraître intéressants au public d'aujourd'hui qui cherche des documents vécus sur des événements contemporains.

L'auteur présente les faits comme il les a compris,

parfois spectateur, acteur le plus souvent. Sans chercher à établir la synthèse de l'histoire du second Empire, il a simplement raconté ce qu'il avait fait et vu, évoquant par des portraits et des anecdotes les figures dignes de remarque qu'il a rencontrées.

La mort a surpris le général Fleury aux trois quarts de son œuvre. On ne trouvera donc dans ces « Souvenirs » aucune révélation sur la politique suivie par le parti bonapartiste depuis la guerre de 1870 jusqu'au drame du Zoulouland.

Faire revivre certains épisodes des guerres d'Afrique, dont quelques glorieux survivants demeurent encore, redresser les erreurs des historiens, surtout des pamphlétaires, en ce qui regarde les événements de 1851-1852, exposer les phases les plus saisissantes de l'Empire, défendre contre les calomnies la mémoire de l'Empereur auquel il était si fidèlement attaché, tel a été le but du général Fleury, qui a rempli des fonctions si différentes, de l'état-major de Yusuf à l'ambassade de Saint-Pétersbourg.

Le texte, écrit en entier de la main de l'auteur, a été scrupuleusement respecté. On s'est borné à fixer quelques dates et à ajouter des notes succinctes. L'ordre chronologique des événements, du reste, y est assez fidèlement observé pour que le lecteur en suive aisément la trame.

A MES FILS

Vous me demandez depuis longtemps de consigner dans des Souvenirs les principaux événements de ma vie, grands ou petits, privés ou politiques, auxquels j'ai été mêlé avant et pendant le second Empire.

Je le fais pour vous complaire, persuadé que je suis — si Dieu me prête vie jusqu'à la fin de ma tâche — de rectifier, chemin faisant, beaucoup d'erreurs commises par les historiens ou les pamphlétaires de cette époque. Ce sera aussi pour moi le moyen de payer ma dette de reconnaissance envers ce cher Empereur que j'ai tant aimé.

Je ne donne donc pas à ces Souvenirs anecdotiques le nom de Mémoires. Lorsqu'on n'a été ni chef d'armée, ni ministre, ce titre m'a toujours paru prétentieux.

Si, plus tard, vous faites publier tout ou partie de ces pages, après les avoir mises en ordre, sans toutefois en altérer le sens, vous pourrez affirmer qu'elles ont été écrites en connaissance de cause, avec conscience et le désir sincère de ne dire que la vérité.

Comme je ne suis, pour ainsi dire, que le fils de mes œuvres, et que je ne dois ma notoriété ni à mes aïeux ni à ma fortune, je ne m'étendrai pas trop complaisamment sur *mes commencements et sur mon origine qui n'offriraient qu'un intérêt secondaire.*

En quelques lignes, très sobres, je parlerai de ma jeunesse, de ma vie de plaisir et de dissipation, parce que cette époque, par une étrangeté, correspond à ce fait considérable qui a tant influé sur ma destinée, c'est-à-dire à mes premières relations avec le prince Louis-Napoléon.

Douze années passées en Afrique me séparent de celui dont le souvenir ne se sera pas effacé un instant de mon esprit, et me ramèneront chef d'escadrons, plein de foi dans l'idée napoléonienne, pour offrir au futur Empereur le concours de mon inaltérable dévouement.

Un grand deuil, qui a plongé la France entière dans la stupeur, vous a infligé à vous-mêmes un immense chagrin. Raidissez-vous, chers enfants, contre ces coups immérités de la Providence. Restez convaincus que le sang du Prince impérial n'a fait que féconder sa cause, et que c'est sous l'égide de ce nom glorieux que le pays, une fois encore, reviendra chercher son salut.

Général Cte *F*LEURY

Salvanet (Haute-Vienne), 24 septembre 1879.

SOUVENIRS
DU
GÉNÉRAL FLEURY

CHAPITRE PREMIER

Mes premières années de jeunesse. — Départ pour l'Angleterre. — Ma rencontre avec le comte de Persigny et le marquis de Gricourt. — Ma présentation au prince Louis-Napoléon à son retour d'Amérique. — Je rentre en France et je m'engage aux spahis.

Je suis né le 23 décembre 1815.

A dix-sept ans et demi, je sortais du collège Rollin, où j'avais été élevé. Ayant perdu mon père de bonne heure, lorsque j'avais à peine quatorze ans, je manquai, dans ma première jeunesse, de cette direction méthodique et suivie qui impose le travail, stimule l'amour-propre et contribue puissamment aux études utiles.

Ma mère s'étant remariée après deux ans de veuvage, je me trouvai, ainsi que mon frère, mon aîné de trois ans, dans des conditions de liberté telles, que je n'aspirai plus qu'au jour où, quittant la rue des Postes, je pourrais me lancer dans la vie élégante vers laquelle je me sentais entraîné.

Émancipé à dix-huit ans, dès lors maître de ma fortune, je dissipai en quelques années presque tout mon patrimoine.

Mes amitiés, mes relations, mon éducation étaient distinguées. Aussi je puis dire, non pour excuser ma conduite, mais pour l'expliquer, que si, à ma majorité, j'étais ruiné, je n'en avais pas moins conservé une bonne situation près des jeunes gens d'un monde élevé avec lesquels je venais de vivre.

Grand amateur de chevaux, bon cavalier, disait-on, montant dans les courses du bois de Boulogne, de Versailles et de Chantilly, je m'étais fait bien vite une petite renommée. M. le duc d'Orléans, très répandu, très populaire, très protecteur de la jeunesse dorée, me faisait souvent l'honneur de me distinguer à la promenade et aux courses. Ses frères, Nemours et d'Aumale, devaient plus tard me continuer en Afrique ces agréables et flatteuses sympathies.

Quoi qu'il en fût de cette existence brillante, l'heure de prendre un parti ayant sonné pour moi, je me décidai à me retirer en Angleterre avec les épaves de ma fortune.

J'allais de préférence dans ce pays, où m'appelaient mes goûts et mes habitudes, dans le but de vivre très modestement, de saisir l'occasion, s'il s'en présentait une, d'entrer dans une grande maison de banque, afin de me refaire une situation.

J'étais à peine installé à Londres que ma mère, la comtesse de Pritelly, — de son second mariage, — me recommandait au général Sébastiani, notre ambassadeur. Il fut un moment pour moi question d'entrer dans la diplomatie sous son puissant patronage. Mais cette résolution étant incompatible avec mes projets sérieux et les faibles ressources qui restaient à ma disposition, je ne donnai pas suite aux bonnes intentions de l'ambassadeur et aux visées ambitieuses de ma mère.

Cette charmante et douce personne faisait ainsi un effort tardif et irréfléchi pour réparer le mal que nous avait causé, à mon frère et à moi, l'indulgente légèreté de son caractère.

Toutefois, je dois dire que jamais la pensée ne m'est venue de lui faire mentalement un reproche de son manque de fermeté. En se remariant selon son goût, avec un homme de bonne société, c'est vrai, mais sans aucune fortune, et qui devait un jour dissiper notre héritage, elle n'avait évidemment pas rempli son devoir vis-à-vis de ses enfants. Elle n'avait pas remplacé notre père, si sage, si sévère, en même temps que si plein de sollicitude et de tendresse pour nous. Mais, ai-je le droit d'en vouloir à ma pauvre mère, lorsque loyalement je ne peux méconnaître que, si je suis arrivé aux plus hautes destinations, je le dois aux écarts mêmes de ma première jeunesse? Si j'avais modestement conservé mon bien, je ne me serais pas à coup sûr fait soldat! Je n'aurais pas connu le prince Louis-Napoléon, et je ne serais pas devenu colonel, général de division, sénateur, grand écuyer de l'Empereur, son aide de camp, son ami et son ambassadeur à Saint-Pétersbourg!

J'étais à Londres depuis deux mois environ, lorsque je rencontrai le comte Fialin de Persigny, ainsi que le portaient ses cartes de visite. J'avais eu l'occasion, à de rares intervalles, d'apercevoir à Paris celui qui allait devenir un de mes meilleurs amis et m'ouvrir des horizons que mon esprit, exclusivement appliqué aux plaisirs et aux élégances du monde, n'avait jamais entrevus jusque-là.

Persigny avait alors vingt-sept à vingt-huit ans. Il arrivait tout droit de Strasbourg après l'échauffourée dont je n'entreprendrai pas ici l'histoire bien connue.

Après s'être sauvé de la bagarre sous le déguisement d'un cuisinier, il était venu se réfugier en Angleterre, préparant le terrain pour le prince Louis-Napoléon, exilé en Amérique, mais qui devait obtenir bientôt la faveur de changer d'exil.

Les Anglais et leur gouvernement peu sympathiques à la royauté de Juillet faisaient très bon accueil à l'ami et au confident du Prince, comme s'ils avaient prévu que Napoléon III dût être un jour leur plus fidèle allié et leur plus ferme soutien. Aussi Persigny, malgré ses manières un peu étranges, était-il recherché dans le monde politique, au grand désespoir de l'ambassade française.

La conformité de notre situation d'exilés, plus ou moins volontaires, nous rapprocha naturellement, et bientôt s'établit entre nous la plus grande intimité. Demeurant porte à porte, habitués du même club, nous vivions littéralement ensemble.

Quelque temps après, nous rejoignit le marquis de Gricourt, qui allait encore resserrer nos liens. Celui-ci avait été une de mes relations habituelles à Paris. Nous nous étions beaucoup connus dans notre vie agitée, avant que, à l'instigation de Persigny, il se fût lancé dans le parti du Prince.

Légitimiste d'origine, il avait, quelques années auparavant, été impliqué dans l'aventure de Mme la duchesse de Berry; mais bientôt désabusé sur l'avenir d'une cause respectable, mais impopulaire, il avait compris tout ce que la cause impériale, au contraire, avait de racines dans le pays, et il s'était résolument associé au premier acte de revendication de Louis-Napoléon.

Persigny et Gricourt étaient donc pour moi une ressource précieuse; j'avoue, tant mes souvenirs sont encore présents, que je les écoutais avec une surprise mêlée d'admiration, lorsque, dans nos veillées tardives, je les entendais développer leurs théories, exprimer leur confiance et leur foi dans l'avenir. Mon esprit s'ouvrait à leur contact. Cette langue politique était toute nouvelle pour moi et je leur suis toujours resté reconnaissant des premières impressions sérieuses que je leur dois.

Gricourt m'apparaissait sous un aspect chevaleresque. Il y avait du vrai gentilhomme dans le langage brillant et imagé de ce jeune homme ardent, joli garçon, distingué, renommé par ses duels heureux et ses bonnes fortunes.

J'avais conçu pour lui une affection très vive que les événements auxquels nous n'avons cessé d'être mélés, pendant plus de trente ans, ont rendue inaltérable (1).

Quant à Persigny, c'était le même inspiré, le même prophète que, douze ans après, je devais retrouver à mon retour d'Afrique.

« Bientôt, disait-il, ce sera l'Empire avec son cortège de pompes, de gloire et d'influence en Europe. » Comme déjà j'avais à peu près renoncé à mes modestes projets et qu'au lieu de vivre avec économie, je m'étais empressé de remonter mon écurie avec trois des plus jolis chevaux de Londres, je caressais volontiers l'idée, au contact de ces hommes vaillants, de prendre du service dès que mes ressources seraient sur le point d'être épuisées. « Vous avez raison, disait Persigny ; engagez-vous, et vous nous reviendrez officier supérieur. Allez, et vous commanderez un jour un des régiments de la Garde ! » Et sous l'action de cette parole chaude et convaincue, je me laissais bercer par ces beaux rêves qui sont devenus des réalités.

Un des motifs qui me faisaient retarder la mise à exécution de mon programme, c'était le désir ardent de voir le prince Louis-Napoléon et de lui être présenté. L'on parlait de son retour des États-Unis. La reine Hortense était très malade, et le gouvernement français ne pouvait plus longtemps refuser au fils la faveur de venir embrasser sa mère pour la dernière fois.

Enfin, vers le mois de septembre, le prince arrivait

---

(1) Le marquis de Gricourt, sénateur sous l'Empire, est mort en 1886.

à Londres, et, grâce à mon ami Persigny, j'eus l'honneur en maintes occasions d'apprécier tout ce que cette grande personnalité avait de sympathique et d'imposant à la fois. Ses traits graves et fermes, son regard bienveillant, ses manières simples et nobles m'avaient frappé, subjugué, à tel point que bien souvent en Afrique leur souvenir ineffaçable me revenait à la pensée.

Toutefois, je ne pouvais m'attarder plus longtemps. Quel que fût l'attrait nouveau que la présence du prince était venue ajouter à mon existence, la raison inexorable me commandait de partir.

Un beau matin, je dis donc adieu à mes amis, et le cœur gros de les quitter, mais l'esprit résolu, je m'embarquai pour la France.

CHAPITRE II

Mon retour à Paris en novembre 1837. — Je m'engage pour l'Afrique. — Ernest Leroy. — Le général Descarrières. — Yusuf. — Je pars pour Alger. — Traversée. — Relâche à Palma. — Le commandant de Montauban.

En arrivant à Paris, j'allai de suite chez mon vieil ami Ernest Leroy. J'étais sûr de trouver auprès de lui le concours le plus affectueux pour m'aider dans les démarches nécessaires à mon engagement et me mettre en rapport avec les personnages qui pourraient m'être utiles.

Il faut expliquer ici ce qu'était Ernest Leroy. Cavalier consommé, ami de la jeunesse, allié à la famille Ney de la Moskowa, un des fondateurs du Jockey-Club, très bien vu des princes et surtout de M. le duc d'Orléans, il exerçait un véritable empire dans le monde des hommes de cheval et de plaisir. Son patronage était aussi recherché à Paris que l'était, à la même époque, sur un terrain plus vaste, celui du fameux comte d'Orsay à Londres.

J'avais beaucoup connu Ernest Leroy avant mon départ pour l'Angleterre. Il habitait rue Saint-Georges; mon frère et moi nous habitions tout à côté, rue Chantereine — aujourd'hui rue de la Victoire. Nous ne passions guère de jours sans nous rencontrer, soit pour déjeuner, soit pour monter à cheval. Il y avait entre nous, malgré la différence d'âge, une véritable intimité. De midi à trois heures, après le repas frugal, venaient des habitués de tous les mondes, militaires, artistes, jeunes gens de la vie élégante qui formaient un petit cénacle intelligent et de bonne compagnie. On y traitait les nouvelles mondaines, chevalines et théâtrales. On s'y donnait souvent rendez-vous pour dîner ensemble, soit chez Riche, soit au café de Paris, et le temps passait agréablement sans trop de souci du lendemain.

J'avais donc une bonne idée en me rendant, au debotté, chez Ernest Leroy.

A ma première visite, j'y rencontrai, par un heureux hasard, le brave et excellent général Descarrières, inspecteur général des remontes. Ce protecteur influent me prit par la main, me conduisit chez le ministre de la guerre et en peu de jours aplanit pour moi toutes les difficultés de l'engagement volontaire.

Partir d'emblée pour l'Afrique, sans passer par un régiment de France, était alors une faveur, et cette faveur il fallait l'obtenir. Cette difficulté, d'ailleurs, existe encore aujourd'hui. C'est au général Descarrières que je dois d'avoir surmonté ce premier obstacle. Il m'est agréable, puisque j'évoque mes souvenirs, grands et petits, de payer à sa mémoire ce faible tribut de ma reconnaissance.

Parmi les nombreux visiteurs du moment qui se donnaient rendez-vous chez Ernest Leroy, était le célèbre commandant Yusuf, qui fixait alors l'attention de tout Paris. L'on racontait ses hauts faits, et la légende en faisait le héros — en dehors de ses succès parisiens — d'une aventure romanesque à Tunis. En disgrâce momentanée après l'échec de la première expédition de Constantine, dont il avait été l'instigateur, il était néanmoins en instance pour retourner en Algérie, avec le grade de lieutenant-colonel pour commander les spahis d'Oran. Il était fortement appuyé par Horace Vernet, bien en cour, chez qui il demeurait, et par une grande dame qui l'honorait de son influente protection.

Apprenant que je venais de m'engager pour le 3ᵉ régiment de spahis, à Constantine, il me dit : « Tâchez d'aller au deuxième à Oran. Si, comme je l'espère, j'en suis nommé le chef, je me charge de vous. Je vous ferai mon secrétaire. » Et, me tendant la main : « Vous serez mon ami. » Fortifié par ces affectueuses paroles, j'entrevis déjà dans cette protection, si gracieusement offerte, les chances d'avancement qui devaient promptement me conduire à l'épaulette.

Malgré sa petite taille, Yusuf m'avait d'ailleurs vivement impressionné. Sa belle tête, son habillement à la turque, son air avenant et martial, sa réputation de bravoure, son histoire étrange, tout concourait à frapper un jeune homme dont l'esprit était aventureux.

Je suivis son conseil, et, muni d'une bonne lettre de recommandation du marquis du Hallay pour M. de Montauban, commandant provisoirement les spahis d'Oran, je me mis en route pour l'Algérie. On s'engageait fort peu à cette époque. La nouvelle de ma détermination fit un certain bruit. Beaucoup de mes amis se réunirent pour me donner un grand dîner et me souhaiter bonne chance.

Le voyage fut très pénible, bien qu'adouci par la bienveillance de l'excellent capitaine Poultier, commandant le bateau. Je l'avais vu à Toulon la veille de l'embarquement, et il s'était pris d'amitié pour moi sur ma bonne mine. Je n'en eus pas moins à souffrir les rigueurs d'une traversée longue et désagréable à tous les points de vue. Non seulement la mer était affreuse à ce moment de l'année, mais la discipline du bord s'opposait à ce que je pusse rester dans le carré des officiers, dont la corde traditionnelle barrait l'entrée. Je fus obligé, à mon grand déplaisir, de passer plusieurs nuits à l'avant. Couché sur le plancher du pont, que les lames couvraient à chaque instant, je me trouvais pêle-mêle avec les soldats passagers entassés comme un troupeau. Or, par une mauvaise chance, notre bâtiment transportait un grand nombre de militaires dirigés sur les compagnies de discipline. Je mentirais si je n'avouais pas les tristes réflexions que le contact de ces hommes grossiers, malades et avinés pour la plupart, me suggérait sous ma couverture mouillée.

Tout mon passé brillant, soit à Paris, soit à Londres, me revenait à l'esprit. Dans ce contraste que caressait mon imagination, les plus séduisants souvenirs, les plus belles phases de ma vie élégante et agitée défilaient dans ma pensée dès que je fermais les yeux, pour me rendre plus amer et plus répugnant, lorsque cessait ma somnolence, le spectacle de la triste réalité. Il était bien entendu cependant que je partais pour devenir colonel de la Garde, ainsi que me l'avait prédit ce bon Persigny... mais il faut convenir que les commencements de ma carrière étaient faits pour me désillusionner un peu.

Comme je n'avais pas encore revêtu mon uniforme, que je ne devais recevoir qu'à Oran, j'étais trahi par un reste d'élégance de ma tenue civile. Aussi mes nouveaux camarades ne se faisaient-ils pas scrupule de me demander, avec un air hypocritement respectueux, de leur payer la goutte à tout instant. Je ne puis préciser au juste ce que j'ai dépensé pour calmer leur soif, mais je sais qu'en faisant mes comptes, j'aurais pu constater que le moment de faire des économies ne viendrait pas tant que nous serions à bord.

Par suite d'avaries à la machine, nous marchions presque entièrement à la voile. Notre mauvais bâtiment transformé fatiguait beaucoup. Le commandant dut faire relâche à Palma.

Je descendis à terre avec permission de la nuit et pus me joindre à quelques officiers et passagers civils pour aller me reposer, coucher dans un lit et reprendre possession de moi-même. Je me souviens encore du bien-être que j'éprouvai, par comparaison, lorsque je me sentis délivré de mes fâcheux compagnons. Je trouvais tout charmant dans cette curieuse capitale des Baléares, si pittoresquement célébrée par George Sand.

C'est avec admiration que je visitai, et la célèbre cathédrale gothique, et les musées et les châteaux-forts. C'est avec délices que, traîné par deux mules dans une vieille voiture d'un autre âge, je parcourus ces rues étroites aux maisons basses, aux balcons en saillie. Et le soir, quel bon souper, malgré l'ail et l'huile, auprès d'un bon feu! Et le théâtre où l'on fume, où l'on danse au bruit des castagnettes, comme il me semblait beau! Et les mantilles et les yeux noirs et les petits pieds, avec quel trouble je suivais dans le foyer leur capricieuse promenade! J'étais comme un provincial n'ayant jamais rien vu. Après cette journée si remplie, lorsque je me trouvai dans un lit passable, avec son baldaquin en toile à matelas rouge, je me figurai être arrivé au terme de mon voyage.

Une étrange rêverie s'empara de moi.

Oubliant ma chaîne, oubliant mes ambitions, comme sous l'empire d'une hallucination, je me sentais envahir par le vague désir de ne pas retourner à bord et de finir obscurément mes jours à Palma!

Il faut me pardonner ce moment de défaillance. Les mauvaises traversées, lors même que l'on est couché dans une bonne cabine, produisent cette impression de lassitude et de détachement de l'esprit. Or, en fait de cabine, je n'avais en perspective que la mer toujours grosse, le pont pour couchette et ma couverture trempée pour abri.

Après toutes ces péripéties, dont je ne veux pas prolonger l'histoire, je débarquai enfin à Mers-el-Kébir. Je franchis à pied les deux lieues qui nous séparaient d'Oran, par un chemin rocailleux, sur le flanc de la montagne, mes camarades portant ma malle, moi les surveillant, tant ils m'inspiraient confiance, et j'arrivai chez le commandant de Montauban.

Là finit mon calvaire. Je fus reçu comme un enfant de la maison. Mme de Montauban, aimable et charmante personne, m'invita aussitôt à dîner.

Le commandant, après avoir causé quelques instants de son ami du Hallay, son ancien camarade des gardes du corps, m'annonça, à ma grande satisfaction, qu'il m'attachait à sa personne, avec l'assurance de me rendre au lieutenant-colonel Yusuf, s'il était nommé au commandement du régiment.

Devant cet espoir de bien-être relatif, je me réconfortai et retrouvai bien vite mes ardeurs militaires.

Deux jours après, lorsque je me vis costumé en spahi, avec mon burnous rouge et mon turban, lorsque je traversai la ville, porteur d'un message, monté sur le plus joli cheval que j'avais pu trouver, je me considérai comme le plus heureux des hommes.

Je ne rêvai plus que combats, que chasse au sanglier, qu'embuscades contre le lion, et je regardai comme bien pâles les courses, les steeple-chases, les soupers du Café anglais, les raouts de Londres, les promenades à Hyde-Park qui, jusqu'à ce jour, avaient été toute ma joie. Je me sentais vivre. J'étais plein du feu sacré, plein d'énergie. J'étais soldat!

CHAPITRE III

Arrivée de Yusuf à Oran. — Sa biographie, ses services. — Le maréchal de Mac Mahon. — Yusuf rentre en France. — Critique du rôle du maréchal en cette circonstance.

Trois mois s'étaient à peine écoulés, pendant lesquels j'avais rempli les fonctions de secrétaire du commandant, lorsqu'on apprit que Yusuf, relevé de sa disgrâce, venait décidément commander le régiment. Par le même paquebot, nous apportant cette nouvelle, arrivaient ses chevaux et ses serviteurs.

Lorsque, la semaine suivante, il débarqua à Mers-el-Kébir, notre nouveau chef, se souvenant de ses promesses, me fit aussitôt demander à Oran. L'entrevue fut des plus amicales, et le lendemain nous nous mettions en route pour le camp de Misserghin, où se trouvait le régiment.

Je ne pouvais me lasser d'admirer ce beau cavalier, maniant avec coquetterie et habileté son magnifique cheval blanc, le plus bel animal, sans contredit, des trois provinces.

Fièrement campé sur sa selle à la housse dorée, suivi de deux nègres, précédé d'un peloton de spahis, fusil haut, coiffé d'un turban en cachemire vert, couleur du Prophète, Yusuf ressemblait plutôt à un prince d'Orient, à un Malekadel, allant combattre les Français en Palestine, qu'à un simple lieutenant-colonel.

Il m'étonnait, m'impressionnait, et je me sentais attiré vers lui par une sympathie curieuse. Je brûlais du désir de connaître son histoire.

Nous étions à peine sortis de la ville que de lui-même mon nouveau chef me dit : « Mon cher ami, nous sommes destinés à vivre intimement. Je sais, par vos amis, que je puis compter sur votre dévouement et votre intelligence. En échange des services que vous me rendrez, vous pouvez vous-même compter sur moi pour votre avancement. Jusqu'ici, j'ai plutôt commandé en chef arabe qu'en officier régulier. Si l'expédition de Constantine avait réussi, je serais aujourd'hui bey de la province, presque un souverain. Je renonce à ces ambitions plus brillantes que réelles. J'ai beaucoup travaillé ces derniers temps. Je veux me perfectionner dans la langue française. Je veux écrire et parler correctement. Pour la théorie, j'ai la prétention d'en savoir autant que mes officiers, et j'ai la ferme volonté de devenir bientôt un des meilleurs colonels de l'armée.

« Maintenant que je vous ai dit ce que je désire faire, je vais vous dire qui je suis. Vous allez être mon ami, mon confident, mon secrétaire, vous ne devez rien ignorer de ma vie. »

De son récit, j'ai retenu ce qui suit :

Contrairement à la légende qui faisait de lui un Turc, un Circassien, Yusuf me déclara qu'il était Italien et se nommait Vantini. Il était né à l'île d'Elbe. Son père avait occupé quelque emploi dans la maison de Napoléon pendant son exil. Au moment où je l'ai connu, en 1837, il avait environ trente ans. Il se souvenait confusément d'avoir entrevu le grand Empereur. Enlevé tout jeune par des pirates qui, avant l'expédition de 1830, infestaient la côte italienne, il avait été vendu au bey de Tunis. Comme tous les mameluks élevés dans la foi musulmane, il avait de bonne heure fait preuve d'une intelligence supérieure et d'aptitudes guerrières. Il s'était fait remarquer au milieu de ses camarades par son courage dans les missions difficiles. Aucun ne le surpassait pour le sang-froid et la hardiesse lorsqu'il abordait le lion ou la panthère. Aucun n'excellait comme lui dans l'exercice du cimeterre. Aucun n'était plus habile à lancer au galop le fusil dans les fantasias. Musicien-né comme les hommes de sa nation, peintre en arabesques, instruit dans le Coran, séduisant par son esprit, il était, sans aucun doute, destiné aux plus hauts emplois. C'était parmi les mameluks en effet que se recrutait le personnel des grandes fonctions civiles et militaires. Yusuf était donc un véritable héros de roman.

Aussi la belle Kaboura, la fille du bey, devint-elle amoureuse du cavalier charmant. Mais, un rendez-vous découvert par la trahison d'un esclave, une condamnation à mort suspendue sur sa tête, forcèrent le

beau mameluk à chercher son salut dans la fuite. C'est
à bord du stationnaire français en partance, et sous la
protection du consul, le père de l'illustre Ferdinand
de Lesseps, que Yusuf débarquait bientôt à Alger.

Le général Clauzel, alors gouverneur, apprenant
l'arrivée du transfuge, se le fit présenter. Il fut émerveillé de son intelligence et séduit par le bon air de
ce beau cavalier, couvert d'armes et d'habillements
somptueux. Il comprit de suite les services qu'il pourrait en attendre, et l'attacha à son état-major en qualité
d'interprète. Yusuf, par sa connaissance non seulement
de l'italien, sa langue maternelle, mais de l'arabe, aussi
bien que du turc, était apte à toutes sortes de missions.
Peu de temps après son introduction dans la maison
militaire du général, il avait donné tant de preuves de
sagacité dans les pointes hardies qu'il avait poussées en
plein pays ennemi, que le gouverneur lui accordait le
rang de capitaine dans les contingents indigènes.

A partir de cette époque jusqu'au moment où je le
retrouve en 1837, Yusuf a déjà rendu de tels services
qu'il s'est placé au premier rang. C'est par centaines
qu'il faudrait signaler les occasions où il se distingua
hautement et s'inscrivit grand soldat et grand chef de
cavalerie.

Sous le premier Empire, il eût été l'émule des Murat
et des Lasalle. Pendant la période de nos luttes avec
Abd-el-Kader, il fut sans rivaux. Le maréchal Bugeaud,
le général de Lamoricière étaient ses protecteurs illustres; ils surent tirer parti de cet homme de guerre

ingénieux et brave, qui rendit des services inappréciables.

Pendant cette rude campagne d'hiver, en 1842, quand nous étions pour ainsi dire bloqués à Mascara, Yusuf devint le bon génie de notre petite armée. Fallait-il préparer une razzia contre les tribus redoutables qui nous enserraient de toutes parts, Yusuf, à pied, dans la neige jusqu'aux genoux, le fusil sur l'épaule, suivi de quelques hommes d'élite, partait la nuit battre l'estrade. Nous ne rentrions qu'au matin, après avoir reconnu l'emplacement, l'importance et les feux de l'ennemi.

Un autre exemple entre vingt : le lendemain de la bataille d'Isly, où nous venions de culbuter le fils de l'empereur du Maroc, le maréchal Bugeaud n'en était pas moins inquiet du voisinage d'Abd-el-Kader, que ses rapports lui signalaient marchant à quelques lieues sur nos flancs. Yusuf s'offrit pour avoir des nouvelles précises.

Le maréchal Bugeaud, plein de confiance dans sa sagacité, lui donna carte blanche. Dans la soirée, Yusuf faisait choix de cent de ses meilleurs soldats. Avec les dépouilles des vaincus, il les costumait en Marocains. Coiffure pointue, long fusil à baïonnette, burnous noir, l'illusion était complète.

Vers onze heures, par une lune voilée qui semblait protéger ses projets, il sortait du camp avec sa bande de condottieri et se dirigeait vers la montagne.

Après avoir fait quatre ou cinq lieues dans un pays

mamelonné, les coureurs lancés en avant tombaient sur un parti d'Arabes venus eux-mêmes en reconnaissance.

Ces cavaliers, à la vue de nos silhouettes amies, que le petit jour, prêt à poindre, n'éclairait que d'une manière confuse, s'étaient rapprochés sans défiance et avaient lié conversation avec la tête de nos spahis.

Mais bien vite désabusés, lorsqu'ils voulurent fuir, Yusuf, arrivant au galop avec le gros de sa troupe, les enveloppait, leur tuait ceux qui voulaient résister et faisait le reste prisonnier.

Parmi ces derniers, celui qui paraissait être le chef, était immédiatement interrogé et fouillé.

Ce chef, quel était-il? Tout simplement le *krodza* (secrétaire intime) d'Abd-el-Kader, porteur de son cachet officiel et de lettres précieuses donnant les renseignements désirés sur la marche et les projets de l'émir.

Je laisse à deviner la satisfaction démonstrative du bon maréchal, lorsque Yusuf, en rentrant au camp, vers sept heures du matin, lui rendait compte de son intéressante mission.

J'eus plus que personne l'occasion d'apprécier les hautes qualités, les ressources d'esprit, l'activité infatigable de cet incomparable officier d'avant-garde, puisque c'est à ses côtés que je fis les plus rudes campagnes.

A la bataille d'Isly notamment, j'étais son adjudant-major et j'entrais à sa suite dans le camp du fils de l'Empereur. Au moment où nous abordions la grande tente impériale, un grand cavalier nègre de sa garde me tirait, tout en s'enfuyant, un coup de fusil presque à bout portant. Je fus un instant enveloppé littéralement de fumée. J'avais reçu un choc produit par l'explosion rapprochée ; quand la fumée se dissipa, je vis ma capote brûlée par la poudre, mais je n'étais pas blessé. La balle du fusil était tombée sans nul doute, et mon nègre était encore à portée. Je le rejoignis facilement et lui passai mon sabre à travers le corps.

Je venais à peine de faire repentir mon adversaire de sa maladresse, que je recevais, coup sur coup, trois balles venant s'aplatir sur mon fourreau de sabre, ma fonte et traversant mes habits. Au même moment, mon cheval était tué raide. La charge continuant et traversant le camp, j'allais me trouver abandonné dans la situation la plus critique, lorsqu'un brave trompette s'arrête pour me porter secours. Il m'aide à dégarnir ma monture et à replacer mon harnachement sur un superbe cheval du Sultan qui se dressait tout hennissant devant la tente impériale. Ce n'était pas chose facile que de délier les entraves de ce bel animal qu'exaspérait la fusillade. J'y parvins cependant, grâce à mon sauveur, et je rejoignis bientôt mon colonel. Lorsqu'il me vit monté sur mon beau destrier, il poussa un cri de joie. Il avait vu le commencement de l'incident et m'avait cru tué.

Cette supposition était permise, car je venais de

l'échapper belle. Après la bataille, le bruit se répandit dans le camp que j'avais eu la bonne chance d'échanger mon cheval mort contre un cheval du prince marocain. Ce fut une procession à ma tente : chacun demandait des détails sur mon heureuse prise. Je racontai qu'au moment où mon cheval tombait foudroyé, j'avais remarqué que des serviteurs emmenaient trois ou quatre chevaux qu'ils venaient de détacher en toute hâte, et que le dernier qui restait à la corde (1) avait fixé mon attention.

Une fois démonté, j'avais eu naturellement la pensée, comme on l'a vu, de me l'approprier et de l'enfourcher, au grand péril de ma vie.

Le général de Lamoricière, qui s'occupait d'élevage et avait tout récemment établi des haras dans la province d'Oran, vint, lui aussi, visiter mon splendide étalon. Il désira en faire un père pour le dépôt de Mostaganem et m'en offrit un très beau prix.

Cette grande journée d'Isly fut une des plus belles dans la carrière de Yusuf. Ce fut lui qui, à la tête de six escadrons de spahis, appuyés par trois escadrons de chasseurs, se lança audacieusement au milieu de cette masse confuse et formidable de cavaliers et de fantassins qui disputaient le terrain pied à pied et disposaient de quatorze pièces d'artillerie. Aussi le maréchal Bugeaud, dans son rapport, le signala-t-il comme s'étant hautement distingué.

(1) Les chevaux, en Orient, sont attachés par des entraves à une grosse corde en poil de chameau.

C'est à la suite d'actions d'éclat sans nombre, après trente ans de commandement exercé dans les conditions les plus brillantes que l'Empereur, dans l'un de ses voyages en Algérie en 1860, nommait Yusuf grand-croix de la Légion d'honneur.

Selon toute justice, après un si éclatant témoignage d'estime de la part du souverain, il semblait que ce brave général dût finir ses jours en Algérie, son pays d'adoption.

Il n'en fut rien. Poursuivi par de jalouses et injustes préventions, il devait, quelques années plus tard, tomber en disgrâce. Le maréchal de Mac Mahon, qui m'avait promis de sauvegarder la situation de mon pauvre ami, se rangeait du côté des ennemis de Yusuf et obtenait de l'Empereur son rappel en France.

Nommé à Montpellier, au commandement d'une division territoriale, le malheureux exilé s'étiolait bientôt, comme une plante exotique transplantée hors de son climat, et ne tardait pas à mourir de tristesse et de consomption.

Le duc de Magenta se montra, dans cette circonstance, singulièrement oublieux. C'était sur son désir très nettement exprimé, que m'avait communiqué de sa part son aide de camp, le marquis d'Abzac, que j'étais intervenu auprès de l'Empereur pour lui faire donner le gouvernement de l'Algérie. Ce désir, il me l'avait lui-même formulé, je précise, dans le salon de service aux Tuileries, au moment où j'allais entrer dans le cabinet de Sa Majesté.

Le duc de Malakoff venait de mourir(1); il était nécessaire, pour le remplacer, d'envoyer en Afrique un homme de haute situation et armé d'un grand prestige militaire. Le maréchal de Mac Mahon représentait alors cette personnalité. Je me fis volontiers l'avocat de sa cause, et la nomination du duc fut résolue séance tenante.

En sortant de chez l'Empereur, je retrouvai le maréchal qui, attendant l'heure du rapport, — Sa Majesté ayant pour habitude de recevoir tous les matins à onze heures les maréchaux de passage, — me remercia de la bonne nouvelle que je lui donnai et me serra les mains avec effusion.

Avant de partir pour Alger, il fit même un autre effort; il vint me voir au Louvre et me dit textuellement ces paroles : « Je sais que vous êtes lié avec Yusuf. Il est un peu attaqué, me dit-on, mais je ferai taire ces jalousies, et je vous promets de le soutenir. »

On a vu comment le duc de Magenta avait tenu sa promesse.

En supposant que Yusuf ait eu des torts, qu'il ne se soit pas montré assez subordonné, qu'il ait été une gêne à Alger, en admettant que Mme Yusuf, ainsi qu'on l'a dit, n'ait pas eu le don de plaire à la duchesse, parce qu'elle n'avait pas su s'effacer tout à fait devant elle, le maréchal ne pouvait-il procéder avec

---

(1) Le maréchal Pélissier avait quitté la grande chancellerie de la Légion d'honneur en 1860 pour remplir les fonctions de gouverneur général de l'Algérie. Il mourut à Alger, le 22 mai 1864.

moins de dureté, avant de prendre la cruelle détermination d'expulser, pour ainsi dire, ce pauvre Yusuf d'Algérie? Ne pouvait-il l'éloigner du gouvernement en le plaçant à Oran, ou à Constantine?

J'ai le regret de signaler l'attitude du duc de Magenta en cette occasion. Dois-je m'en étonner lorsque je me reporte à son abstention au moment des funérailles de son ancien Souverain? Je sais, par M. Thiers lui-même, que rien ne l'empêchait de se rendre aux obsèques de l'Empereur, et qu'il eût obtenu l'autorisation d'accomplir ce pieux pèlerinage, s'il en avait témoigné le désir.

Si je me suis complu à parler longuement de mon ancien colonel et ami, à retracer quelques-uns de ses hauts faits et à signaler le triste épisode qui a certes abrégé sa glorieuse existence, c'est que j'ai voulu rendre justice à sa mémoire. Je lui devais ce tribut de reconnaissance et d'affection en échange du bien qu'il m'a fait, à un moment où il ne pouvait prévoir que je serais jamais en situation de lui être utile.

CHAPITRE IV

Du Barail. — Cissey. — Mon petit état-major.

A l'exception de l'année 1841 et de l'hiver de 1842, pendant lesquels je fis au régiment les expéditions de Takedempt et de Mascara, je suis resté jusqu'en 1843 détaché près de Yusuf, d'abord en qualité de secrétaire jusqu'au grade de sous-lieutenant, puis comme fonctionnaire chef d'état-major, lorsque mon colonel fut appelé au commandement des trois régiments de spahis.

Si, à l'école de Yusuf, pendant cette période la plus active de la guerre d'Afrique, j'avais puisé de bons enseignements, je fus à même aussi de prendre l'habitude du travail et de la régularité dans l'importante situation que j'occupai près de lui, pendant les trois dernières années. Dans ma direction générale, je centralisais la correspondance très chargée de trois corps de cavalerie indigène, le travail des inspections et les notes du personnel. La partie délicate de ma mission était souvent d'aplanir les difficultés que soulevait parfois le caractère prime-sautier de mon chef. Malgré ses bonnes intentions de s'assimiler la civilisation européenne, son éducation n'était encore à cette époque

que bien superficielle. Il est à remarquer que ce n'est qu'à partir du jour où l'uniforme français remplaça pour les officiers l'habillement arabe des spahis, que Yusuf devint correct et mesuré dans ses relations officielles. La noble ambition de prendre rang dans l'*Annuaire* au titre français accomplit cette transformation. C'est moi qui composai le nouvel uniforme simple et gracieux qui a été conservé jusqu'à ces derniers temps. L'ancien uniforme à la turque avait de sérieux inconvénients. Il coûtait fort cher et prêtait au ridicule lorsqu'il était mal porté.

Avant ce changement, Yusuf, moi, Lepic, Du Barail et quelques rares officiers, portions en campagne le véritable costume arabe, le *haïk* en corde de chameau. Nos harnachements avaient la housse brodée avec les étriers argentés. Sur le pommeau de la selle pendait la *djebira*, espèce de sabretache, recouverte de peau de tigre.

Dans cet accoutrement très guerrier que complétait la barbe, nous ressemblions à des aghas. Cette concession aux habitudes arabes était alors très appréciée des spahis et des chefs indigènes. Ils nous savaient gré de porter leur habit et nous étaient d'autant plus dévoués que nous ne dédaignions pas leurs costumes, parlions leur langue et marchions les premiers au combat.

Les Arabes sont de grands enfants aux yeux desquels il faut parler. Soyez brave, soyez juste, ayez un bon cheval, ayez de beaux vêtements, et vous les entraînerez au plus fort de la mêlée. Il faut convenir, du reste, que ces conditions d'influence se rencontrent de même avec l'uniforme français. Ce passé dont je parle est oublié des générations actuelles ; j'ai voulu seulement dire que si l'uniforme arabe avait des inconvénients, il avait eu aussi ses avantages, lorsque les indigènes étaient moralement plus distants de nous qu'ils ne le sont aujourd'hui.

J'avais pour collaborateur dans mon petit état-major Du Barail, simple maréchal des logis, quand il me fut adjoint Weyer, brigadier, et le caporal de Solms.

Du Barail, que je considérais comme un jeune frère, — il avait quatre ou cinq ans de moins que moi, — était le fils du colonel Du Barail, commandant la place de Mostaganem. C'est dans cette obscure retraite que son fils Franck, sans lycée, sans professeur, fit seul ses premières études. Par une force de volonté bien rare, par un travail opiniâtre, il devint l'officier instruit et distingué que l'on a connu. A dix-huit ans, il s'engageait aux spahis d'Oran, et, sur la recommandation de son oncle, le colonel de Chalendar, Yusuf le prenait avec lui.

De nos relations de jeunesse, j'avais gardé un très agréable souvenir. Lorsque je fus en situation de le pousser dans sa carrière, je ne manquai aucune occasion de le recommander chaudement à l'Empereur. C'est à moi qu'il dut son avancement rapide dans les grades supérieurs, d'avoir été choisi pour aller au Mexique, où il commandait un des régiments de marche nouvellement formés, — dans cette expédition, il a rendu, d'ailleurs, d'éclatants services, — enfin c'est grâce à la bienveillante sympathie dont l'honorait Sa Majesté qu'il fut maintenu dans la Garde, après que ses trois ans étaient expirés.

Nommé tout à coup, après la guerre, commandant de corps d'armée par M. Thiers et ministre de la guerre par le maréchal de Mac Mahon, il eut le tort de s'éloigner pendant un temps des amis de l'Empire. La crainte de se compromettre dans sa nouvelle fortune lui fit oublier un peu ceux qui avaient assuré ses commencements. Ses lettres témoignent cependant de son ardeur à faire appel à mon amitié et de mon empressement à lui donner mon appui.

Ces lettres dont je parle, ainsi que celles de beaucoup d'autres généraux ou amiraux, ont été sauvées du pillage de mes archives au 4 septembre. Toutes sont curieuses à relire. Elles témoignent, les unes de la reconnaissance de leurs auteurs pour un avancement que je viens de leur faire obtenir, les autres du vif désir de quelques-uns d'être nommés aides de camp de l'Empereur.

Le général de Cissey ne fut pas le moins pressant de ces solliciteurs. C'est à son sujet qu'un député, de mes amis, l'ayant entendu m'attaquer du haut de la tribune, me dit : « Vous ne connaissez donc pas le ministre de la guerre ? — Pardon; c'est un de mes amis ; j'ai de ses lettres et de ses cheveux. »

Bien qu'il fut strictement dans son droit, on put s'étonner de voir le général de Cissey — lui qui, en vingt occasions, avait sollicité naguère la faveur du gouvernement — aller à la Cambre au-devant des interpellations et déclarer que j'avais « compromis mon uniforme » (1), parce que je l'avais revêtu à Londres pour accompagner le Prince impérial assistant à une grande revue à Woolwich, aux côtés de l'Empereur de Russie?

Ce pauvre général de Cissey, très brave et digne officier, ne brillait pas par le caractère. Il craignait tant pour son ministère qu'il m'avait sacrifié, malgré que nous fussions amis depuis longtemps.

Pendant quelques années, quand je le rencontrais à quelque ambassade, je faisais « celui qui ne voyait pas ». Un soir même j'évitai de prendre la main qu'il me tendit. Mais lorsqu'il fut injustement attaqué, vilipendé, calomnié, j'oubliai mes griefs. Dans la mauvaise fortune, il me retrouva dans les rangs bien clairsemés de ses défenseurs.

Revenons à mes jeunes collaborateurs.

Weyer était le fils d'un intendant du comte Anatole Demidoff, oncle du Demidoff actuel, prince de San Donato. A la suite de revers de fortune subis par son père, Gustave Weyer prit du service. Recommandé à Yusuf par des amis de Paris, il devint comme Du Barail un des secrétaires de mon petit état-major.

Quelques années après, Yusuf étant allé en congé en France s'éprit de Mlle Weyer et l'épousa.

---

(1) Allusion à une revue passée en 1874 à Woolwich par l'empereur Alexandre II de Russie, revue à laquelle le général Fleury accompagnait en uniforme le Prince impérial.

Cette jeune personne distinguée, jolie, bien élevée, avait fait son éducation sous les auspices de sa parente la comtesse Guilleminot. Tant que Yusuf a vécu, sa femme a été la plus digne et la plus dévouée des compagnes. Retirée aujourd'hui dans la villa de Mustapha, que son mari aimait tant parce qu'elle lui venait de l'État à titre de récompense nationale, Mme Yusuf ne vit plus que dans le passé et la religion de ses souvenirs.

Le caporal de Solms, petit jeune homme insignifiant, avait été donné à Yusuf par son frère le comte de Solms, qui habitait alors Alger, s'occupant de spéculations. De manières agréables, intelligent et rusé, ce dernier s'était fait, à l'aide du titre ronflant dont il s'était affublé, une certaine situation dans le monde militaire. Yusuf, facile aux engouements, n'avait pas su refuser le cadeau du noble aventurier. Ce jeune caporal de Solms est le même à qui son frère, quelques années plus tard, fit épouser — ne pouvant le faire lui-même puisqu'il était marié (1) — Mlle Wyse Bonaparte, petite-fille de Lucien.

Devenue la célèbre comtesse de Solms par son union avec mon ex-caporal, puis en secondes noces Mme Rattazzi, cette Bonaparte est aujourd'hui Mme de Rute, du fait de son troisième mariage avec un ingénieur espagnol en passe de devenir ministre (2).

(1) Le comte de Solms étant mort peu de temps après, sa veuve a épousé en secondes noces le comte d'Aure, le fameux écuyer.
(2) Écrit en 1883.

Ce n'est qu'à la fin de 1844 que je fus désigné par le général Lamoricière, gouverneur par intérim, pour aller à Orléansville organiser le 5ᵉ escadron de spahis. Je quittai Yusuf avec regret, sans doute, mais j'avoue que j'éprouvai par contre une certaine satisfaction d'amour-propre en me voyant appelé à mon tour à commander, à jouer mon petit rôle de chef de cavalerie et à mettre en pratique les enseignements que j'avais recueillis près de mon chef.

La mission qui m'était donnée était intéressante, et le poste de nouvelle création où j'allais résider offrait par son emplacement dans la plaine du Chéliff, au milieu de tribus à peine soumises, une grande importance politique. Le colonel Cavaignac, investi le premier du commandement de cette subdivision, venait d'être remplacé par le colonel de Saint-Arnaud, protégé et grand ami du maréchal Bugeaud. Le pays, sous l'action des émissaires d'Abd-el-Kader, était en fermentation. L'on parlait d'un marabout faisant des miracles, prêchant la guerre sainte, et l'on pressentait qu'une guerre active allait devenir nécessaire, pour soumettre le pays montagneux qui nous séparait de Tenez et de la mer.

Tout joyeux, je me mis en route pour Orléansville, où j'étais sûr de trouver bon accueil chez le commandant supérieur. Je n'étais pas pour lui un inconnu. Je l'avais déjà rencontré en expédition dans la province d'Oran, et je pouvais d'autant plus compter sur une bonne réception que je lui étais recommandé par le général de Lamoricière.

Pendant la rude campagne d'hiver à Mascara en 1841-1842, j'avais fait la conquête de ce vaillant chef de la province d'Oran. Je commandais, par suite d'absence ou d'empêchement du capitaine et du lieutenant, un des escadrons de marche. Il m'était arrivé plusieurs fois de fixer l'attention du général. Un jour que, entraîné à grande distance pour faire une reconnaissance dangereuse et lointaine, je tardais à rentrer, le général de Lamoricière, fatigué de regarder avec sa lunette et de ne rien voir, dit en se tournant vers son état-major : « Ce diable de Fleury ! Je serais inquiet de lui si je n'étais sûr qu'il a toujours sa tête, même au galop. »

Si je consigne incidemment cet éloge de mon chef éminent, c'est qu'il est pour moi un des certificats les plus flatteurs que j'aie reçus et dont j'ai toujours été fier. L'on me verra plus tard faire de grands efforts pour ramener le général de Lamoricière à la cause du prince Louis-Napoléon. J'y réussirai, mais ma victoire sera de courte durée.

CHAPITRE V

Organisation de l'escadron d'Orléansville. — Composition remarquable de cette troupe. — J'imagine le système des smalahs. — Je fais de la culture pour payer mes constructions. — Campagne contre Bou-Maza. — Divers épisodes. — Je suis proposé pour chef d'escadrons. — Révolution de 1848. — Je suis nommé. — Départ pour la France.

Je m'étais tracé pour programme de former un escadron dans les conditions que comportait le pays où il était destiné à agir. Cette troupe devant être permanente et régionale, il était nécessaire de recruter ses éléments dans l'élite des cavaliers des tribus avoisinant Orléansville. C'est à cette condition seule que les spahis peuvent acquérir l'influence militaire et politique qui est le but de leur création. Mieux vaudrait n'avoir que des chasseurs d'Afrique, si, dans les localités de l'intérieur, vous ne recrutiez vos escadrons que parmi les étrangers, les habitants tarés des villes et les déserteurs des tribus.

Du temps de la grande guerre contre les réguliers d'Abd-el-Kader, lorsqu'on agissait par masse de cavalerie, peu importait la composition des régiments de spahis, puisqu'on partait du littoral pour rencontrer l'ennemi ; mais avec l'occupation successive, je pensais qu'il fallait considérer les cavaliers à notre solde comme des garants de la fidélité des tribus, et que, pour les attirer dans nos rangs, il était indispensable de leur créer une existence assortie avec leurs mœurs. Pour décider l'engagement des hommes de grande tente (fils ou neveux de caïds ou d'aghas), il fallait, en effet, pouvoir offrir à des gens mariés la facilité de se grouper aux portes de la ville, de se constituer en smalah et d'y planter leurs tentes pour eux, leur famille et leurs serviteurs. De cette façon, ils garderaient leur personnalité, seraient affranchis de la vie de caserne, et ne seraient astreints qu'à l'obligation d'avoir leurs chevaux au quartier. A la smalah, ils auraient leurs moyens de transport. Comme de véritables hommes d'armes, ils ne chargeraient plus leur monture d'autres bagages que de la ration de la journée. Ils réaliseraient ainsi le problème, jusqu'ici cherché, de pouvoir, grâce à leurs mules de bât, franchir de grandes distances.

Pour compléter cet ensemble, je pensais aussi qu'il était bon, au centre de cette tribu improvisée, de créer un très grand café arabe, l'attraction des musulmans.

Pour mettre mon projet à exécution dans toute son ampleur, je demandai au colonel de Saint-Arnaud de nous faire délivrer des terres à cultiver collectivement par l'escadron, leur revenu devant servir à payer mes constructions et à faire face aux améliorations à venir. Le commandant de la subdivision, ami de tout progrès, plein de bienveillance pour moi, voulut bien entrer dans mes vues. Le commandant du génie Tripier, mort depuis général en Crimée, me donna tous les concours. Lorsque je le tourmentais trop pour obtenir des ouvriers, des pierres, des madriers et des briques, il me regardait en souriant, me disant : « Fleury, vous êtes un diplomate », et il finissait par céder.

Enfin, après trois mois de rudes labeurs, je mettais en ligne un escadron superbe, bien habillé, bien harnaché, et composé des plus intrépides cavaliers de la contrée. Comme signe distinctif de noblesse et de commandement chez les Arabes, tous mes hommes s'étaient acheté des étriers d'argent.

Lorsqu'on veut définir un homme de distinction, l'on dit de lui : « Il a des étriers blancs! »

C'est de cette organisation partielle des spahis d'Orléansville en smalah que date en grand l'application du système à tous les escadrons détachés à l'intérieur; seulement, au fur et à mesure de la colonisation, les terres devenant rares auprès des centres, les smalahs ont été constituées en postes avancés.

Auprès de l'emplacement de la tribu des spahis, on a établi, dans une enceinte carrée ou rectangulaire, flanquée de tourelles aux angles, servant de magasins, des baraquements destinés au logement des cadres français. Des hangars-écuries adossés aux quatre faces intérieures et un abreuvoir au centre complètent cette installation. En cas d'alerte, les femmes, les enfants, les troupeaux peuvent rentrer dans l'enceinte, pendant que les spahis sont en expédition.

Cette ingénieuse organisation est due au maréchal

Randon, dont l'administration a laissé de si bons souvenirs en Algérie. Dans le cours de ces souvenirs, j'aurai l'occasion de parler du maréchal comme ministre de la guerre et comme gouverneur.

Je continue donc le récit des quelques épisodes de ma vie militaire pendant mon séjour à Orléansville.

Le 14 avril 1845, monté sur un superbe gris, je faisais ma première sortie à la tête de mon escadron. Le chérif Bou-Maza, dont on parlait depuis quelque temps, venait de soulever les tribus du Dahra (1). Le colonel de Saint-Arnaud, apprenant que ce fanatique, après avoir razzié les *Sbehis,* coupé des têtes et massacré un de nos fidèles caïds, marchait sur Orléansville, se porta en toute hâte à sa rencontre.

Laissant le commandement de l'infanterie à son lieutenant-colonel, il lui donnait l'ordre de marcher sur Aïn-Meran (2), d'y former le bivouac et de l'attendre, prêt à marcher au premier avis. Puis il se mettait en route avec sa cavalerie, composée de cent chevaux du goum, des cent vingt spahis de mon escadron et d'une division de cinquante chasseurs d'Afrique, placés sous mes ordres.

Après avoir fait dix lieues, à quatre heures et demie du soir, dans la plaine de Gri, nous aperçûmes le chérif, nous présentant rangés sur une seule ligne et sur un point culminant pour les faire valoir, environ deux cents cavaliers d'assez bonne mine. L'un d'eux ne

---

(1) Pays montagneux entre Mostaganem et Tenez.
(2) A huit lieues environ d'Orléansville.

cessait d'agiter, en signe de défi, un énorme étendard rouge. Les Arabes aiment la mise en scène. Ce salut leur fut rendu par le fanion des spahis.

Sur la droite et en bas du mamelon, nous vîmes distinctement un corps d'environ trois cents fantassins agitant aussi force drapeaux, ceux-là verts, de la couleur du Prophète.

Sans la moindre hésitation, le colonel de Saint-Arnaud, gardant à peine un peloton de chasseurs, nous lança d'abord sur le mamelon couronné par les cavaliers ennemis. Ceux-ci tentèrent un moment de résister, firent bonne contenance, commencèrent la fusillade, poussèrent de grands cris, mais bientôt rapprochés par mes spahis, ils lâchaient pied, et, comme une volée d'étourneaux, formant l'éventail, ils s'enfuyaient dans la plaine. Leur fameux étendard faillit rester entre nos mains.

Pendant ce temps, les fantassins, effrayés par le sort des cavaliers, se mirent en retraite de toute la vitesse de leurs jambes kabyles. Mais cette malheureuse infanterie qui s'était imprudemment avancée en pays découvert, à la suite de l'envoyé de Dieu, avait deux bonnes lieues à parcourir avant de rejoindre la montagne. Elle fut sabrée sans pitié, laissant une soixantaine de cadavres sur la route et bon nombre de fusils et de prisonniers.

Sans m'arrêter, pendant que mes spahis et le goum foulaient l'infanterie, je ne perdais pas de vue le chérif, que je distinguais à deux cents pas de moi, entouré d'une vingtaine de cavaliers formant son escorte et protégeant sa fuite. Mon cheval avait encore de l'haleine. J'étais tenté de faire un effort, de foncer sur Bou-Maza et de lui brûler la cervelle; mais en me retournant, je vis que j'étais assez loin des miens, que cette course folle avait espacés, distancés comme dans un steeple-chase. Le brave maréchal des logis Naigeon, bien monté, bon cavalier, était seul à ma portée. Cet excellent homme, qui m'était très dévoué, me criait : « Pas si vite, mon capitaine; vous allez vous faire tuer sans aucune chance d'être soutenu. Voyez, les chevaux n'en veulent plus. » Je modérai mon allure alors, et, hochant la tête, je fis sonner le ralliement et j'eus le regret de voir le chérif et ses gardes du corps s'éloigner peu à peu et gagner des escarpements rocheux à l'abri de notre atteinte.

J'allais rabattre sur ma droite pour rallier mes hommes et continuer l'extermination des fantassins, lorsque tout à coup une fusillade assez vive, partie de derrière un pli de terrain, me tuait raide mon superbe cheval. Je tombai sous lui si malencontreusement que je ne pouvais faire un mouvement pour me dégager et me servir de mes armes. Inerte, cloué au sol, dans la position la plus critique du monde, je voyais déjà les Kabyles sortant de leur cachette et, rampant comme des hyènes, s'approcher armés de leur fameux couteau et se disposant à me couper la tête. Heureusement que Naigeon (1) et quelques spahis qui

---

(1) J'ai eu la satisfaction plus tard de faire décorer Naigeon, de le faire nommer officier de place et de le faire entrer à la Banque de France.

avaient rejoint, arrivant à mon secours, mirent en fuite et sabrèrent mes odieux exécuteurs. Le capitaine Berthaut (1), un des aides de camp du colonel de Saint-Arnaud, fut un de ceux à qui je dus ma délivrance et la vie.

Somme toute, la journée fut très belle, et le commandant de la subdivision me cita dans les termes suivants, dans son rapport au maréchal :

« Le capitaine Fleury, qui conduisait pour la première fois son escadron au feu, lui a donné un beau baptême. Il a eu son cheval tué sous lui. »

En racontant cette affaire du 14 avril dans une de ses lettres mémorables adressées à son frère, le colonel ajoutait :

« Les Kabyles arrivaient pour lui couper la tête, lorsqu'il a été dégagé par le capitaine Berthaut, mon aide de camp. Rarement on a vu autant d'élan et autant de traits de valeur. Avec de tels soldats, j'irais au bout du monde. »

Cette charge échevelée pendant trois heures, à la poursuite du marabout se disant chérif, c'est-à-dire de la famille du prophète, avait été audacieusement menée.

Après cet échec éclatant, il était raisonnable de croire que Bou-Maza serait abandonné par les contingents qui l'avaient suivi. Il n'en fut rien. A ceux qui avaient été battus, il dit que Dieu avait voulu les éprouver et qu'il

---

(1) Le même qui a été un des ministres les plus distingués de la République.

leur conseillait de se purifier par la prière et de se préparer à d'autres épreuves s'ils voulaient mériter le ciel.

A ceux qui n'avaient pas assisté à la déroute, il annonçait le meurtre du caïd Had-bel-Kassem, qui n'était que trop vrai, et tous les chefs terrorisés s'apprêtèrent à se ranger sous sa bannière.

Ne voulant pas autrement que d'une manière épisodique entrer dans l'histoire de cette rude campagne, je renvoie ceux qui seraient curieux de la lire au livre intéressant : *Étude sur l'insurrection du Dahra*, publiée par le capitaine du génie Richard, chef du bureau arabe d'Orléansville. Cet officier de grand mérite, qui commandait le goum le 14 avril, était tombé comme moi, en même temps que moi, en tête de charge, blessé d'une balle à la tête. Cette coïncidence dans notre chute, cette similitude dans le péril, où tous deux, à quelques pas l'un de l'autre, gisant par terre, nous nous étions vus si près d'une horrible mort, avaient fait de nous des amis intimes. Depuis 1849, je n'ai jamais eu de nouvelles du commandant Richard. Mal marié, m'a-t-on dit, il avait éprouvé des chagrins domestiques, à la suite desquels il avait quitté le service. J'ai su seulement que, dans sa retraite à Toulon, son pays natal, il s'était entièrement consacré à des travaux philosophiques.

L'histoire de ce chérif, que nous allions poursuivre et combattre pendant plus de trois ans, est celle de tous les marabouts qui de tout temps, depuis la conquête, ont levé l'étendard de la révolte.

C'était un jeune homme de vingt à vingt-deux ans, d'un aspect rude et d'un dehors assez grossier ; venant l'on ne sait d'où, vivant de jeûne et de charités, déguenillé dans ses habits, il avait été recueilli par une vieille femme de la tribu des Chenefas. A l'aide d'un compère, il se faisait tirer à bout portant des coups de pistolet sans balles. Il passait bientôt pour invulnérable. Toujours accompagné d'une chèvre (1) qui partageait sa solitude, il lui faisait exécuter à ses ordres quelques simples tours d'adresse. Après avoir fanatisé ses alentours, il quittait un beau matin sa misérable retraite, mais le gousset bien garni, il achetait un bon burnous et un bon cheval et passait chez les tribus voisines après s'être fait précéder de lettres racontant ses prouesses miraculeuses.

Là, en plein marché, il se mit à prêcher la guerre sainte. Il promit le pillage de Tenez et d'Orléansville. Il assura qu'il avait reçu la mission divine de chasser les Français, de les exterminer jusqu'au dernier et de fonder un royaume musulman.

Quand il vit l'émotion à son comble, il fit appel à toutes les tribus voisines, leva des cavaliers et des fantassins.

Aucun échec ne le rebutera. Il terrorisera, pillera, soulèvera toutes les tribus à cinquante lieues à la ronde, depuis Mostaganem jusqu'à Tenez. Ce n'est qu'après avoir fait couler des flots de sang, au moment où, aban-

---

(1) De là son surnom de Bou-Maza, l'Homme à la chèvre.

donné, il sera à la veille d'être livré, qu'il se reconnaîtra vaincu. C'est au colonel de Saint-Arnaud qu'il rendra ses armes. « Je me rends à toi, dira-t-il, parce que c'est avec toi que je me suis le plus battu. »

Mes contemporains l'ont vu à Paris, ce Bou-Maza, l'objet de la curiosité publique et de la prédilection bien peu justifiée d'une célèbre princesse italienne qui, pendant quelques mois, en fit son amant! C'est dans une ville de France, où il était interné, qu'il est mort, perdu par la débauche et la boisson. Fin misérable pour un homme qui avait rêvé l'empire d'un sultan! Quel contraste avec la vie si digne d'Abd-el-Kader, qui mourra dans sa croyance et le respect de la foi jurée!

Dans presque toutes les rencontres avec Mohamed-ben-Abdallah(1), j'ai eu l'occasion de jouer un rôle personnel. La plupart du temps, outre mon escadron, j'avais sous mon commandement l'escadron de cavalerie française. Le colonel de Saint-Arnaud avait soin de demander soit un capitaine moins ancien que moi, soit un lieutenant, afin de pouvoir me réserver le commandement.

Pendant cette période la plus active, sans contredit, de toute la guerre d'Afrique, je suis fréquemment cité dans les rapports adressés au maréchal Bugeaud (2).

Le 7 octobre 1845, notamment, je suis blessé d'un coup de feu à la main et d'une contusion à la tête en poursuivant Bou-Maza sur des pentes rocheuses. Ce

---

(1) Le vrai nom de Bou-Maza.
(2) Voir les états de service à l'Appendice.

jour-là le combat fut très sérieux. Nos chevaux ne pouvant plus avancer, sur ces larges pierres glissantes, je manquai d'être fait prisonnier. Mon capitaine en second, mon brave ami de Mirandol, fut légèrement blessé dans la bagarre, au moment où nous fûmes entourés.

Une autre fois, chez les Beni-Ouraghs, notre arrière-garde étant serrée de près par les Kabyles, je me lançai à plusieurs reprises au milieu d'eux. Le soir, le colonel de Saint-Arnaud me citait en termes élogieux :

« Le capitaine Fleury a eu les honneurs de la journée et a chargé trois fois à fond. »

Le 15 mars 1846, je fus encore aux prises avec Bou-Maza dans des circonstances qui méritent que je m'y arrête un instant :

Envoyé par le colonel de Saint-Arnaud en avant de la colonne, avec cinquante de mes spahis et cinquante chasseurs de France, ces derniers très peu aguerris et mal montés, j'avais pour mission de sonder le terrain et de rejeter sur l'infanterie qui marchait au centre les quelques cavaliers que l'on voyait au loin. J'étais à peine engagé depuis une heure dans le pays assez tourmenté des Médionas, que je me trouvai en présence de cinq cents chevaux et de trois cents Kabyles que m'avaient masqués jusque-là des plis de terrains boisés et accidentés.

N'ayant pas assez de monde pour attaquer cette masse avec succès, je me bornai à lancer deux pelotons en tirailleurs, à longue distance, avec l'ordre de se replier sur moi au premier appel, après avoir occupé l'ennemi. Pendant ce temps, au pas, avec calme, faisant tête de colonne à droite, je prenais position sur des crêtes rocheuses dominant le pays.

Semblable à la manœuvre d'un bâtiment qui vire de bord, ce changement de front ne se fit pas sans quelques éclaboussures. Arrivé sur les hauteurs, je faisais mettre pied à terre à mes hommes. Je rappelais mes tirailleurs, plaçais mes chevaux dans un contre-bas à l'abri du feu, et moi, restant en selle, je postais mes cavaliers derrière des rochers, prêt à soutenir un vrai siège et répondant vigoureusement à la fusillade de l'ennemi qui s'était rapproché.

Prévenu par mes soins, le commandant Canrobert, qui s'avançait par les crêtes, se reliant à la position que j'occupais, accourait bientôt à mon secours avec un bataillon de zouaves. Parallèlement et par la plaine, le colonel de Saint-Arnaud se rapprochait sensiblement.

Je faisais alors sonner le boute-selle et j'allais entamer la charge, lorsque le beau cheval bai que je montais tomba foudroyé d'une balle. Par une malechance, cette fois encore je me trouvais engagé sous ma monture. Quand mes hommes me relevaient, je ne pouvais me tenir debout, j'avais la cheville démise. L'on me hissait sur un cheval de trompette et nous partions au galop.

Dans cette charge magique, soutenus de près par les zouaves et les chasseurs d'Orléans, nous faisions une trouée sanglante et nous n'avions que dix ou douze hommes de tués ou blessés. Parmi les derniers étaient mon capitaine en second, Biessé, et trois officiers.

Pour me consoler de mon cheval perdu, ainsi que de mon entorse, le colonel de Saint-Arnaud, en venant me voir dans ma tente, m'apprenait que Bou-Maza avait le bras fracassé, qu'on le disait très malade de sa blessure, et, au dire du nouvelliste, qu'il était estropié pour la vie.

L'espion chantait trop victoire. Le lendemain matin, en levant le camp, nous arrivait un coureur qui nous annonçait que Mohamed-ben-Abdalah s'était fait transporter pendant la nuit chez les Beni-Seroual, pour se soigner, et qu'il avait laissé le commandement de ses contingents à son lieutenant Sou-Alem. La guerre allait donc continuer plus active que jamais.

Si je me suis attardé à parler de combats si peu importants et si éloignés, ce n'est pas dans le but de captiver l'attention du lecteur. En rappelant certains épisodes entre vingt ou trente autres de mes campagnes d'Afrique, je n'ai fait que satisfaire au désir de mes fils. Ils m'avaient entendu parler vaguement de mon escadron d'Orléansville, qui a été l'instrument de ma fortune militaire. J'ai voulu les transporter en pensée à une époque où, comme chef de la cavalerie du colonel de Saint-Arnaud, j'ai eu l'occasion de me distinguer et de gagner mon grade d'officier supérieur. Je ne cache pas aussi que, me rajeunissant de trente-huit ans à l'évocation de ces souvenirs de jeunesse, il m'a été agréable de me revoir à cheval à la tête de mes braves soldats.

... Braves est le nom qui leur convient. Je n'oublierai jamais un incident qui va justifier cette épithète.

Pendant un séjour que fit le maréchal Bugeaud dans la subdivision, le colonel de Saint-Arnaud lui faisait, un soir, après dîner, un éloge pompeux de mes spahis et de moi. Il affirmait que dans l'escadron, tous, hommes ou bêtes, avaient été blessés. « Voyons, cher ami, vous exagérez, dit le bon maréchal. — Fleury, répond le colonel, envoyez chercher votre registre matricule. » Le registre fut apporté et, folio par folio, épluché d'un bout à l'autre. En résumé, le gouverneur fut obligé de reconnaître que le nombre des hommes et des chevaux tués était considérable, et que *tous* les cavaliers, officiers et soldats, avaient été touchés au moins une fois.

Le maréchal, tout étonné, se rendit à l'évidence, et ses dispositions favorables à mon égard prirent, à partir de cette époque, le caractère d'une bienveillante et sincère affection. Je ne le retrouverai qu'en France après la Révolution, et je serai directement mêlé aux négociations qui le rapprocheront du Président de la République, le futur Empereur.

Vers la fin de 1847, le colonel de Saint-Arnaud, ayant enfin été nommé maréchal de camp, fut remplacé dans le commandement de la subdivision par le colonel Bosquet.

Le nouveau venu à Orléansville, alors inconnu en France, mais très apprécié en Afrique, était un homme de mérite, d'esprit et de savoir. Ancien capitaine d'artillerie et officier d'ordonnance du général de Lamoricière, il venait de faire une carrière brillante. Poussé chaleureusement par son chef, il était passé dans l'infanterie au moment de la formation du bataillon des tirailleurs indigènes d'Oran. Bientôt chef des bureaux arabes de la province, il avait pris une situation prépondérante. Il ne devait pas demeurer longtemps dans son grade de colonel. C'est de lui, lorsque sa nomination de général fut discutée à la Chambre, que Lamoricière parlait lorsqu'il répondit : « Il y a des officiers supérieurs qu'un ministre doit savoir nommer avant le temps réglementaire, non pas seulement pour les services qu'ils ont rendus, mais pour ceux qu'ils sont appelés à rendre. »

Je me trouvai donc en rapports intimes avec un des hommes les plus marquants du second Empire. Déjà en relations amicales datant de la campagne de Mascara, je n'avais qu'à m'applaudir de l'arrivée du colonel Bosquet. Je trouvai chez lui la même bienveillance, la même amitié que chez le colonel de Saint-Arnaud. Je lui dois d'avoir appuyé, par ses notes chaleureuses, la proposition de chef d'escadrons qu'en rentrant en France, mon ancien commandant de subdivision s'était empressé de faire en ma faveur. Quand le moment viendra de parler du général Bosquet, l'on verra avec quelle chaleur je plaiderai, à mon tour, la cause de l'un des héros de la guerre de Crimée.

Par un hasard étrange, je me suis rencontré successivement avec les hommes qui ont le plus marqué dans l'histoire de l'Empire, ou dans ma propre histoire.

Dans la province d'Oran et d'Alger, Lamoricière, Bugeaud, Yusuf, Montauban, Saint-Arnaud, Pélissier, Canrobert, Bosquet, tous ont été mes amis et, à différents degrés, mes protecteurs. A l'exception du maréchal Canrobert, tous ces hommes considérables ont disparu de la scène. Mon souvenir affectueux leur reste fidèle. Je leur dois les commencements de ma carrière, et je lègue leur mémoire à la reconnaissance de mes enfants.

Quelques mois après la révolution de 1848, qui était venue nous surprendre comme un coup de foudre, grâce aux propositions spéciales du général de Saint-Arnaud, le général de Lamoricière, alors ministre de la guerre, me nommait chef d'escadrons au 3ᵉ spahis à Constantine.

CHAPITRE VI

Je pense à retrouver le prince Louis-Napoléon. — Départ du duc d'Aumale, gouverneur de l'Algérie. — Influence regrettable du prince de Joinville sur son frère. — L'armée d'Afrique était dévouée au Roi et à son fils. — Il était possible d'embarquer quinze à vingt mille hommes et de marcher sur Lyon et Paris. — Le duc d'Aumale et la smalah. — Réception chez le général Cavaignac. — Je rencontre le général de Beaufort, ancien aide de camp du duc d'Aumale. — Ma destinée tient à cette rencontre.

Les plans tout tracés ne convenaient guère à un esprit aventureux comme le mien. En moins de douze ans, je venais de franchir tous les échelons. En 1837, je débarquais sur cette terre d'Afrique, inconnu, ruiné, sans autre ambition que celle de faire mon devoir et de devenir un jour officier. En 1848, je rentrais à Paris chef d'escadrons, décoré, apprécié, précédé d'une notoriété flatteuse! Quoi de plus naturel que de poursuivre une veine qui m'avait si puissamment secondé? Je venais d'assister à l'effondrement d'un gouvernement avec lequel je n'avais pas d'engagement, quelles que fussent mes sympathies pour les princes. J'étais donc libre d'obéir aux impressions qui avaient frappé ma jeunesse. La pensée me vint d'aller voir par mes yeux ce qu'allait devenir le prince Louis-Napoléon et de m'associer à sa fortune, si, comme j'en avais le pressentiment, il était appelé un jour ou l'autre à jouer un grand rôle.

Si le duc d'Aumale, que j'avais vu de près en maintes circonstances, dont j'avais apprécié le mérite et la valeur, s'était montré aussi bon politique que brillant général, il est probable que je me serais jeté dans le parti des d'Orléans.

Mal conseillé par son frère Joinville, le prince avait remis son commandement et s'était embarqué à la première injonction du gouvernement provisoire, tandis qu'il lui était facile d'emmener avec lui quinze ou vingt mille hommes pour aller rétablir le trône de son père.

Le duc d'Aumale disposait en effet d'une grande puissance et s'était acquis une incontestable popularité. Dans son premier commandement à Médéah et dans sa marche sur la smalah d'Abd-el-Kader, il avait fait preuve de décision, de fermeté et de véritables qualités militaires. Dans son gouvernement général, où il était arrivé en passant par le commandement important de la province de Constantine, il venait de prendre une place brillante à la suite des Clauzel, des Bugeaud et des Lamoricière. Sa jeunesse rehaussée par un physique charmant et distingué, le charme de sa personne, le prestige de sa naissance, la supériorité de son esprit, sa remarquable instruction lui avaient rendu la tâche facile. A peine âgé de vingt-trois ans, il exerçait un ascendant considérable sur toute la colonie, aussi bien que sur l'armée.

Le fils du Roi, le fils du Sultan, aux yeux des Européens comme aux yeux des Arabes, était le chef d'un véritable royaume !

Personnellement, je ne pouvais oublier ses façons bienveillantes, je dirai même presque affectueuses à mon égard. Sans ma nomination au commandement de l'escadron d'Orléansville, j'étais à la veille de devenir un de ses officiers d'ordonnance. Ses aides de camp m'avaient un peu fait part de ses intentions flatteuses pour moi. J'aurais très probablement accepté cet honneur, si le général de Lamoricière n'en avait décidé autrement. L'on m'a répété à plusieurs reprises que le prince, en maintes occasions où mon nom revenait à ses oreilles, aurait exprimé le regret de ne pas m'avoir avec lui.

S'il en est ainsi, et je crois que cette réflexion du duc d'Aumale est exacte, je puis dire, sans vanité, que les princes d'Orléans ont eu souvent la partie si belle, qu'il est plus que probable que, si j'avais été en situation d'exercer une influence sur leurs décisions, j'aurais pu servir utilement leur cause.

Le duc d'Aumale m'était donc extrêmement sympathique ; mon goût pour lui était né dans une de ces circonstances solennelles où les chefs et les princes s'inscrivent en lettres ineffaçables dans les annales de l'histoire.

L'action était petite, si on la compare aux péripéties de nos grandes guerres, mais elle n'était pas moins grave dans ses conséquences, puisqu'il y allait de l'honneur du drapeau.

Nous étions depuis trente-six heures en marche dans le sud de Boghar et de Goudgillah à la poursuite de la smalah d'Abd-el-Kader. Nous avions à peine dormi quelques heures, la bride au bras. Nous n'avions mangé que du biscuit ou du chocolat pour ne pas dévoiler notre présence par nos feux de bivouac.

Yusuf, qui était l'âme et l'œil de cette expédition si hardie, avait lancé des reconnaissances dans toutes les directions pour avoir des nouvelles et découvrir les traces de cette ville ambulante que suivaient d'innombrables troupeaux. Notre colonne se composait de six à sept cents chevaux réguliers, spahis et chasseurs d'Afrique, sous les ordres de Yusuf et Morris, et de mille trois cents fantassins, accompagnés de quelques pièces d'artillerie de montagne, d'un convoi de huit cents chameaux et mulets pour porter les vivres et les hommes fatigués, sous le commandement du colonel de Chasseloup-Laubat. Trois à quatre cents cavaliers des goums formaient l'avant-garde.

Le 16 mai 1843, Yusuf, avide de renseignements, s'était porté bien en avant de la cavalerie pour recevoir de première main les rapports qui lui viendraient de ses coureurs et les communiquer au prince. Nous cheminions depuis une heure, intrigués par une poussière qui s'élevait au loin, lorsque tout à coup un cavalier, qu'un pli de terrain nous cachait un instant avant par cet effet de mirage qui se produit dans le Sud, surgit, débusquant à fond de train à notre rencontre, ému, pâle et comme poursuivi par un songe : « Fuyez, fuyez, dit-il, quand vous le pouvez encore. Ils sont là, tout près, derrière ce mamelon. » Et il montrait la direction. « Ils arrivent au campement vers Taguin (1). S'ils vous voient, vous êtes perdus. Ils sont soixante mille, et rien qu'avec des bâtons ils vous tueront comme des chèvres qu'on chasse, et il ne reviendra pas un seul d'entre vous pour porter à Médéah la nouvelle de votre désastre. »

« Allons, calme-toi, dit Yusuf, avec l'habitude qu'il avait du caractère arabe, et raconte-moi bien ce que tu as vu. » Puis, après s'être fait répéter avec plus de précision et moins d'émotion l'état des choses, il se retourna vers moi : « Laissons l'escorte, allons voir de nos yeux, et vous, Du Barail, courez prévenir le prince de ce qui se passe et priez-le d'avancer au galop. »

Alors, suivis seulement du coureur arabe, nous partons comme l'éclair, nous espaçant pour ne pas faire de poussière à notre tour, et nous arrivons en quelques minutes comme trois fantômes sur le point culminant du mamelon.

Là s'offrit devant nous, à nos pieds, le spectacle le plus saisissant. Mohamed-ben-Ayad n'en avait pas exagéré la dangereuse réalité. La smalah venait en effet d'arriver sur le cours d'eau. Elle s'installait pour camper. Femmes, enfants, défenseurs, muletiers, troupeaux, tout était encore pêle-mêle. On entendait les cris, les bêlements de cette foule confuse. A la lor-

---

(1) La rivière de Taguin s'appelle l'Oued-Touil.

gnette, on distinguait les armes étincelantes au soleil de nombreux réguliers de l'émir, présidant à l'installation du campement. Quelques rares tentes blanches abritant les femmes d'Abd-el-Kader ou des grands chefs étaient à peine dressées. Tout était au travail comme dans une ruche. Des milliers de chameaux et de mulets encore chargés attendaient. Ceux qui avaient été soulagés de leur fardeau se répandaient au loin, le long des bords verts, à gauche de la petite rivière; d'innombrables troupeaux de moutons et de chèvres venaient encore augmenter ce gigantesque désordre. Tous ces êtres assoiffés semblaient devoir tarir ce filet d'eau précieux qui se déroulait en sinuosités capricieuses au milieu de ce chaos. « Il a raison, dit Yusuf, comme nous contemplions ce panorama sans pareil. Il a dit vrai, Ben-Ayad, il n'y a pas une minute à perdre. » Et, repartant à la même allure que nous avions prise pour arriver, nous nous dirigeons vers le prince, qui s'était sensiblement rapproché.

Dès que nous l'eûmes rejoint, le duc s'arrêta, et à ce moment se forma comme un conseil de guerre improvisé.

Après avoir entendu le rapport de son chef de cavalerie, le prince, avec un calme parfait, lui dit : « Quelle est votre opinion? »

« Mon avis, répond Yusuf, est qu'il faut attaquer de suite si nous ne voulons pas être écrasés par un ennemi très nombreux qui, d'un instant à l'autre, va découvrir nos traces. Mais je ne dois pas dissimuler à

Votre Altesse Royale que l'entreprise offre de très sérieuses difficultés. »

« Je pense absolument comme vous, dit le duc d'Aumale. Nous allons marcher en avant. » Puis se tournant vers ses aides de camp : « Messieurs, faites prévenir l'infanterie qu'elle ait à hâter sa marche pour nous soutenir », et en même temps il distribuait des ordres aux colonels Yusuf et Morris avec la plus grande liberté d'esprit, comme s'il se fût agi d'aller à la manœuvre.

L'on se séparait pour aller chacun prendre son poste de combat, lorsque le général de Beaufort, prenant la parole, dit : « Monseigneur, nous sommes ici, le colonel Jamin et moi, responsables vis-à-vis du Roi, et nous avons la mission de veiller sur Votre Altesse Royale. Permettez-nous de vous faire remarquer que l'infanterie est encore bien loin, qu'elle est fatiguée par les marches forcées de ces derniers jours et que vous avez à peine, en comptant les goums, un millier de chevaux pour attaquer tout un monde dont vous ne pouvez apprécier la force, et qu'il est de toute prudence au moins d'attendre que votre infanterie soit à votre portée. »

« L'infanterie, que l'on est allé prévenir, va hâter sa marche, répond le prince. La situation périlleuse dont vous parlez commande justement de marcher en avant. Mes aïeux n'ont jamais reculé, je ne donnerai pas l'exemple ! Messieurs, en avant ! » Et à ce moment le jeune duc était haut de cent coudées et semblait bien être un prince de l'avenir.

C'est parce qu'il n'a pas joué le rôle important que l'on pouvait attendre de lui lorsqu'il lui était si facile de faire embarquer quinze ou vingt mille hommes, de marcher sur Lyon, et d'arriver à Paris avec cent mille, s'il l'eût voulu, pour sauver le trône de son père; c'est parce que je n'ai pas compris sa conduite que, me souvenant de Londres et du prince Louis-Napoléon, je me suis jeté dans le parti impérial.

J'étais à Paris depuis quelques jours, et, comme tous les officiers en congé, je m'étais rendu à la réception du général Cavaignac, chef du pouvoir exécutif. Rien ne m'éloignait du général, qui venait de contresigner ma nomination. Je l'avais connu en Afrique, et j'avais pour lui toute la déférence que comportait son caractère estimable à tous égards. Mais je n'avais aucune disposition à être républicain, et malgré ce qui se passe aujourd'hui, je pensais alors, comme je le pense encore, que la France a besoin d'incarner le pouvoir dans un homme. Or, je reste convaincu qu'il y a plus d'intérêt pour elle et qu'il est plus digne de son histoire, de personnifier ce pouvoir par un prince ou un général que par un avocat ou un homme politique, quel que soit d'ailleurs son talent.

Le général Cavaignac, homme de haute mine, recevait avec calme et dignité les salutations empressées que lui prodiguaient les généraux et les officiers de tout grade, notamment ceux d'Algérie. Me souvenant des réceptions d'Alger, je faisais cette remarque que, si les gouvernements changent, les hommes ne changent pas, eux! A de rares exceptions près ils vont au soleil levant. Ingrats et oublieux au lendemain de sa chute, ils désertent la cause du prince qu'ils encensaient la veille.

Je me tenais un peu à l'écart, causant avec un de mes camarades d'Afrique, lorsque je me croisai avec le général de Beaufort. Cette rencontre était pleine d'intérêt. Elle nous reportait à des événements dont j'ai retracé l'un des plus émouvants épisodes et amenait naturellement par comparaison la conversation sur la situation actuelle. Le général fut aimable au possible, aimable comme savait l'être cet homme distingué par son mérite et son éducation.

« Quelle chance vous avez eue, me dit-il, de ne pas avoir été officier d'ordonnance du prince! Le rôle des d'Orléans est fini, et l'avenir est maintenant au prince Louis-Napoléon. Il va être nommé député, et, avant deux mois, vous le verrez devenir président de la République. »

Je ne discutai pas les chances de cette prophétie, mais je ne dissimule pas qu'elle flatta singulièrement ma perspicacité politique, puisqu'elle correspondait si bien à mes ambitions et à mes convictions personnelles.

Il ne me restait plus maintenant qu'à trouver le moyen d'arriver jusqu'au prince Bonaparte. Un seul homme était en situation de me présenter à lui utilement, de faire appel à ses souvenirs d'Angleterre. Cet homme était le comte de Persigny.

CHAPITRE VII

Je retrouve Persigny, grâce à l'obligeance du comte de Nieuwerkerke. — Notre entrevue au comité Pyat, rue Montmartre. — Persigny me présente au prince Louis-Napoléon à l'hôtel du Rhin. — Le prince me fait un excellent accueil. — Il me convoque pour un entretien particulier le lendemain. — Je deviens son aide de camp. — Je m'installe à l'hôtel du Rhin. — J'organise la maison du président. — Anecdotes. — Le comte de Goyon. — M. Thiers.

J'ai dit plus haut que je m'étais trouvé pendant mon séjour à Londres, en 1837, en relations très intimes avec le comte de Persigny. Celui-ci m'avait présenté au prince Louis-Napoléon à son retour d'Amérique. J'avais reçu du prince, à cette époque, un accueil très flatteur dont j'avais gardé le fidèle souvenir. Si ma présentation alors avait été banale et sans valeur en raison de mon âge, elle pouvait avoir aujourd'hui une certaine importance.

Le rôle d'un prétendant n'est-il pas d'accueillir d'abord tous les dévouements qui viennent s'offrir, quitte à les écarter ensuite lorsqu'il n'a plus que l'embarras du choix? Il s'agissait donc pour moi d'être pris assez au sérieux pour tirer parti de la compromission à laquelle j'allais m'exposer. Je comptais donc sur Persigny pour expliquer ma situation et faire valoir le concours que je venais témérairement offrir au prince.

Or, trouver Persigny était chose difficile. Très observé par le gouvernement, qui voyait dans l'ancien conspirateur de Strasbourg et de Boulogne un des auteurs les plus remuants du parti bonapartiste, mon ami de Londres menait une existence des plus étranges. Se méfiant de la police et d'une arrestation subite, il ne couchait jamais dans le même lit.

Un soir, au théâtre des Variétés, ayant rencontré le comte de Nieuwerkerke, je pensai que mieux qu'un autre il devait savoir où je pourrais saisir Persigny.

Nieuwerkerke était, bien que plus âgé que moi, mon condisciple au collège Rollin. Nous ne nous étions pas revus depuis de longues années, mais, soit par sympathie d'ancien camarade, soit par instinct des services que je pouvais rendre à la cause qu'il aimait, je le trouvai très empressé à satisfaire à mon désir. Deux jours après je recevais un billet de lui dans lequel il m'annonçait que notre conspirateur m'attendait au comité bonapartiste que présidait le vénérable général Pyat, rue Montmartre.

Je me rendis à ce rendez-vous avec l'émotion d'un homme qui brûle ses vaisseaux, s'expose à toutes les rigueurs d'un gouvernement soupçonneux et va compromettre une carrière si heureusement parcourue jusque-là.

Persigny, naturellement, me reçut à bras ouverts. C'était son rôle d'accueillir, lui aussi, avec chaleur un officier supérieur qui venait se mettre à la disposition de son prétendant.

Mon ancien compagnon d'exil, avec toute la perspicacité dont il a toujours fait preuve, ne me ménagea pas les compliments et les protestations. « Vous rappelez-vous, me disait-il, ce que je vous prédisais il y a douze ans ? Eh bien ! l'heure de la réalisation de ces promesses est venue ! Le prince va devenir le président de la République. Vous serez son bras droit, jusqu'à ce que vous soyez l'aide de camp de l'Empereur et colonel de sa garde ! Il faut voir le prince. Ce soir, venez à l'hôtel du Rhin et vous pouvez compter que vous serez le bienvenu. » Par galanterie, il ajouta : « J'ai annoncé votre visite hier au soir, et l'on vous attend avec un vif empressement. »

Après ces premiers échanges de pensées, nous repassâmes de part et d'autre les événements auxquels nous avions assisté depuis notre séparation, et nous nous jurâmes une amitié qui ne s'est jamais démentie. Il m'est doux, comme je l'ai fait à propos de Yusuf, à qui j'ai déclaré devoir en grande partie les commencements de ma fortune militaire, de constater également que c'est à Persigny que je dois ma fortune politique.

Je me rendis le soir à l'hôtel du Rhin. Le prince, aussi bienveillant qu'habile, me reçut comme une vieille connaissance que l'on n'a pas oubliée. Devinant de suite le parti qu'il pouvait tirer du dévouement que je venais courageusement lui offrir, il me fit un accueil flatteur qui éveilla l'attention des hommes politiques qui remplissaient le salon déjà trop étroit pour les contenir.

Dans un aparté, devant la cheminée, que je vois encore, le prince me fit des questions pressées sur les chefs de l'armée, en dehors de ceux qu'il voyait à la Chambre ou qui étaient directement au pouvoir. Le nom du maréchal Bugeaud se présenta en première ligne. Sachant tout le poids qui pourrait peser sur l'adhésion à la cause bonapartiste du grand chef que j'avais appris à admirer, j'offris au prince de le voir et de le sonder sur ses intentions. « Je suis tellement persuadé de l'intérêt qu'il y aurait pour vous, Monseigneur, à être assuré du concours du maréchal, que je me suis déjà occupé de réveiller son souvenir. — Comment cela? dit le prince. — D'une manière bien simple, répondis-je : en achetant son portrait chez tous les marchands d'estampes où je l'ai trouvé, et en les priant de l'exposer à leur vitrine. Quand vous sortirez à pied, vous pourrez vous assurer du résultat de cette petite organisation. » Le prince sourit en entendant ces détails et me dit affectueusement : « Je désire causer plus longuement avec vous. Venez me voir demain matin. Nous dresserons nos plans de conduite. » Et il me tendit la main en serrant la mienne d'une manière significative.

A partir de ce moment, je me sentais entré dans la vie de cet homme. J'entrevoyais, moi aussi, comme Persigny, l'avenir éblouissant, une situation élevée, en récompense des services que j'allais rendre, et la nuit qui suivit cette entrevue fut agitée par les perspectives ambitieuses du champ nouveau qui s'ouvrait devant moi.

Le lendemain, je me présentais chez le prince. Introduit à l'entresol, chez son secrétaire, M. Mocquard, dont j'aurai souvent l'occasion de parler, je faisais connaissance avec cet homme d'esprit, fin causeur et lettré charmant (1), et dans une conversation de quelques instants, je prenais l'air ambiant de la maison.

Bientôt le Prince, prévenu de mon arrivée, venait familièrement me chercher. Après avoir pris une connaissance sommaire du courrier du matin, il m'emmenait au premier, dans son cabinet. Je le retrouvais aussi aimable et bienveillant que la veille, et son accueil affectueux me mettait de suite en confiance. Avant qu'il eût parlé, je sentais que déjà le Prince me considérait comme des siens et qu'il lui était agréable d'entrer en relations d'amitié avec un officier de l'armée active, capable de le servir et sur lequel il pouvait s'appuyer. Il faut dire que, jusqu'à ce moment, Louis-Napoléon, malgré la popularité immense dont il recevait des quatre coins de la France l'éclatant témoignage, n'était, somme toute, en rapport avec aucun officier en service. A l'exception du commandant Edgar Ney, son camarade d'enfance, avec lequel il était en correspon-

---

(1) Mocquard avait de qui tenir en fait d'esprit. Par sa mère il descendait du célèbre Bussy-Rabutin. Il avait lui-même le don du style et possédait Tacite et Bossuet mieux qu'aucun lettré. Secrétaire de légation en 1812 avec Montholon, puis sous-préfet, journaliste, secrétaire de la reine Hortense, il était depuis longtemps en relation avec le prince Louis, et son dévouement datait de loin.

dance et qui lui avait offert son concours, mais qui n'avait pas quitté son régiment, le prince n'avait pour intermédiaires entre lui et l'armée que de vieux officiers, généraux ou autres, compromis dans les échauffourées de Strasbourg et de Boulogne. Le vieux général Pyat, honorable débris, les colonels Vaudrey, Chérion, de La Borde, Fabvier, les commandants Mesonau, Bouffet de Montauban, étaient à peu près ses seuls auxiliaires. Les uns étaient inconnus, les autres, discrédités ; ils ne pouvaient exercer aucune influence pour faire naître ou repêcher d'utiles et indispensables dévouements. J'arrivais donc dans des conditions particulièrement favorables pour être apprécié par un prétendant en quête de sérieux partisans.

Après m'avoir fait asseoir à côté de lui, Louis-Napoléon me dit : « Persigny m'a rendu compte de vos bons sentiments pour moi et de votre intention de vous attacher à ma cause. Si j'en crois les renseignements qui me viennent de tous côtés, vous venez de le voir par les monceaux de lettres qui m'arrivent, ma nomination à la présidence serait certaine ; mais, en attendant, je ne suis pas moins astreint à prendre certaines précautions. Au milieu de cette foule qui stationne sur la place Vendôme et attend ma sortie, il peut se trouver des gens malintentionnés. Des rapports que m'adressent des agents fidèles me disent que je cours de grands dangers. Tout en n'ajoutant qu'une créance modérée à ces prédictions sinistres, j'ai le devoir de me garantir contre les périls qui me sont signalés. Aussi je ne sors jamais qu'armé d'un revolver et d'une canne à épée. Comme vous allez jouer près de moi le rôle d'aide de camp, jusqu'à ce que vous le soyez de fait, je vous confie, me dit-il en souriant, les attributs de votre charge. » Et, sortant de son tiroir un revolver et prenant une canne à épée près de la cheminée, il me remit mes armes en me serrant la main.

Puis après avoir causé quelques instants des événements du jour, des hommes et des choses de l'armée, le Prince ajouta : « Maintenant, si le pouvez sans compromettre votre situation, venez vous installer ici, faites de ma maison la vôtre et tenez-vous prêt à m'accompagner partout. »

Je le remerciai chaleureusement de la confiance qu'il me témoignait en acceptant mes services, et je me sentis, à partir de ce moment, animé du dévouement sans bornes, de cette affection respectueuse dont je me suis efforcé de lui donner tant de preuves dans la bonne et la mauvaise fortune.

Bien que Louis-Napoléon fût par caractère et par calcul un peu réservé, je m'aperçus au bout de peu de jours que nos relations allaient devenir très intimes. Dans mes sorties fréquentes avec lui, soit pour le conduire à la Chambre et le ramener, soit dans nos promenades à cheval ou à pied, au bois de Boulogne ou dans Paris, nous échangions bien des pensées, nous esquissions bien des projets d'avenir. Je jouissais avec une satisfaction immense de cette bonne fortune que me valaient les circonstances, ne sachant pas trop si je ne préférais pas le charme de cette intimité passagère au triomphe éclatant de l'élection qui allait bientôt la faire cesser.

Bien convaincu que le Prince serait nommé président, je me préoccupais, dans mes heures de liberté, de l'organisation du personnel et de l'installation de sa maison.

Les aides de camp du général Cavaignac, aussi persuadés que moi de la réussite de leur chef, s'étaient abouchés avec le directeur du Garde-Meuble, M. de La Rozerie, pour la préparation de l'Élysée, destiné à recevoir le futur chef de l'État. De mon côté, j'avais des entrevues avec cet excellent homme, qui prenait bien plus mes idées que celles de mes concurrents. De telle sorte qu'en simulant l'obéissance à ceux-ci, il était complètement à ma dévotion.

Louis-Napoléon, qui dans son enfance avait connu et habité l'Élysée, se complaisait discrètement, par mon intermédiaire à décider lui-même la distribution des appartements et les aménagements qu'il désirait.

Pour le personnel, tout avait été facile. J'avais organisé un cabinet à l'hôtel du Helder. Pendant quelques heures par jour, j'allais recevoir et engager sans condition une grande partie des serviteurs de la maison du Roi. Pour les chevaux et les voitures je m'étais moins avancé, ne voulant pas d'une part éveiller trop l'attention et paraître, comme on dit vulgairement, dans la peau de l'ours avant de l'avoir tué, et, de l'autre, ignorant le traitement dont le Président disposerait, engager des dépenses au-dessus de nos ressources. Je n'avais besoin d'ailleurs que d'une voiture pour conduire le Prince de la Chambre à l'Élysée. J'avais donc attendu jusqu'au dernier moment. Dès que nos rapports me donnèrent une confiance absolue, je fis préparer par l'ancien carrossier de la Cour un grand coupé qui venait de la princesse de Lieven, aux armes et aux couleurs impériales. Quand le doute ne fut plus permis, j'achetai la très belle paire de chevaux du général Cavaignac.

Par une particularité bien étrange, ces chevaux avaient appartenu à M. le duc d'Aumale. Après son départ d'Alger, le général Cavaignac, l'ayant remplacé comme gouverneur, les avait achetés à la vente du prince.

Pendant les deux mois qui précédèrent l'élection, la vie du prétendant, bien que très remplie, n'offrit pas d'incidents bien remarquables. Deux anecdotes doivent cependant trouver place ici : dans une de nos promenades à cheval, le prince, en passant sur le quai d'Orsay, fut tenté d'entrer dans le quartier où était caserné le 2ᵉ dragons. A peine avais-je dit au sous-officier de garde le nom du visiteur, alors presque inconnu, que ce nom magique volait de bouche en bouche, montait à tous les étages, et que les soldats, se mettant à leurs fenêtres, acclamaient Louis-Napoléon à gorge déployée.

Le colonel du régiment, le comte de Goyon, qui par hasard se trouvait au quartier, entraîné par l'exemple, entouré de quelques officiers de service, se joignait à

ce mouvement spontané et d'une voix vibrante criait :
« Vive Napoléon ! », plus disposé encore à crier : « Vive l'Empereur ! » Le comte de Goyon donnait ainsi par avance la mesure du dévouement dont il a fait preuve jusqu'à son dernier jour. Ce fut lui qui, le premier parmi les officiers supérieurs de l'armée de Paris, prit bravement fait et cause pour le Prince.

Cette réception était de bon augure, et je ne négligeai pas de la faire se reproduire, chaque fois que dans nos promenades nous rencontrions un régiment revenant de la manœuvre. Le Prince s'arrêtait pendant que la troupe inconsciente passait devant lui ; mais à peine, en me penchant, avais-je dit à quelques sous-officiers et soldats le nom du cavalier, que le phénomème du quai d'Orsay se reproduisait. Le passage de la troupe se transformait en défilé; sous-officiers et soldats saluaient Louis-Napoléon de leurs chaudes acclamations.

Les officiers, en général plus réservés, se laissaient gagner néanmoins par ce courant électrique. Presque tous croyaient à l'avènement du général Cavaignac. Cette confiance explique leur vote au 10 décembre, où les chefs de l'armée votèrent en grande partie à l'envers des soldats. Ce fait est si notoire que plusieurs, parmi les généraux qui composaient depuis la maison militaire de l'Empereur, avaient voté contre lui. Tels étaient entre autres le général de Montebello, le colonel Favé, qui lui furent cependant tout dévoués.

Le Prince ne négligeait aucun devoir et se tenait en contact avec l'opinion. Non seulement, comme je l'ai dit, il recevait des milliers de lettres, mais c'est par milliers aussi qu'il y faisait répondre par son cabinet, dont l'officine déjà très importante était installée à l'entresol de l'hôtel, sous la direction de Mocquard. Louis-Napoléon recevait en outre beaucoup de personnages politiques que la prescience de l'avenir attirait vers lui, ou qui donnaient satisfaction à leurs propres sentiments. Il faut se souvenir d'ailleurs que l'idée napoléonienne avait servi de tremplin au gouvernement de Juillet, et qu'il s'en était pendant quinze ans approprié la popularité. Rien d'extraordinaire dès lors de voir tout un monde d'hommes ambitieux et intelligents se tourner vers celui qui personnifiait la cause dont ils avaient exhumé les souvenirs et les gloires.

Parmi les personnages importants je citerai M. Thiers. Un jour, bien peu de temps avant l'élection, j'avais accompagné le Prince place Saint-Georges. La station avait été longue, car déjà l'on n'en était plus aux probabilités, mais on envisageait les certitudes.

Une fois remontés en voiture, le Prince me dit textuellement :

« Quel singulier petit homme que M. Thiers ! Tout à l'heure il m'a demandé quel costume je prendrai quand je serai nommé président : civil ou militaire ? « Celui du Premier Consul ou quelque chose d'approchant conviendrait très bien, il me semble. — Je ne sais encore, ai-je répondu ; je choisirai probablement entre l'uniforme de général de la garde nationale ou celui de général de l'armée. — Mais alors, dit M. Thiers, comment voulez-vous que nous fassions, moi ou tout autre, quand nous serons appelés à vous succéder? Croyez-moi, Prince, prenez l'habit du Premier Consul. » Je n'ai pas insisté, dit le Prince, et je l'ai laissé dans la croyance que je suivrais son avis. »

A propos de costume, j'avais justement dans la voiture deux dessins coloriés que j'avais fait préparer par le peintre Géniol, représentant le Prince en uniforme.

Sans vouloir se rapprocher de l'avis de M. Thiers, mais sacrifiant aux idées du temps, c'est sur celui de général de la garde nationale, avec un chapeau à plumes blanches et surmonté d'une aigrette tricolore, que Louis-Napoléon arrêta son choix.

Enfin le jour de l'élection arrivait, et le Prince se mit à l'œuvre pour préparer son message.

CHAPITRE VIII

Comment expliquer le succès écrasant du vote du 10 décembre. — Après les journées de Juin, la bourgeoisie se jette dans les bras du général Cavaignac. — La candidature du prince Louis-Napoléon réveille le sentiment napoléonien. — Il n'est pas en désaccord avec les idées démocratiques. — Les entreprises de Strasbourg et de Boulogne lui ont fait une légende. — Le peuple incarne toujours le pouvoir dans un homme. — Le nom de Napoléon et la qualité de prince devaient toujours l'emporter sur tout autre prétendant. — Le Prince se rend le 10 décembre à la Chambre pour lire son message. — Il est chaleureusement accueilli par l'Assemblée et les tribunes. — Il est en habit et porte le grand cordon de la Légion d'honneur. — Il tend la main à Cavaignac qui la lui refuse. — Edgar Ney et moi nous escortons le Prince. — M. de Lacrosse, questeur, monte dans la voiture du Président. — Installation à l'Élysée. — Le lieutenant-colonel comte Pajol.

Lorsqu'on examine le vote écrasant du 10 décembre, l'on est tout d'abord saisi d'étonnement. Le pouvoir était dans les mains d'un honnête homme. Par ses origines républicaines, par ses actes, par les services qu'il venait de rendre aux journées de Juin, le général Cavaignac semblait défier toute compétition. Armé d'une autorité immense, disposant de toutes les ressources administratives, il semblait inexpugnable. Il était servi par tous les intérêts bourgeois, qui voyaient en lui leur défenseur et leur sauvegarde. L'armée dans son ensemble, l'attitude des officiers le faisait du moins supposer, lui était sympathique et dévouée. A l'exception du maréchal Bugeaud, que le rôle qu'il venait de jouer dans les événements de Février rendait pour le moment impossible comme concurrent, il n'avait pas de rivaux dangereux. Le lendemain d'une formidable insurrection, les regards ne pouvaient se porter que sur le général qui l'avait vaincue. Les généraux de Lamoricière, Bedeau, Changarnier lui étaient supérieurs sans doute, mais ils n'étaient pas comme lui en communion d'idées avec le sentiment de la nation. Tous trois étaient plus ou moins, aux yeux de l'opinion, entachés de royalisme. Espérant le conduire et le dominer, les parlementaires et les chefs des anciens partis, Thiers lui-même, Odilon Barrot, malgré leurs relations secrètes avec le prince Louis-Napoléon, avaient favorisé la candidature du général Cavaignac.

Le chef du pouvoir exécutif tenait donc dans sa main toutes les chances de réussite, lorsque le peuple, dans la majesté de sa force et de sa volonté, fit connaître son verdict.

5,434,226 voix sur 7,327,345 suffrages exprimés étaient donnés au prince Louis-Napoléon, contre 1,448,107 voix données au général Cavaignac.

L'explication de cette victoire inattendue est tout entière dans le sentiment vivace longtemps comprimé qui se faisait jour en faveur de l'héritier de l'Empereur.

La Restauration, aussi bien que la monarchie de Juillet, n'avaient pas eu le temps d'user ce culte inépuisable pour une dynastie qui, aux yeux des populations des villes et des campagnes, représentait la satisfaction de leurs intérêts dans l'autorité et le triomphe de la Révolution dans la gloire.

Aussi le Prince était-il porté au pouvoir par un élan irrésistible qui confondait même ses amis les plus confiants dans sa destinée.

Que d'émotions après une victoire semblable, et comme l'on était fier de suivre la fortune d'un prince armé d'un tel prestige !

Comme tombaient une à une toutes les calomnies répandues contre lui ! « Strasbourg et Boulogne, disait-on, avaient été l'œuvre d'un fou ! Ce prince est un Anglais mâtiné d'Allemand et de Suisse qui ne parle même pas notre langue. Il est ignorant et incapable. Il s'enivre tous les soirs. » Que sais-je encore ? Et les caricatures allaient leur train; et tous les vaincus de Février prédisaient un échec honteux, lorsque Louis-Napoléon, en réponse au manifeste du général Cavaignac, posait à son tour les bases de sa candidature.

Cependant quelles paroles plus dignes, plus fermes sont jamais sorties de la bouche d'un chef d'État :

« Mon nom se présente à vous comme symbole d'ordre et de sécurité. Si j'étais nommé Président, je ne reculerais devant aucun danger, devant aucun sacrifice pour défendre la société si audacieusement attaquée. Quel que soit le résultat de l'élection, je m'inclinerai devant la volonté du peuple, et mon concours est acquis d'avance à tout gouvernement juste et ferme qui rétablisse l'ordre dans les esprits, comme dans les choses, qui protège efficacement la religion, la famille et la propriété, bases éternelles de tout état social ; qui provoque les réformes possibles, calme les haines, réconcilie les partis et permette ainsi à la patrie inquiète de compter sur un lendemain. »

C'était le souffle puissant de ce langage qui avait produit le miracle de l'élection. Du jour où il avait entendu cette voix, le peuple, comme un écho fidèle, lui avait répondu. Dans son instinct, il ne s'était pas mépris. Il avait choisi cet homme de préférence à l'autre, parce que cet homme était prince, mais qu'il sortait de ses rangs, qu'il représentait pour lui la résurrection de l'Empire, que lui, peuple, avait naguère érigé de ses mains, que les hautes classes ingrates avaient abattu, et parce qu'il lui plaisait encore une fois de replacer la démocratie sur le trône.

C'est dans ces conditions sublimes d'une popularité inconnue jusqu'ici que le Prince allait prêter serment de fidélité à la République dans le message qu'il avait lui-même préparé. J'insiste sur ce fait, parce que M. Thiers, la veille, avait soumis un projet de discours au Prince. Toujours courtois, Louis-Napoléon n'en avait pas voulu discuter certains termes, et bref, le matin après une dernière lecture, il s'était résolu à adopter le sien.

Le Prince, en raison même de sa victoire et de l'immense succès de son élection, avait tout à redouter de la part des socialistes. Il avait cru prudent de changer souvent de domicile pour la nuit. Moi, je rentrais exactement à l'hôtel du Rhin, mais après avoir conduit mon prince au gîte qu'il avait choisi pour dormir. La nuit qui précéda la séance solennelle, le Président avait couché chez le comte Joachim Clary, qui occupait alors l'hôtel de sa tante la reine de Suède, rue d'Anjou.

C'est là que, vers une heure, quand je vins prendre le Prince pour le conduire à la Chambre, j'entendis la lecture du message, faite par M. Mocquard, en présence de Persigny, Laity et Conti.

Louis-Napoléon était calme. Il était en habit noir, avec le grand cordon de la Légion d'honneur. Son air était digne et imposant. L'on pressentait l'impression profonde qu'il allait produire sur l'esprit de cette Chambre dans laquelle, jusqu'à ce jour, il avait compté si peu d'amis.

L'Élysée, ainsi qu'on l'a vu, était depuis longtemps en préparation pour recevoir le *Maître*, et j'ai dit que le bon directeur du Garde-Meuble ayant suivi de préférence toutes mes indications, tout était organisé et que le palais attendait le Prince.

J'ai raconté aussi qu'un grand coupé, attelé de deux beaux chevaux, — ceux du général Cavaignac, — avait été préparé par mes soins. Cette voiture, conduite par un ancien cocher du Roi, — le même Ledoux que nous verrons conduire l'Empereur le soir de l'attentat d'Orsini, — montée par deux valets de pied de haute taille, avait très bonne façon.

Je l'avais envoyée dans la cour du Palais-Bourbon, pour prendre le Prince après la séance et le conduire à l'Élysée. Il avait été convenu que pour escorter le Président, le lieutenant-colonel Edgar Ney, le lieutenant-colonel comte Pajol et moi, nous nous tiendrions aux portières. Pour l'aller, comme d'habitude, j'avais accompagné le Prince dans la voiture de service. Ce n'est que dans la tribune des officiers que mes camarades et moi nous devions nous retrouver.

Pour ne pas y revenir, je dirai que le lieutenant-colonel Pajol, que depuis quelques semaines j'avais rallié à la cause du Prince, fut fidèle au rendez-vous donné à la Chambre. Nous le trouvâmes bien dans la tribune. Mais lorsque nous descendîmes hâtivement pour mettre notre chef en voiture, soit qu'il fût pris de défaillance, soit qu'il fût gêné par ses attaches récentes d'officier d'ordonnance du Roi, le lieutenant-colonel Pajol s'éclipsa, et notre service d'honneur se trouva réduit au lieutenant-colonel Edgar Ney et moi. Le Prince ne tint jamais rigueur au comte Pajol de cet abandon. Sa belle carrière, sa position de chef d'état-major de la cavalerie de la garde, témoignent de la générosité de l'Empereur (1).

Lorsque Louis-Napoléon se présenta à la tribune pour lire son message, un silence inquiétant se fit tout à coup. Mais bientôt en entendant cette voix sonore et métallique, à la vue de ce neveu de l'Empereur, au

---

(1) Mort général de division en 1891.

maintien calme et fier, la Chambre fut vivement émotionnée et ne put retenir ses applaudissements. Des tribunes bondées partirent des acclamations enthousiastes.

Quand le nouveau président rejoignit son banc, il fit un détour pour aller tendre la main au général Cavaignac. Cette noble démarche ne fut pas comprise. Le chef tombé du gouvernement provisoire n'eut pas l'esprit, à l'étonnement de tous, de serrer cette main!...

Le questeur désigné pour accompagner le Prince à l'Élysée fut le baron de Lacrosse, fils d'un officier supérieur du premier Empire.

Notre petit cortège se mit bientôt en marche pour aller prendre possession de la résidence présidentielle.

CHAPITRE IX

Aspect de l'Élysée. — Premier dîner. — Nombreuses visites le soir. — Les dévouements s'accumulent et s'imposent. — Le Prince forme sa maison militaire. — Je suis un peu le grand maître de la Cour. — Le Prince m'accorde une grande confiance. — Première grande revue. — Impression très vive produite par le Prince. — Sa belle tenue à cheval. — Réceptions à l'Élysée. — L'élite de la société monarchique s'y donne rendez-vous. — Pour elle le Président est le Monk qui doit ramener la royauté!

Le Président fut agréablement surpris, en arrivant à l'Élysée, de trouver tout organisé, comme dans une résidence accoutumée. Les valets de pied, à la livrée impériale, étaient rangés dans l'antichambre. Le suisse frappait le sol de sa hallebarde, et les huissiers étaient à leur poste aux portes intérieures. Je jouissais de l'étonnement et de la satisfaction du Prince, parce que tout cela était mon ouvrage.

Après avoir sommairement visité les appartements, dont le valet de chambre et le fidèle Thélin avaient pris possession, le Président se mit à table. A ce premier dîner assistaient tous les intimes, depuis M. Vieillard, l'ancien gouverneur et ami du Prince, Persigny, Laity, Mocquard, Bataille, le colonel Vaudrey, Edgar Ney, moi et le commandant de Béville. Ce dernier, officier du génie, avait été envoyé par ordre du ministre pour organiser le poste extérieur. Il se montra si empressé que le Prince le prit à son état-major.

L'on peut malicieusement penser que si le général Cavaignac avait été nommé, M. de Béville aurait sans doute brigué et obtenu la même faveur.

Le dîner, sans recherche, ainsi que cela a été tout le temps de l'Empire, était bien servi. Cette longue galerie, avec ses peintures de Carle Vernet, reportait le Prince aux premiers jours de son enfance. Il semblait éprouver ce bien-être du voyageur qui, après de longues années d'absence, rentre enfin chez lui. Bien des hôtes ont disparu, mais les souvenirs les font revivre en pensée dans ces lieux qu'ils habitaient !

Après le dîner, de nombreux visiteurs, et beaucoup d'hommes politiques, amis du lendemain, venaient complimenter le nouvel astre du jour.

Le Prince les reçut avec cette courtoisie et cette affabilité qui donnaient un charme inexprimable à sa physionomie. Tout en gardant l'attitude digne et simple qui faisait de lui le type accompli du grand seigneur, il savait inspirer le respect. Peu d'hommes ont pu se soustraire à l'influence personnelle qu'il exerçait dans les relations même les plus intimes. C'est parce que j'ai étudié le Prince sous tous ses aspects, dans les circonstances graves ou ordinaires de sa vie, que je me plais à signaler le résultat de mes observations.

Dès le lendemain, le Président voulut former sa maison militaire. Comme aide de camp, il nomma naturellement le colonel Vaudrey, son ancien compagnon de Strasbourg et de la Cour des pairs. Avec nous deux, Edgar Ney et moi, le Prince désigna pour officiers d'ordonnance le commandant de Béville, les capitaines Lepic, de Menneval, Petit, de Toulongeon et Laity.

Le commandant de Béville, nous avons vu qu'il avait fait son trou tout seul. Toulongeon, ami d'Edgar Ney, légitimiste d'origine et de bonne maison, allait servir de pont aux dénouements qui ne manqueraient pas de s'offrir.

Lepic était le fils aîné du général comte Lepic, illustration de l'Empire (1).

Petit (2) avait pour père le baron Petit, général de la vieille garde, dont Horace Vernet, dans son immortel tableau des *Adieux de Fontainebleau*, a célébré la glorieuse fidélité.

Menneval était un des fils de l'ancien secrétaire de Napoléon Ier.

Laity était un des amis politiques du Président, ancien officier du génie que le Prince venait de faire rentrer dans l'armée par la porte de la légion étrangère.

Pour représenter la garde nationale, Persigny et le comte Bacciochi furent autorisés à prendre l'uniforme de lieutenant-colonel d'état-major.

Mais le véritable aide de camp à cette époque, le maître de la Cour, l'organisateur de toutes choses,

---
(1) Mort général. Son fils s'est illustré dans les arts.
(2) Le général baron Petit est mort en 1895.

c'était moi, je puis bien le dire. Aussi le Prince saisissait-il chaque occasion de me témoigner sa satisfaction, en m'accordant une bienveillance qui me récompensait grandement de toutes mes peines.

Le Président passa bientôt dans les Champs-Élysées la revue des troupes de Paris et des environs.

Ainsi que le craignait M. Thiers, Louis-Napoléon se présenta devant l'armée avec l'uniforme de général de la garde nationale. Quand il apparut monté sur sa magnifique jument qu'il avait ramenée d'Angleterre, avec l'air martial et gracieux d'un grand cavalier, il y eut un frémissement dans la foule et un enthousiasme indescriptible dans les rangs des soldats. Son visage, inconnu pour ainsi dire, attirait d'autant plus les regards que les caricatures l'avaient indignement travesti. Chacun semblait fier d'avoir contribué et concouru à l'élection d'un chef que la nation venait de se donner, malgré les efforts du gouvernement.

Cette revue fut donc un immense succès pour le Prince. Lorsqu'au défilé, sur la place de la Concorde, il s'avança au-devant du vénérable général Petit pour lui serrer la main, une acclamation unanime accueillit cette pensée touchante du neveu de l'Empereur honorant à son tour le vieux soldat que son oncle avait immortalisé.

Le soir, un plaisant disait dans un club : « Mais il est fort bien prince le Louis-Napoléon ! Qui disait donc qu'il n'avait pas d'esprit ? Il a ramené de Londres la plus belle femme et le plus beau cheval du monde !... »

En effet le Président, très admirateur de la beauté, était en relations très intimes, depuis quelques années, avec une Anglaise dont nous aurons à parler plus d'une fois.

Le Prince recevait deux fois par semaine à l'Élysée. En dehors des hommes du Parlement, il connaissait très peu de monde. Ce fut à notre initiative que fut laissé le soin de faire des invitations, chacun ayant carte blanche. Dès le premier soir, la famille impériale, le corps diplomatique, les étrangers de distinction donnaient un aspect très aristocratique aux salons de l'Élysée. A la deuxième réception, le palais était trop petit pour contenir la foule. L'élite de la société légitimiste, surtout, s'y donnait rendez-vous. Les plus grands noms avaient demandé à être présentés.

Tous accouraient remplir un devoir en venant chez le libérateur. Mais cette reconnaissance n'était pas bien sincère. Les amis du jour devaient redevenir des adversaires, dès que Louis-Napoléon affermirait son autorité et que grandiraient ses chances d'avenir. L'on consentait à monter sur le radeau, tenir du Président la sécurité, le considérer comme un rempart contre les dangers de la démagogie, mais l'on n'acceptait pas l'idée de s'associer au mouvement populaire qui, en donnant cinq millions de voix au Prince, l'avait sacré empereur.

Et cependant, avec un peu plus d'intelligence et de patriotisme, comme les légitimistes avaient la partie belle s'ils s'étaient ralliés franchement à la cause impériale !

Louis-Napoléon n'avait pris la place de personne; il était l'élu de la nation. Que les orléanistes, vaincus de la veille, se tinssent sur la réserve, rien de plus naturel : mais que les boudeurs de 1830 n'aient pas profité de l'occasion pour rentrer franchement dans la vie politique le lendemain d'un vote qui leur rendait leur liberté de conscience, ce fut un grand dommage, aussi bien pour le pays que pour la société française.

Les événements qui se sont passés depuis trente ans n'ont que trop prouvé la nécessité de grouper toutes les forces sociales pour lutter contre le péril commun.

Je me souviens qu'à cette époque, j'ai fait personnellement des efforts pour rallier quelques grandes familles à la cause du Prince.

Le duc de Maillé, entre autres, un de mes amis d'enfance, était presque décidé. Un moment il acceptait d'entrer au Sénat lorsqu'il serait formé, mais il consulta les siens. On lui fit valoir que ses attaches avec le comte de Chambord, dont il avait été le menin, et que la situation de son père, ancien premier gentilhomme de la chambre de Charles X, le condamnaient à l'abstention.

Bref, après des pourparlers très actifs, il recula.

J'ai toujours regretté de n'avoir pas réussi.

L'exemple du duc de Maillé eût été d'un grand poids pour décider ses amis, les Noailles, les Fitz-James et tant d'autres. Je ne veux pas dire pour cela que toutes les grandes familles soient restées à l'écart de la Présidence et de l'Empire. Si nous n'avons pas eu tous les

Noailles, il ne faut pas oublier que le duc de Mouchy, père du duc actuel, a été l'un des meilleurs amis du Prince, et qu'il était tout prêt à accepter les fonctions de grand chambellan si l'Empereur ne les avait données au duc de Bassano.

Le choix de ce dernier était d'ailleurs très justifié par ses origines, et le dévouement dont il a fait preuve a été admirable.

CHAPITRE X

Le prince Louis-Napoléon, après un an de pouvoir, commence à être violemment attaqué par les radicaux. — Il est soutenu par les chefs du parti monarchique, à la condition d'abdiquer entre leurs mains. — Agitation du 29 janvier à propos du licenciement de la garde nationale. — Les sociétés secrètes ont fomenté un mouvement. — Le Président monte à cheval et parcourt les quais jusqu'à l'Arsenal. — En traversant la cour du Carousel, il est acclamé par les commandants Lafon et Saucerotte, à la tête de deux bataillons de gendarmerie mobile cantonnés dans la cour des Tuileries. — Il semble que le Prince n'a qu'à détourner son cheval pour se faire reconnaître empereur. — Pendant ce temps, le général Changarnier dissipe les rassemblements sur les boulevards. — Élections du 13 mai 1849. — Le ministre Odilon Barrot se désintéresse des élections. — Le parti conservateur fait de grands efforts pour les diriger. — Réunion de la rue de Poitiers. — Manifestation du 13 juin.

Le concours que les anciens partis monarchiques semblaient prêter au Prince n'était que momentané. Quand le vaisseau va sombrer, l'on reçoit le salut d'où qu'il vienne. Mais, le beau temps revenu, chacun veut reprendre le gouvernail.

Ainsi qu'a pu le dire M. Granier de Cassagnac dans son livre si précieux (1) :

« Mus par un sentiment général dans lequel il entrait du patriotisme sans doute, mais encore plus de la

---

(1) *Souvenirs du second Empire* (Dentu, édit.).

crainte et de l'impuissance personnelle, les anciens partis monarchiques se groupèrent autour du Prince, mettant à son service, avec plus ou moins d'expérience et de talent, un désir également sincère, de raffermir la société ébranlée, parce que le retour de l'ordre pouvait seul leur donner un jour le théâtre nécessaire aux aspirations encore vagues de leur ambition. »

Tandis que le ministère, composé en grande partie des lieutenants des divers partis, parlementaires et monarchiques se réservant l'avenir, donnait certaines garanties conservatrices à la France et à l'Europe, il était loin de répondre aux aspirations déçues de la Constituante.

Battue dans la personne de son candidat de prédilection par le vote écrasant du 10 décembre, mais restée puissante par sa majorité, l'Assemblée ne voulait ni désarmer, ni se dissoudre.

Elle ne pouvait admettre que le Président eût choisi ses ministres en dehors d'elle, ne voulant pas comprendre que la minorité de la Chambre représentait la majorité dans le pays.

De là une incompatibilité et un antagonisme profonds entre un pouvoir acclamé de la veille et une assemblée vieillie depuis dix mois dans le piétinement de la défaite.

Le Prince avait à peine eu le temps d'organiser son ministère qu'une foule de pétitions et de propositions se succédaient, demandant que l'Assemblée se retirât pour faire place à une représentation plus fidèle du vœu populaire.

La proposition de dissolution, faite par M. Rateau, député de la Charente, prise en considération par 400 voix contre 396, était le second coup de bélier qui venait ébranler la Chambre.

D'autres incidents plus graves encore rendaient la situation de plus en plus critique.

La récente fermeture de quelques clubs turbulents, et le licenciement de douze bataillons de gardes mobiles, servirent de prétexte à la démonstration du 29 janvier.

Le 28, une députation de deux cents gardes environ vint à l'Élysée pour réclamer avec hauteur contre une mesure qu'ils qualifiaient d'inique. Le Prince, tout en tenant compte des services qu'avaient rendus ces braves jeunes gens pendant les journées de Juin, ne pouvait revenir sur une décision que commandait l'intérêt de l'armée. Le général Changarnier en introduisit quelques-uns auprès du Président, qui leur tint un langage ferme et à la fois bienveillant. La députation se retira très mécontente; néanmoins, dans la soirée l'on sut que, surexcités par les clubs, les gardes mobiles feraient une démonstration générale le lendemain. Mais des mesures vigoureuses et un fort déploiement de troupes la firent avorter.

Pendant que le général Changarnier parcourait les boulevards pour combattre la résistance, si cela devenait nécessaire, le Prince montait à cheval entouré de sa maison militaire.

Le cortège, en quittant le palais, se dirigea par les Champs-Élysées jusqu'à la place de la Concorde, et longea la rue de Rivoli jusqu'à la cour du Carrousel pour rejoindre les quais, que nous devions suivre jusqu'à l'Arsenal.

Sur tout le parcours une foule assez compacte, animée de sentiments divers, avait escorté le Président, le saluant tour à tour de cris : « Vive la République! » et de : « Vive Napoléon! »

Lorsque le Prince traversa la cour du Carrousel, les acclamations redoublèrent, et, en passant devant la cour des Tuileries, les deux bataillons de gendarmerie mobile qui y étaient cantonnés se portèrent spontanément aux grilles. Levant leurs bonnets à poil aux bout de leurs fusils, officiers et soldats, unanimes dans leur enthousiasme, firent au Président une véritable ovation (1).

Les cris de : « Vive Napoléon! » entremêlés de ceux de : « Vive l'Empereur! » semblaient dire au Prince : « Faites comme votre oncle au retour de l'île d'Elbe. Entrez, et nous allons vous porter en triomphe dans la salle du Trône. »

Il y eut à ce moment une vive émotion dans le cortège.... Je me souviens d'avoir regardé Louis-Napoléon d'un œil interrogateur... Mais le Prince, calme et sage, continua sa route, et nous allâmes ainsi jus-

---

(1) Les deux bataillons, d'un dévouement à toute épreuve, étaient commandés par les chefs de bataillon Saucerotte et Lafon (ce dernier fils du célèbre tragédien).

qu'au but déterminé sans nouvel incident à signaler.

Au retour, à la hauteur de la rue Saint-Denis, sur le quai, le général Changarnier rayonnant vint prendre place aux côtés du Président et lui faire le récit de la journée.

Cette facile victoire remportée par le pouvoir exécutif contre les visées secrètes de l'Assemblée et les menées des socialistes, devait encore aigrir la situation.

Peu de temps après ces graves prodromes d'une tendance à la lutte qui devait se servir de tous les prétextes pour s'affirmer, eurent lieu des discussions bruyantes au sujet des affaires d'Italie. Se rangeant du côté des honnêtes gens, le Prince n'hésita pas à se déclarer le champion de la catholicité. Après la défaite de Novare, le drapeau de l'indépendance italienne était à terre, et la papauté se trouvait aux prises avec la démagogie et le fanatisme révolutionnaire. Un vote de l'Assemblée ratifia l'envoi d'un corps expéditionnaire à Rome pour sauver Pie IX des entreprises de Mazzini.

A la suite d'un premier échec, où deux cents de nos soldats, attirés dans une embuscade, furent faits prisonniers, la Chambre, prenant fait et cause pour Garibaldi, au lieu de se préoccuper de l'affront infligé à nos armes, demanda le 7 mai, par un ordre du jour, que l'expédition ne fût pas plus longtemps détournée de son but.

Le Président répondit à cette attaque de sa conduite

par la lettre célèbre portée par le lieutenant-colonel Edgar Ney au général Oudinot (1).

Devant cette attitude énergique du Prince, l'irritation ne fit que grandir. Ledru-Rollin vint, au nom de ses amis, demander à la tribune une nouvelle approbation, équivalant à la reconnaissance de Rome.

La majorité, cependant, humiliée par les menaces de langage du chef de la démagogie, se révolta enfin et fit entendre des accents de patriotisme. Il ne me coûte pas d'avouer qu'à côté d'orateurs favorables au Prince, le général Leflô fit entendre de nobles paroles d'indignation.

C'est au milieu de ces difficultés chaque jour renaissantes que se firent les élections du 13 mai. Elles produisirent par leur résultat une véritable stupeur.

Les conservateurs avaient bien essayé de lutter contre le flot envahisseur du socialisme, mais, divisés dans le but, ils n'avaient pas su, voulu, ou osé arborer le seul drapeau qui pût rallier les suffrages du pays.

Tout en organisant une certaine résistance par la formation de la réunion de la rue de Poitiers, ils ne s'étaient pas associés dans la pensée populaire de soutenir quand même le Président contre la révolution.

De là ce malentendu étrange de forces diversement dirigées au moment des élections.

Aussi le Prince, acclamé par la masse du peuple, objet du dévouement passionné de tous les soldats,

---

(1) Lettre du 18 août 1849.

était-il aux prises avec une Assemblée dont les éléments conservateurs ne voulaient pas la prolongation de ses pouvoirs, sans avoir rien pourtant à mettre à sa place, et dont la fraction républicaine exaltée demandait sa tête, si elle l'eût osé, mais tout au moins sa mise en accusation.

La surexcitation poussée jusqu'à son paroxysme devait amener une explosion.

Le 13 juin, une grande manifestation de tous les clubs, des chefs de barricade, des délégués de toutes les légions de la garde nationale sans armes, avait été organisée par la Montagne. Parties du Château d'Eau, parcourant tous les boulevards, ces délégations devaient se rendre à l'Assemblée aux cris de : « Vive la Constitution! »

Mais, à la hauteur de la rue de la Paix, le général Changarnier, à la tête de deux régiments de dragons, appuyés par deux bataillons de chasseurs à pied, coupait en deux les insurgés et les rejetait désemparés dans les rues adjacentes aux boulevards.

Ledru-Rollin, poussé par le flot, s'était rendu, avec quelques-uns de ses amis, au Conservatoire des arts et métiers, rue Saint-Martin. Sous la protection du colonel Guinard, commandant l'artillerie de la garde nationale, le comité improvisé commençait à délibérer.

A peine les conspirateurs étaient-ils en séance qu'une compagnie de gardes nationaux de la 6ᵉ légion venait intimer l'ordre aux artilleurs de Guinard d'abattre les barricades ébauchées autour du Conservatoire. Sur le refus de ceux-ci d'obéir, des coups de fusil étaient échangés. La terreur s'emparait de Ledru-Rollin et de ses acolytes, et tous se sauvaient par les vasistas de la grande salle du conseil.

Pendant que se passait cette échauffourée ridicule, le Prince, en uniforme, s'apprêtait à monter à cheval. Les chevaux, sellés depuis le matin, avançaient au perron, lorsque le général Changarnier, toujours heureux et expéditif dans ses dispositions, arriva rendre compte du résultat de la journée.

CHAPITRE XI

Rome est prise. — Immense popularité du Prince. — Le pays inquiet de l'avenir manifeste clairement son désir de voir prolonger les pouvoirs du Président. — Je réconcilie le Prince avec le général de La Moricière. — Il accepte, grâce à mon intervention, d'aller à Saint-Pétersbourg comme ministre plénipotentiaire. — Manifeste du prince à l'Assemblée. — Effet produit dans le pays. — Le général de Lamoricière donne sa démission. — Il devient l'ennemi du Président. — Regrets que j'en éprouve. — Le maréchal Bugeaud. — Composition du nouveau ministère. — Anecdote à propos de Rachel.

Quelques jours après le dénouement de cette tragédie semi-comique, arrivait la nouvelle de la prise de Rome. Sous l'effort d'un siège combiné par le général du génie Vaillant et son second, le colonel Niel, l'assaut était livré par la colonne d'attaque du lieutenant-colonel Espinasse, du 24ᵉ léger. Dominée par nos feux, la place, ne pouvant prolonger la résistance, demandait à capituler. Le Saint-Père, réfugié à Gaëte, était libre de rentrer dans la Ville éternelle.

Cette double victoire remportée sur les démagogues de Paris et de Rome, aurait dû, en fortifiant le pouvoir du Président amener tous les esprits sensés à se grouper autour de lui sans arrière-pensée. Mais le ministère, nous l'avons déjà dit, était composé de parlementaires et, sous l'influence des anciens chefs des partis monarchiques, était sinon hostile, du moins rebelle à tout agrandissement du pouvoir personnel du Prince.

A peine sorti des difficultés qui, un moment, semblaient insurmontables, le gouvernement, sans décision, sans conviction, sans confiance, marchait sans oser suivre un programme déterminé.

Les ministres ne se rendaient pas bien compte de l'immense popularité de Louis-Napoléon dans le pays. Ils n'attribuaient au triomphe éclatant du 10 décembre qu'une valeur accidentelle et ne croyaient pas qu'à l'abri de ce grand nom l'on pût reconstituer un gouvernement. Eux qui venaient cependant de laisser tomber entre leurs mains une royauté sans prestige, qui venaient d'assister à la défaite du général Cavaignac disposant de toutes les forces administratives, ils rêvaient encore, les aveugles, de confier les destinées de la France à une majorité parlementaire. C'était bâtir sur du sable; c'était, quand on se noie, ne pas saisir la perche qui vous est tendue. C'était recourir à des émollients lorsqu'il s'agit de couper le membre menacé de la gangrène. C'était enfin marcher en sens inverse du sentiment de la nation. Quand les populations avaient donné six millions de suffrages au neveu de l'Empereur, leur pensée intime était de rétablir l'Empire.

Ce n'était pas de leur part une protestation contre la révolution de 89 et les justes réclamations de la démocratie, mais elles avaient ainsi signifié hautement leur volonté de mettre un frein aux violences de la démagogie.

Aussi, entre le Prince et la Chambre, le spectacle de

ces divergences d'opinion, créait-il une grande inquiétude dans le pays.

Persigny et moi nous en avions la conscience. Déjà je me préoccupais de fournir au Prince et de lui assurer les moyens d'action nécessaires pour trancher, quand l'heure serait venue, les inévitables difficultés de l'avenir.

J'avais conservé une très grande sympathie et une vive reconnaissance pour le général de Lamoricière.

Il n'était certes pas des assidus de l'Élysée. Il se tenait dans une froide réserve depuis qu'à la chute du général Cavaignac il avait quitté le ministère de la guerre. Non pas qu'il trouvât grand dédommagement du côté des républicains! Il venait d'acquérir, au 13 juin, la preuve que sa bouderie ne l'avait pas rendu populaire. Se trouvant en curieux aux alentours du Château d'Eau, pendant la manifestation, lui, le héros des journées de Juin, il avait été, malgré sa cocarde de député, malmené, menacé par la foule, et n'avait échappé à un réel péril qu'en se jetant dans une maison sous la protection d'un concierge.

Cependant je regrettais vivement de ne pas voir un homme si distingué, un général si haut placé dans l'esprit de l'armée, se rapprocher du Président. Deux de ses aides de camp, le commandant d'Illiers et le capitaine de Bentzman, étaient mes amis et mes anciens camarades d'Afrique; grâce à leur intervention intelligente, j'amenais la rencontre que je désirais. Sur un appel du Prince, le général vint à l'Élysée et accepta le poste de ministre plénipotentiaire à Saint-Pétersbourg, que j'avais demandé pour lui.

Mais, comme on le verra bientôt, la satisfaction que j'en éprouvai ne fut pas de longue durée.

Mon travail incessant, et auquel je n'ai pas failli une heure, était de faire des amis au Prince et de lui ramener les dissidents. J'ai signalé que, dès les premiers jours de mes entrevues avec Louis-Napoléon à l'hôtel du Rhin, je m'étais préoccupé de lui assurer le concours du maréchal Bugeaud. Sa conquête avait été facile. Le vieux capitaine du premier Empire n'avait pas hésité à se rallier à la cause de son héritier.

Le maréchal Bugeaud commandait l'armée des Alpes. Mais l'intervention projetée en faveur de Charles-Albert n'ayant plus de raison d'être après la défaite de Novare, le Prince avait fait revenir le maréchal à Paris. Son intention était d'en faire le président de son conseil. Déjà il avait eu plusieurs entretiens avec lui, lorsque le choléra, qui sévissait cruellement à cette époque, emporta en trois jours cet homme illustre que, pendant quarante années, les balles et les boulets avaient respecté.

Le pauvre maréchal, qui était descendu quai Voltaire, chez son ami le comte Vigier, périt victime de son imprudence. C'est après avoir bu un verre d'eau glacée pendant un accès de fièvre qu'il déjoua toutes les prévisions des médecins qui avaient l'espoir de le sauver. Cette mort inattendue produisit une grande émotion en France et causa un réel chagrin au Prince.

Louis-Napoléon avait reconnu, en peu de temps, tout ce que cet homme de bien et ce grand capitaine pouvait lui apporter de force et de précieux concours.

Personnellement j'éprouvai un regret sincère.

La disparition du maréchal était une perte énorme pour l'armée et une personnalité considérable de moins dans notre jeu. Je ne pouvais oublier qu'en plusieurs occasions j'avais été l'objet de sa bienveillance et de sa sympathie.

Bien que les épisodes que je vais raconter soient de peu d'importance, puisqu'ils me sont personnels, je ne saurais les passer sous silence. Écrivant pour mes enfants, je ne dois pas tenir secret pour eux ce qui peut me grandir à leurs yeux.

Pendant la campagne de Takdemt, en 1841, j'étais sous-lieutenant aux spahis. Quelques étapes avant d'arriver à cette ancienne ville romaine qu'Abd-el-Kader avait en partie relevée pour en faire le siège de son gouvernement, nous eûmes d'assez rudes combats avec les réguliers de l'émir. A Tackmaret, entre autres, mon régiment, étant au fourrage sous la conduite d'un capitaine et des officiers de jour, fut assailli par des forces supérieures. Malgré le désordre inévitable d'une troupe dispersée la faucille à la main et protégée seulement par quelques pelotons à cheval, les spahis, se ralliant bien vite, firent bonne et solide contenance. Entendant une fusillade très vive, le colonel Yusuf et les officiers restés au camp arrivaient au galop. Plusieurs bataillons et quatre escadrons de chasseurs se mirent en marche pour nous dégager. Dès que cette colonne fut en vue, nous nous élançâmes sur les réguliers qui nous serraient de très près. Dans cette charge vigoureuse, j'eus la chance de tuer de ma main un officier de réguliers et de lui prendre un étendard.

Le général Bugeaud s'était transporté sur le lieu du combat pour se faire rendre compte de ce qui s'était passé. En me voyant revenir à la tête de mon peloton, mon trophée à la main, il me fit appeler, et, avec cette bonhomie qui le rendait si sympathique et si populaire, il me dit : « Je vous fais compliment, mon jeune ami ; approchez que je vous embrasse », et prenant l'étendard, il ajouta : « Donnez-le-moi en échange de la croix que je vais demander pour vous. »

J'ai gardé de ce bon baiser donné et reçu devant l'armée un bien doux et glorieux souvenir.[1]

Cet incident m'avait mis dans les bonnes grâces du général.

Une autre fois, après un dîner donné à Blidah en son honneur, je me trouvai, par suite de je ne sais quelle circonstance, assez embarrassé pour retourner à Alger. Le gouverneur m'invita à prendre place dans sa voiture. L'aide de camp, le brave colonel Rivet, grand fumeur, monta sur le siège, et moi, jeune lieutenant, je passai en tête à tête trois ou quatre heures avec mon illustre chef. Inutile de dire que la nuit était belle, étoilée, et que le général, comme d'habitude, causa beaucoup. Mais j'étais si fier, si charmé de l'écouter, que nous entrions en ville au point du jour sans que le sommeil fût venu un seul instant distraire mon attention.

Quelque temps avant sa mort, j'ai dit que le maréchal avait eu plusieurs pourparlers avec le Prince, en vue d'un changement de ministère.

Un matin que j'entrai dans le cabinet du Président pendant un de ces entretiens, pour affaire de service, le bon maréchal me tendit affectueusement la main, et s'adressant au Prince : « Vous avez là, près de vous, un de mes bons amis et l'un de nos meilleurs officiers. Avec soixante mille hommes comme lui, je me chargerais de faire le tour de l'Europe. »

Je m'inclinai, très reconnaissant d'un éloge qui m'était d'autant plus précieux, malgré sa bienveillante exagération, qu'il partait de si haut, et que, dans la bouche du maréchal, ce témoignage d'estime fortifiait ma situation auprès du Prince.

Nous avons dit que violemment attaqué par l'Assemblée, à moitié trahi par ses ministres, qui n'estimaient pas sa prépondérance personnelle à sa juste valeur, le Président se trouvait dans l'impossibilité d'exercer dans sa plénitude le pouvoir que le pays avait entendu remettre entre ses mains.

Bien convaincu qu'il fallait à une situation semblable appliquer un remède énergique, le Prince, s'arrêtant à une résolution soudaine, envoya un message à l'Assemblée, par lequel il annonçait sa volonté de modifier sa politique et de changer son ministère.

« Dans les circonstances graves où nous nous trouvons, disait le message, l'accord qui doit régner entre les différents pouvoirs de l'État ne peut se maintenir que si, animés d'une confiance mutuelle, ils s'expliquent franchement l'un vis-à-vis de l'autre. Afin de donner l'exemple de cette sincérité, je viens faire connaître à l'Assemblée quelles sont les raisons qui m'ont déterminé à changer le ministère, et à me séparer d'hommes dont je me plais à proclamer les services éminents et auxquels j'ai voué amitié et reconnaissance.

« Pour raffermir la République menacée de tant de côtés par l'anarchie, pour assurer l'ordre plus efficacement qu'il ne l'a été jusqu'à ce jour, pour maintenir à l'extérieur le nom de la France à la hauteur de sa renommée, il faut des hommes qui, animés d'un dévouement patriotique, comprennent la nécessité d'une direction unique et ferme et d'une politique nettement formulée, qui ne compromettent le pouvoir par aucune irrésolution, qui soient aussi préoccupés de ma propre responsabilité que de la leur et de l'action que de la parole.

« Depuis bientôt un an, j'ai donné assez de preuves d'abnégation pour qu'on ne se méprenne pas sur mes véritables intentions. Sans rancune contre aucune individualité comme contre aucun parti, j'ai laissé arriver aux affaires les hommes d'opinions les plus diverses, mais sans obtenir les heureux résultats que j'attendais de ce rapprochement. Au lieu d'opérer une fusion de nuances, je n'ai obtenu qu'une centralisation de forces.

L'unité de vues et d'intuitions a été entravée, l'esprit de conciliation pris pour de la faiblesse. A peine les dangers de la rue étaient-ils passés qu'on a vu les anciens partis relever leurs drapeaux, réveiller leurs rivalités, et alarmer le pays en semant l'inquiétude. Au milieu de cette confusion, la France inquiète, parce qu'elle ne voit pas de direction, cherche la main, la volonté de l'élu du 10 décembre. Or, cette volonté ne peut être sentie que s'il y a communauté entière d'idées, de vues, de convictions entre le Président et ses ministres, et si l'Assemblée elle-même s'associe à la pensée nationale dont l'élection du pouvoir exécutif a été l'expression.

« Tout un système a triomphé au 10 décembre; car le nom de Napoléon est à lui seul tout un programme. Il veut dire à l'intérieur : ordre, autorité, religion, bien-être du peuple ; à l'extérieur : dignité nationale. C'est cette politique, inaugurée par mon élection, que je veux faire triompher avec l'appui de l'Assemblée et celui du peuple. Je veux être digne de la confiance de la nation en maintenant la constitution que j'ai jurée. Je veux inspirer au pays par ma loyauté, ma persévérance et ma fermeté, une confiance telle que les affaires reprennent et qu'on ait foi dans l'avenir. La lettre d'une constitution a sans doute une grande influence sur les destinées d'un pays, mais la manière dont elle est exécutée en exerce peut-être une plus grande encore. Le plus ou moins de durée du pouvoir contribue puissamment à la stabilité des choses, mais c'est aussi par les idées et les principes que le gouvernement sait faire prévaloir que la société se rassure.

« Relevons donc l'autorité sans inquiéter la vraie liberté. Calmons les craintes en domptant hardiment les mauvaises passions et en donnant à tous les nobles instincts une direction utile. Affermissons le principe religieux sans rien abandonner des conquêtes de la Révolution, et nous sauverons le pays malgré les partis, les ambitions et même les imperfections que nos institutions pourraient renfermer. »

Ce manifeste, écrit dans ce beau langage qui a fait de Napoléon III le plus grand écrivain de son règne, causa naturellement une grande irritation dans le monde parlementaire, mais il répondit à la fibre populaire et eut un retentissement immense en province et à Paris.

Au lieu de profiter des avertissements salutaires que contenait cet acte de fermeté et de se rallier derrière le Prince en suivant le sentiment du pays, les partis s'apprêtèrent à soutenir le choc que le message faisait pressentir. Les masses, mieux inspirées, l'accueillirent avec transport, parce qu'il était l'expression de leurs désirs et de leurs volontés.

Le général de Lamoricière donna, pour ainsi dire, le signal de la rébellion. A la nouvelle du changement de ministère, il envoya sa démission et revint en toute hâte de Saint-Pétersbourg.

A dater de ce jour, je dois le consigner, à mon vif regret, mon ancien chef rentra dans les rangs des adversaires du Prince, et devint son plus cruel ennemi.

Par cette exagération dans sa conduite, il ne donna pas la mesure d'un esprit politique à la hauteur de ses talents militaires. S'il avait l'âme d'un héros, il faut convenir qu'il n'avait pas le calme et l'intuition d'un homme d'État.

Le nouveau ministère du 31 octobre 1849 fut composé d'hommes distingués, dévoués pour la plupart au Prince, qui se réserva la présidence du conseil.

M. Ferdinand Barrot, frère d'Odilon Barrot, chef du précédent conseil, fut ministre de l'intérieur. Excellent homme, sans lignes accusées dans l'esprit et le caractère, mais non sans mérite, il remplissait depuis le 10 décembre les fonctions de secrétaire général de la présidence.

Le choix du Prince s'était arrêté sur lui, à cette époque, pour le récompenser des témoignages de dévouement qu'il lui avait donnés lors du procès de Strasbourg et de Boulogne. En le nommant ministre, il ne faisait qu'accentuer sa confiance envers l'un de ses anciens défenseurs.

Par les choix de MM. Rouher, Fould, de Parieu, Bineau, Dumas, le général marquis d'Hautpoul et l'amiral Romain-Desfossés, le Président donnait accès à des hommes nouveaux et aussi à des hommes d'élite qui, presque tous, devaient laisser de brillantes traces de leur passage.

M. Bineau, débutant par les travaux publics, devait plus tard, aux finances, attacher son nom à la forme de l'emprunt public, substitué à l'emprunt souscrit et garanti seulement par les gros banquiers.

M. de Parieu, jurisconsulte éminent, donnait du relief au ministère de l'instruction publique.

M. Achille Fould, rompu aux affaires, précédé d'une notoriété de bon aloi dans le monde de la banque, esprit fin, délié, ambitieux, vu d'un bon œil par les anciens partis, bien que très nettement rallié au Prince, inspirait confiance et était, à ce moment, bien placé aux finances.

Le comte de Rayneval, diplomate distingué, tenait dignement sa place aux affaires étrangères.

M. Dumas (1), le savant, honorait le ministère du commerce et de l'agriculture.

M. Rouher, tout jeune avocat, ignoré à Paris, mais bien posé au barreau de Riom, venait d'être mis en lumière auprès du Prince par le comte de Morny, qui l'avait distingué en Auvergne et s'était fait son chaud protecteur.

Le comte de Morny avait su apprécier les qualités éminentes de son collègue du Puy-de-Dôme. Le Président se montrait habile en n'hésitant pas à prendre pour garde des sceaux un homme que l'affection de son parrain recommandait sans doute, mais dont il était permis de ne pas deviner alors et la haute valeur et l'éclatant avenir.

Nous autres, de la maison militaire, nous étions ravis de la composition du nouveau ministère. Nous avions été souvent froissés de la raideur des anciens. Ils tra-

---

(1) J.-B. Dumas, de l'Académie des sciences, plus tard de l'Académie française, mort en 1884.

versaient notre salon de service pour se rendre au conseil sans daigner s'arrêter. Ils semblaient se hâter pour éviter tout rapport avec nous, ou éluder toute recommandation. Nous sentions instinctivement qu'ils ne nous aimaient pas, parce que nous appartenions corps et âme au Prince, et que nous étions incapables de pactiser avec le dévouement équivoque dont ils lui marchandaient le témoignage.

Aussi, comme il arrive toujours quand un parti triomphe, nous eûmes un peu le tort d'user et d'abuser de la condescendance des nouveaux élus. En cela nous ne fîmes pas bonne besogne. Au bout d'un peu de temps, c'est en courant, à leur tour, qu'ils traversaient notre salon pour se dérober aux obsessions de quelques-uns de nos indiscrets camarades. J'étais, moi, plus réservé dans la forme. Cependant, un jour que j'avais une grâce à demander à M. Ferdinand Barrot, j'allai me placer dans sa voiture qui stationnait dans la cour. Lorsqu'à la sortie du conseil on la fit avancer, le ministre me trouva tapi dans le fond de sa berline, et, moitié riant, moitié contrarié, il fit route avec moi jusqu'à la rue de Grenelle. Dans le trajet, j'avais gagné ma cause, j'avais obtenu la nomination d'un directeur pour le Théâtre-Français.

Il faut maintenant que j'excuse mon audace et mon importunité. Il s'agissait de plaire à Mlle Rachel qui, à un dîner chez elle, en compagnie de Victor Hugo, Alexandre Dumas et Arsène Houssaye, m'avait instamment prié de demander pour ce dernier la place de directeur de la Comédie-Française. J'en avais parlé au Prince, qui avait connu la grande tragédienne pendant une saison à Londres et professait pour elle une très vive admiration. Le Président m'avait autorisé à soumettre à son ministre le désir de Mlle Rachel. Je viens de dire comment j'avais vaincu les lenteurs et les hésitations de mon ami M. Ferdinand Barrot.

A l'aide de cette petite stratégie, je remportais une double victoire. J'obligeais la plus célèbre et la plus charmante des femmes de cette époque, et je rendais service à l'homme d'un esprit si distingué qui, dans la mauvaise fortune comme dans la bonne, n'a cessé de me témoigner la plus constante affection.

CHAPITRE XII

Coup d'œil sur l'Élysée. — La haute société française et étrangère s'y porte en foule. — Le message du 31 octobre est mal accueilli par les chefs des partis réactionnaires. — Maison militaire. — Mes diverses attributions. — Le comte de Morny. — Il a de la peine à prendre de l'ascendant sur le Prince. — Je suis le confident de Louis-Napoléon à ce sujet. — J'aide beaucoup à un rapprochement plus intime dont j'entrevois l'utilité. — Réunion des Burgraves à l'Élysée. — L'on ne peut s'entendre. — Stupéfaction des conservateurs après les élections socialistes de Paris. — Loi du 31 mai proposée par les monarchistes. — Malgré sa répugnance le Prince la fait appuyer par son gouvernement. — Ingratitude des chefs de parti après cet acte de conciliation. — L'antagonisme s'accentue entre l'Assemblée et le Président.

Louis-Napoléon avait pris possession du pouvoir bien plutôt comme un héritier légitime que comme l'élu d'une fortune inespérée.

Dans ce calme de tous les instants, dans cette dignité souveraine, il y avait une attitude qui commandait le respect et inspirait le dévouement. La petite cour de l'Élysée avait à peine ouvert ses salons, qu'en plus du monde officiel et diplomatique, l'élite de la société française s'y donnait rendez-vous. Les représentants des plus grandes familles regardaient comme un devoir de venir saluer le *sauveur* du pays. En voyant l'empressement de toutes ces sommités monarchiques, l'on aurait pu se croire revenu, par un coup de baguette, aux beaux temps de la royauté ou de l'Empire.

Les choses allèrent ainsi jusqu'au moment où le Prince, jetant ses béquilles, avait fait comprendre à ses protecteurs intéressés qu'il n'entendait pas gouverner au profit de leurs ambitions rétrogrades. Le message du 31 octobre avait ouvert les yeux à ceux qui se figuraient naïvement que Louis-Napoléon se contenterait du rôle d'un Monk, ainsi que Louis XVIII l'avait jadis rêvé au sujet de Bonaparte. Ce que le Prince voulait, c'était de sauvegarder les intérêts sociaux, tout en donnant satisfaction aux aspirations démocratiques.

Quoi qu'il en fût de la retraite boudeuse de certains coryphées, les soirées de l'Élysée n'en restèrent pas moins brillantes et très recherchées. Les hommes les plus marquants de la Chambre, à l'exclusion des chefs militants des partis, continuèrent à briguer un sourire, un regard, une parole du Prince. En agissant ainsi, ils ne faisaient qu'obéir au mandat de leurs électeurs, tandis qu'une heure avant ils intriguaient et complotaient pour entraver le pouvoir qu'ils espéraient remplacer.

Que pesaient cependant l'influence et la personnalité des uns et des autres, vis-à-vis de l'élu de six millions de suffrages? Quel prince, quelle monarchie pouvaient-ils opposer à Louis-Napoléon? Le monde européen ne se méprenait pas sur la force tutélaire de ce grand nom. N'était-ce pas grâce à son prestige que la Révolution avait été endiguée à Bade, à Vienne, à Berlin?

N'était-ce pas à cette restauration du principe d'autorité en France que les souverains devaient leur maintien sur le trône, lorsque, après la révolution de 1848, la république universelle menaçait tous les États ?

Mais revenons à l'Élysée : la maison militaire du Prince avait très bon air. Tous nous n'avions qu'une pensée, celle de complaire à notre maître et de le bien servir.

Le général comte Roguet, fils du général de l'Empire, auteur de mémoires estimés, avait remplacé le colonel Vaudrey, mort dans ces derniers temps. Ce brave général remplissait les fonctions de premier aide de camp, qui consistaient à centraliser le service, mais n'avait véritablement aucune autorité sur nous. Par son insouciance des choses du monde, il commettait parfois de risibles bévues. Un jour nous descendions de cheval. Le général Roguet était de service à l'Élysée ; le Prince en traversant le salon lui demanda s'il y avait quelque chose de nouveau, s'il était venu quelque visite en son absence : « Oui, Monseigneur, plusieurs personnes se sont présentées, entre autres le marquis de Marchioness : il s'est inscrit sur le livre. — Donnez », dit le Prince en souriant ; et il lut : *The marquis and the marchioness of Ailsbury*.

Le bon général avait tout embrouillé et n'avait pas compris l'inscription du marquis et de la marquise. Le soir, le Président en riait encore pendant qu'il recevait ses vieux amis de Londres qui étaient venus tout exprès pour lui rendre hommage.

En dehors de nos obligations militaires, le Président

avait distribué à quelques-uns d'entre nous des fonctions distinctes :

A Persigny, les relations avec la Chambre et les hommes politiques ;

Au comte Bacciochi, les fêtes et les théâtres ;

Au colonel Edgar Ney, le futur grand veneur, l'organisation des chasses modestes que nous faisions alors, soit à Marly, soit à Saint-Cloud, le Prince n'ayant pas encore la jouissance de Fontainebleau et de Compiègne ;

Au marquis de Toulongeon, capitaine d'état-major, étaient échues la direction et la surveillance du service des invitations. Sa situation de monde le rendait très apte à ces fonctions délicates.

Le Prince, qui se confiait volontiers à moi pour toutes choses, grandes et petites, et m'appelait aimablement son grand organisateur, m'avait chargé de la haute direction du service intérieur de la maison, en même temps que de celle des écuries. J'avais su donner à ces deux services ce cachet d'élégance et de distinction qui a toujours été signalé. Les quelques équipages du Président étaient correctement tenus ; les chevaux de selle étaient magnifiques. En outre de ces fonctions brillantes qui faisaient de moi un grand maréchal et un grand écuyer, j'en avais organisé une presque ignorée, qui me prenait deux ou trois heures par jour. C'était l'organisation d'un bureau militaire, où venait se concentrer toute la correspondance de l'armée qui m'était envoyée du cabinet du Président, et d'où émanaient toutes les grâces.

Assisté par un vieil ami, un charmant homme, le commandant Maréchal, ancien camarade d'Afrique, je répondais à toutes les lettres des officiers de tous grades, des sous-officiers et même des soldats qui s'adressaient au Prince. Ce vrai travail de bénédictin avait contribué à faire beaucoup d'amis au Président, et, quant à moi, je lui ai dû une certaine popularité dans l'armée. Beaucoup de ceux que j'ai fait obliger sont morts aujourd'hui, mais il m'arrive encore de recevoir des lettres de leurs familles, qui témoignent de la gratitude qui m'a été gardée. Consolation touchante à côté de si nombreux et si impardonnables oublis! Je n'exagère pas en disant que, pendant la présidence, j'ai signé ou écrit de ma main dix à douze mille lettres, et que j'ai été pour une infinité de mes camarades une providence dans leur détresse, et l'avocat toujours écouté lorsqu'il s'est agi de leur avancement. Ce rôle d'intermédiaire entre le Prince et l'armée par-dessus la tête des ministres, j'ai continué à le jouer, même pour les nominations aux plus hauts grades, pendant toute la durée de l'Empire. C'est grâce à cette confiance dans mes recommandations que Louis-Napoléon a pu s'assurer le concours des généraux et des colonels les plus distingués. Lorsque l'heure viendra, je dirai la part d'influence que j'ai le droit de revendiquer, quand il s'agira de désigner d'abord, de décider ensuite les principaux d'entre eux à devenir les chefs et les instruments du coup d'État.

A propos du nouveau ministère, j'ai signalé que

M. Rouher n'avait dû son entrée dans le conseil qu'à la pressante intervention de M. de Morny. Il est temps de s'arrêter quelques instants pour parler de ce dernier personnage, dont la figure est une des plus intéressantes et des plus considérables de l'Empire.

C'est dans le courant de l'année 1849 que le fils de la reine Hortense et du comte de Flahaut demanda pour la première fois une entrevue au Prince. Les deux frères n'avaient jusque-là fait que s'entrevoir. Le comte de Morny, ruiné à la révolution de 1848, se tenait à l'écart, ou plutôt sur la réserve, encore indécis sur la ligne de conduite qu'il avait à tenir. Très engagé dans la politique orléaniste, par suite de ses relations intimes avec M. Guizot et les princes, il lui fallait, d'une part, un peu de temps avant de rompre en visière avec les chefs du parti parlementaire, dont il avait été, bien qu'arrivé très jeune à la Chambre, un des influents coryphées. D'un autre côté, son hésitation était entretenue par la crainte où il était que son frère désirât ne pas afficher avec lui des liens trop étroits. Mais son ambition, comme ses intérêts, lui commandaient de tenter un rapprochement, dans lequel, avec son esprit perspicace, il entrevoyait de grandes et fécondes satisfactions.

Le Prince, s'élevant au-dessus des justes susceptibilités que pouvait soulever la demande d'audience du comte de Morny, le reçut avec une affectueuse bienveillance, sans autre explication ni autre démonstration qu'une cordiale poignée de main. Néanmoins, sans se le dire, sans aucun épanchement, les deux frères avaient scellé tacitement un pacte d'alliance auquel ils sont restés tous deux fidèles jusqu'au tombeau.

Morny, que j'avais très peu connu à Paris, avant d'être au service, se montra très empressé de renouer avec moi des relations que la différence d'âge dans notre jeunesse avait rendues éphémères.

Il parut comprendre que j'étais de tous, auprès du Prince, celui qui pouvait le plus efficacement servir la cause qu'il venait d'embrasser. Il semblait apprécier en moi ce que j'aimais en lui : l'intelligence pratique des choses, doublée d'une ferme résolution.

Habitué aux intrigues parlementaires, souvent choisi par M. Guizot pour s'entremettre entre les ministres et les hommes importants de la Chambre, Morny se méprenait parfois sur le caractère un peu méfiant du Prince. Il prenait pour de la faiblesse la douceur dont le Président enveloppait sa pensée, sans jamais la livrer tout entière. De là son erreur de vouloir imprimer une direction lorsqu'il n'avait pas encore inspiré la confiance.

Le Président s'ouvrait avec moi sur les inconvénients de ce caractère envahissant, et j'étais souvent chargé, à la suite de ces confidences, de faire des observations à ce nouveau conseiller, dont on voulait bien recevoir les avis, à la condition de rester libre de ne pas toujours les suivre.

En effet, Louis-Napoléon écoutait avec intérêt tous les conseils, d'où qu'ils vinssent. Après se les être appropriés, s'il se décidait à tenir compte de quelques-uns, il détestait paraître avoir subi la moindre pression. Il n'aimait pas surtout que personne revendiquât le droit d'auteur.

Morny avait un sens politique admirable, et, au bout de peu de temps, il connaissait le Prince aussi bien que moi. Ses avis et ses aperçus étaient d'un grand intérêt. Par la souplesse de son esprit, par son expérience des hommes, par le prestige mystérieux de sa naissance, dont les circonstances venaient de grandir la notoriété, il était devenu en peu de temps l'auxiliaire le plus puissant de la présidence.

Nous avons vu le Prince impassible répondre aux intrigues et à la trahison des chefs des partis réactionnaires par la formation d'un ministère tout personnel. Nous le verrons bientôt opposer aux clameurs que suscite cette reprise de possession du pouvoir, les acclamations enthousiastes du pays lorsqu'il ira le visiter.

Je ne suivrai plus pas à pas, comme je me suis appliqué à le faire à propos du message du 31 octobre, les incidents qui se produiront. Si je m'y suis astreint dans les commencements de la présidence, c'est que j'ai voulu, par des témoignages irrécusables, faire apprécier l'hostilité et l'ingratitude flagrantes des parlementaires monarchistes contre le Prince, et démontrer par la déduction la nécessité, pour l'élu de la nation, de sortir un jour ou l'autre d'une situation intolérable pour lui et dangereuse pour la société. Cette démonstration ressortira des faits eux-mêmes. Les événements vont se précipiter. Dans chaque agression des partis, le Prince puisera une nouvelle force. Sa popularité bénéficiera des attaques dont il sera l'objet, et la France ne verra plus de salut que dans la continuation des pouvoirs présidentiels, comme moyen d'arriver bientôt à l'Empire.

Après les élections partielles du 10 mars 1850, qui avaient amené à la Chambre les principaux représentants du socialisme sous la bannière de Ledru-Rollin, les conservateurs furent saisis d'épouvante. Pour succéder aux trente et un députés frappés de déchéance par la Haute Cour de Versailles, dont vingt-huit en province et trois à Paris, les clubs avaient envoyé vingt socialistes des plus accentués, et des hommes comme Fernand Foy, de la Hitte, Bonjean, avaient échoué devant Carnot, l'ancien membre du gouvernement provisoire, Vidal, le communiste avéré, et de Flotte, l'ancien vicomte, combattant de Juin, condamné à la transportation par le général Cavaignac et amnistié par le Président de la République.

Dans le premier moment de stupéfaction, les *Burgraves*, — comme on appelait alors les chefs des partis royalistes, — se voyant menacés dans leur sécurité, demandèrent une entrevue au Prince pour conférer de la situation et offrir leur concours.

Les plus éminents d'entre eux, M. Thiers, M. Molé, M. de Montalembert, M. de Broglie, M. Berryer, le général de Saint-Priest, se réunirent à l'Élysée.

Après deux heures de conversation sans base, parce que ces messieurs ne voulaient pas voir le remède là où il était, qu'aucun ne consentait à abdiquer ses prétentions ni ses espérances, l'on se sépara sans avoir rien décidé.

A la suite de cette entrevue, le Prince, d'accord avec sa politique inaugurée le 31 octobre, opposait à la nomination de M. de Flotte, l'insurgé, l'entrée dans le conseil de M. Baroche, l'énergique procureur général qui venait de faire condamner les insurgés du 15 mai, devant la Haute Cour de Bourges. M. Ferdinand Barrot, qui cédait sa place, était envoyé comme ministre plénipotentiaire à Turin.

De leur côté, les Burgraves, blessés de ne pas avoir fait agréer leur tutelle, intriguaient de plus belle à la Chambre et faisaient présenter la loi du 31 mai.

Cette loi, restrictive du suffrage universel, était à tous les titres antipathique aux idées, aux intérêts et aux doctrines du Prince. Néanmoins, dans un esprit de conciliation, il la faisait appuyer par son gouvernement, se promettant bien de revenir sur une concession qu'il considérait non seulement comme une violation du droit national qui l'avait fait élire, mais du droit dynastique qui l'avait constitué l'héritier de l'Empire.

Rassurés sur leur existence par l'effet de cette mesure, qui constituait pour eux une nécessité de salut public, les conservateurs oublièrent bien vite ce qu'ils devaient de reconnaissance au Président pour son acte d'abnégation. Encouragés dans leur guerre sourde par l'attitude équivoque du général Changarnier, qui flattait tous les partis sans rompre avec l'Élysée, les monarchistes se mettaient en guerre ouverte avec le chef de l'État.

A propos de la dotation annuelle et de la loi des maires, ils faisaient alliance avec les socialistes. Dans leur aveuglement passionné, ils rêvaient l'abaissement de celui qui, de leur aveu même, venait encore de les protéger contre leurs dangereux alliés.

En face d'une situation si tendue qui, en se prolongeant, pouvait compromettre sa propre influence, le Prince se décida, pendant la prorogation de la Chambre, à juger par lui-même des sentiments véritables du pays.

Le 10 août, il se mettait en route pour aller visiter Lyon, Marseille, en passant par la Bourgogne. Rentré à Paris le 20, il repartit le 22 pour Strasbourg. Le 3 septembre, il se rendait à Cherbourg, après avoir séjourné le 4 à Caen.

Ces voyages ne furent qu'un écrasant triomphe, et les acclamations enthousiastes de la France vinrent encore une fois mettre à néant les injustes préventions de l'Assemblée.

CHAPITRE XIII

Organisation du voyage. — Mon cheval tombe à Lyon. — Je suis blessé au pied et ne puis continuer le voyage. — Le général de Montebello me remplace dans mes fonctions de premier écuyer. — Le général Changarnier dessine de plus en plus son opposition. — A une revue de Satory, il donne l'ordre au général Neumayer d'empêcher les troupes de crier : « Vive Napoléon ! » — La cavalerie ne se soumet pas à ses ordres. — Changement du général Neumayer et destitution du général Changarnier. — Changement du ministre de la guerre. — C'est moi qui vais prévenir le général Schramm qu'il est remplacé par le général Regnaud de Saint-Jean d'Angély. — Le lendemain je porte au général Changarnier sa lettre de destitution. — Je crois un moment que le général va me faire arrêter. — La situation se rembrunit. — La nécessité de la modifier s'impose. — Je fais part au Prince de mes idées à ce sujet.

Jusqu'à ce moment le Prince n'avait fait que des pointes de vingt-quatre ou de quarante-huit heures, sans qu'il fût besoin de longs préparatifs. Les voyages que le Prince allait entreprendre empruntaient aux circonstances une importance sérieuse. Ma spécialité d'organisateur allait être mise à l'épreuve. Je ne pouvais, comme plus tard sous l'Empire, avoir l'idée d'emmener des équipages. Nos ressources budgétaires ne le permettaient pas. Ce qui était convenable, je dirai même indispensable et de tradition pour Leurs Majestés, eût été regardé comme une exagération de dépense pour le Président de la République. L'important était de s'assurer d'avance que les voitures qui seraient mises à la disposition du Prince offriraient toutes les garanties de sécurité.

Les renseignements très minutieux que j'avais fait prendre, non seulement au point de vue des chevaux, mais des cochers, me rassuraient complètement.

Pour les chevaux de selle, je ne devais pas être aussi confiant. Dans une précédente excursion, à l'occasion de l'inauguration du chemin de fer d'Auxerre, où le Prince, montant un cheval mal dressé, avait failli être emporté, j'avais reconnu la nécessité de ne plus l'exposer à de semblables aventures. Un chef, qu'il soit roi ou général, ne doit se présenter à la foule, ou devant les soldats, que s'il est libre de toute préoccupation et maître de sa pensée. En dehors des questions de responsabilité, je savais, par l'expérience des revues de Paris, que le Prince avait tout avantage à faire son entrée dans les villes monté sur ses chevaux accoutumés. Pour organiser ce service dans ces longs voyages aux deux extrémités de la France, la combinaison ne laissait pas que d'être très compliquée. Mais avec les chemins de fer et des caravanes (grands fourgons aménagés pour les chevaux de courses) conduites en poste lorsque la voie ferrée faisait défaut, je parvins avec trois chevaux seulement *au rang* du Prince à suffire aux exigences d'une dizaine de revues et d'un nombre égal d'entrées dans les villes capitales.

Malheureusement pour moi, je ne pus jouir longtemps du fruit de ma stratégie hippique.

A Lyon, pendant le trajet de la gare à l'Hôtel de ville, mon cheval s'abattit, et je fus assez grièvement blessé au pied pour être dans l'impossibilité de continuer le voyage, et dans l'obligation de retourner, vaille que vaille, à Paris. Le général de Montebello fut désigné par le Prince pour prendre la direction du service. Il mit beaucoup de bonne grâce à faire exécuter ponctuellement les plans que j'avais tracés. Aussitôt mon retour, je recevais de lui, presque chaque jour, de prévenantes dépêches dans lesquelles, en aimable collègue, il voulait bien me rendre compte des résultats très satisfaisants de mon organisation.

Les acclamations qui avaient accueilli le Prince, partout où il s'était présenté, avaient été une protestation énergique des villes et des campagnes contre les mauvais procédés de la Chambre. Mais, loin d'être une leçon et un avertissement pour elle, ces protestations populaires, au lieu d'amener une détente dans la situation, n'avaient fait que l'envenimer.

A la revue célèbre de Satory, il s'était produit un fait considérable. Les troupes, qui jusque-là avaient l'habitude, au moment du défilé, d'acclamer le Prince en le saluant du cri de : « Vive Napoléon ! » avaient reçu l'ordre verbal du général Changarnier de s'abstenir de toute manifestation. Le général Neumayer, qui commandait directement la division, avait été obéi par l'infanterie, qui défila en silence. Il n'en fut pas de même de la cavalerie, qui, au contraire, se montra très démonstrative et passa devant le Prince en brandissant ses sabres et en le saluant des plus chaudes acclamations.

Cette différence d'attitude causa une très vive émotion. Le Prince, malgré l'estime qu'il professait pour le général Neumayer, ne put se dispenser de lui témoigner son mécontentement et de lui signifier son changement.

Le général Changarnier ne se méprit pas sur cet acte de rigueur qui, tout en ne le désignant pas nominativement, l'attaquait dans son prestige et son autorité de général en chef.

Deux mois après, les relations devenaient intolérables, et le Président prenait la résolution de lui retirer son commandement.

Le général Schramm, ministre de la guerre alors, ne lui paraissant pas assez ferme pour contresigner le décret, le Prince lui donna le général Regnaud de Saint-Jean d'Angély pour successeur. Cet ami dévoué, fils d'un des plus illustres et des plus fidèles serviteurs de Napoléon Ier, n'hésita pas à accepter la responsabilité redoutable de la révocation du général Changarnier.

Ce fut moi que le Prince chargea de porter au général Schramm la nouvelle de son remplacement. Quand je me présentai, à dix heures du soir, au ministère, le brave général, le vétéran de l'armée, que déjà à cette époque l'on appelait le Centenaire (1), dormait profon-

---

(1) Le général comte Schramm est mort en effet presque centenaire en 1884.

dément. Introduit dans sa chambre par l'aide de camp de service, j'eus quelque peine à le réveiller, et lui le ministre, encore plus à trouver ses lunettes pour lire la lettre du Président.

A mon retour à l'Élysée, le Prince me donnait la mission de porter, le lendemain à sept heures, la destitution du général Changarnier.

Cette heure matinale avait été expressément indiquée par le président, avec la recommandation d'être très exact : « Je suis désolé, me disait-il, d'être contraint d'en arriver à cette extrémité. J'avais beaucoup d'affection pour le général. Il n'est pas aussi mauvais que le font les apparences. C'est un vaniteux que les flagorneries des royalistes ont enivré ; mais je me tromperais fort, ou il me reviendra plus tard, lorsqu'il sera dégrisé. Si je vous envoie si matin chez lui, c'est pour que vous le trouviez à peine levé et encore seul lorsque vous lui présenterez ma lettre. Si vous y alliez plus tard, il serait peut-être déjà en conférence avec Valazé, son premier aide de camp, qui le mène, et il serait capable, à sa suggestion, de vous faire arrêter. S'il en advenait ainsi, cet acte d'insubordination contre moi envenimerait les choses, déjà bien assez embrouillées comme cela. Il faut le saisir au saut du lit, avant qu'il ait pris le temps de la réflexion. »

A l'heure dite, je me rendis en uniforme chez le général Changarnier, au Carrousel. Ainsi que l'avait prévu le Prince, le général était encore couché. Après quelques instants d'attente, je fus introduit près de lui dans son cabinet, par un simple planton de service. Il était très pâle et très nerveux.

« Vous avez une communication à me faire, commandant ? — Oui, mon général » ; et je lui remis la lettre du Président.

Après l'avoir lue rapidement et avec une émotion très visible, il me dit : « Votre prince reconnaît singulièrement mes services. »

Je restai silencieux devant cette observation qui ne me permettait pas de réponse. Je me bornai à dire : « Mon général, vous n'avez pas d'ordre à me donner ? » Alors avec une colère contenue : « Non, vous savez bien que je n'ai rien à dire, si ce n'est que je vous accuse réception de ma destitution. »

Je m'inclinai et sortis pour ne pas l'exciter par ma présence et compliquer, par des explications intempestives, une situation déjà trop délicate pour se prolonger.

Ma mission était heureusement remplie, et à huit heures j'en rendais compte au Président. Ce jour-là les fonds publics haussaient, et un certain apaisement semblait s'être fait dans les esprits. Dans le monde des affaires, à Paris comme en province, le général Changarnier était considéré, avec raison, comme l'instrument des partis, tandis qu'il aurait dû se borner à être le défenseur de la présidence. Sa chute était donc envisagée avec satisfaction et l'espérance que, l'antagonisme cessant, Louis-Napoléon allait reconquérir la plénitude de son influence et de ses forces.

Chez les parlementaires, la destitution du général protecteur avait, au contraire, avivé toutes les colères. Non contents de lever bruyamment leurs drapeaux en faisant des pèlerinages à Claremont, où vient de mourir Louis-Philippe, et à Wiesbaden, où réside le comte de Chambord, les royalistes s'allient encore à la Montagne pour faire refuser la dotation du Président (1). Ils ne cessent d'entraver le gouvernement dans sa marche, et parlent de mettre le Prince en accusation, pour le punir de l'acte d'autorité que, usant de son droit, il a osé commettre !

Pendant toutes ces querelles, pendant toutes ces agressions, Louis-Napoléon restait impassible et paraissait attendre du bon sens du pays une pression suffisante pour peser sur les folles décisions de la Chambre.

La revision de la Constitution, que demandaient les conseils généraux et que ne cessaient de réclamer les pétitionnements envoyés des quatre coins de la France, offrait cependant une chance de salut. Mais, pour que la revision fût votée, il fallait, conformément à l'article 68 de la loi, obtenir une majorité des trois quarts de voix. En apparence, tous les partis disaient vouloir cette revision, mais au fond tous la redoutaient, parce qu'ils sentaient bien qu'elle tournerait contre eux, à l'avantage du Président.

(1) Le Président avait fait proposer à l'Assemblée de porter de six cent mille francs à trois millions les frais de représentation du chef de l'État.

Le 27 janvier, le Prince venait de faire une dernière tentative de conciliation. Il avait reconstitué le conseil. Le premier acte du ministère était la reconnaissance et le maintien de la loi du 31 mai. Pour ménager l'amour-propre du général Changarnier, un décret rapportant ceux de 1848 et 1849 fractionnait le commandement général de l'armée de Paris. Le général Baraguay d'Hilliers recevait le commandement en chef de l'armée. La garde nationale passait sous les ordres du général Perrot. De cette façon le général Changarnier était remplacé, sans être pour ainsi dire désigné.

Le choix de ces deux généraux sympathiques à la Chambre, parce que leur dévouement au Prince n'était pas trop accusé, avait été accueilli assez favorablement.

Mais ce n'était qu'une accalmie. Le général Changarnier, bien que désarmé, n'en était que plus haineux. Les partis se taisaient, tout en continuant à conspirer. Comme après une tempête l'on entendait le sourd grondement d'un orage encore plus menaçant. Toutes les concessions avaient été faites, les négociations épuisées. Le moment de l'action était venu, il fallait se préparer au combat.

J'avais souvent fait part au Prince de mes appréciations personnelles. Je lui représentais les difficultés insurmontables qui l'attendaient à l'expiration de ses pouvoirs. Si la revision est votée, disais-je, elle le sera contre vous : vous vous verrez donc, bien qu'armé d'une popularité immense, dans cette situation affreuse de descendre du pouvoir devant le mauvais vouloir d'une minorité parlementaire, infime minorité par rapport au pays, qui compte sur vous pour le sauver des impuissants et des révolutionnaires. A ce raisonnement, le Prince répondait qu'il ne voulait recevoir la continuation de son mandat que de l'assentiment unanime de la nation, consacré par la voie légale.

« Avant de me lancer dans cette grande entreprise de saisir le pouvoir, je veux être sûr de l'opinion publique, et j'espère qu'elle réagira bientôt contre l'hostilité de la Chambre.

— Je reconnais avec vous, Monseigneur, qu'il serait préférable d'être prorogé légalement dans votre magistrature et, à force de services rendus, d'être appelé à l'Empire aux élections prochaines. Ce serait pour vous, l'héritier de Napoléon, la réalisation d'une juste et louable ambition ! Mais, hélas ! vos ennemis vous laisseront-ils accomplir cette tâche ? Ne pactiseront-ils pas plutôt avec les républicains que de se rallier à votre cause ? N'ont-ils pas dans leur camp, royalistes ou républicains, l'élite de nos généraux ? Changarnier, Charras, Cavaignac, Bedeau, Lamoricière ne vous sont-ils pas opposés ? Ne disposent-ils pas d'une influence considérable à l'Assemblée ? Veuillez me croire, Monseigneur, il n'est que temps de lever haut votre drapeau et de trouver des hommes nouveaux, énergiques, ambitieux pour le tenir. Pour conduire et entraîner les hommes, il faut un chef. Ce chef, je l'ai. C'est le général de Saint-Arnaud. »

Le Prince, visiblement intéressé, converti, par mes paroles, à la nécessité où il se trouvait amené, malgré ses répugnances, d'être obligé, un jour ou l'autre, de sortir de la légalité, me répondit simplement : « Le fait est que nous sommes dans une impasse, et que je ne vois guère d'autre moyen que de faire appel direct au pays. Expliquez-moi, ajouta-t-il, ce qu'est le général de Saint-Arnaud. »

CHAPITRE XIV

Le général de Saint-Arnaud. — Nécessité de le grandir. — Expédition de la petite Kabylie. — Mon entrevue avec le général Randon, ministre de la guerre. — Je m'ouvre assez à lui pour qu'il comprenne le but que je poursuis. — Il me charge de faire une demande au Prince. — Je pars pour l'Algérie. — Je suis l'expédition. — Je gagne Saint-Arnaud à la cause du Prince. — Je reviens en France. — Saint-Arnaud est nommé général de division. — Son arrivée à Paris. — Il s'installe à l'École militaire.

Je racontai alors ce qu'était le général de Saint-Arnaud. Sans entrer dans des détails biographiques qui appartiennent aujourd'hui à l'histoire, je m'attachai à peindre sur le vif l'homme qui allait bientôt, du seul fait de ma désignation, faire son entrée dans la vie politique.

Je venais de passer quatre ans en Algérie, sous les ordres de Saint-Arnaud, alors colonel du 53ᵉ régiment et commandant la subdivision d'Orléansville. J'ai dit plus haut, dans les premiers chapitres de ces notes, que j'étais son chef de cavalerie pendant cette période de combats incessants à la poursuite de Bou-Maza, le marabout révolté du Dahra. Pendant que je commandais mon bel escadron de spahis, auquel était adjoint le plus souvent un escadron de chasseurs d'Afrique, Canrobert, chef du 5ᵉ bataillon de chasseurs à pied, dirigeait l'infanterie de la colonne. J'avais donc pu, mieux que tout autre, apprécier non seulement les qualités, le coup d'œil, la décision, la bravoure de Saint-Arnaud notre chef, mais vivant dans son intimité, j'avais reconnu son esprit distingué, son intelligence hors ligne et l'énergie aventureuse de son caractère.

Nommé général de brigade quelques mois avant la révolution de 1848, il avait été aux côtés du maréchal Bugeaud, son protecteur et son ami, mêlé aux événements et avait obtenu du général de Lamoricière d'être envoyé en Algérie pour commander la province de Constantine.

Il avait été remplacé à Orléansville par le colonel Bosquet. Canrobert avait été nommé lieutenant-colonel du 1ᵉʳ de zouaves à Blidah. Je cite, côte à côte, les noms de Canrobert et Bosquet à dessein, parce que j'aurai l'occasion de parler de ces deux hommes marquants du second Empire. Je m'honore d'avoir été leur ami et d'avoir contribué à leur illustre carrière, en les ralliant sous la présidence à la cause du Prince. Ils ont rendu, sans doute, de grands et signalés services au pays et à l'Empereur. Mais si, en les signalant à la bienveillance impériale, je n'ai fait que mon devoir, j'ai eu la bonne fortune d'attirer l'attention sur eux et de les détourner, en temps opportun, de suivre les tendances auxquelles les appelaient naturellement leurs attaches passées et leurs préférences politiques.

Canrobert, on le sait, était royaliste d'origine, fils d'un gentilhomme (1) chevalier de Saint-Louis.

Bosquet, le polytechnicien, l'ancien héros de l'Hôtel de ville en 1830, était républicain.

Le Président ne connaissait pas le général de Saint-Arnaud, qui depuis trois ans vivait, à Constantine, en dehors de la politique et n'avait pas eu l'occasion de faire parler de lui. Tout ce que je racontais de mon ancien chef d'Orléansville avait donc l'attrait de la nouveauté et captivait l'attention du Prince au plus haut degré. Je m'étendis sur la distinction de ses manières, son physique agréable, sa belle tournure, son don de commandement, ses goûts aristocratiques, qui faisaient de lui un gentleman accompli que les Anglais surent si bien apprécier en Crimée.

Quand j'eus terminé ce portrait, que mon amitié n'avait pas besoin de flatter pour le rendre vrai, je dis au Prince : « Voilà l'homme que je vous propose pour devenir, dans six mois, votre ministre de la guerre et l'instrument du coup d'État. Toutefois, s'il a les qualités supérieures des généraux qui sont vos adversaires, il n'en a pas le grade, la notoriété, le bagage militaire qui constituent l'influence et la renommée.

(1) Son père, Antoine de Certain de Canrobert, de la commune de Cahus, généralité de Montauban, sortait d'une famille qui a compté dix-sept officiers de ce nom et onze chevaliers de l'ordre de Saint-Louis dans le régiment de Penthièvre. La baronne d'Oberkich parle dans ses Mémoires, t. II, de ce brillant officier dont la tenue martiale avait frappé le comte du Nord (grand-duc Paul de Russie). Il fit les guerres de Vendée, fut arrêté comme chouan, enfermé au Temple, enfin remis en liberté le 6 septembre 1801.

« Il est à Constantine, aux portes de la petite Kabylie, qui n'est pas encore soumise et dont cependant la soumission s'impose. Faites ordonner cette expédition, donnez-lui-en le commandement, renforcez sa colonne et soyez sûr qu'il se distinguera de telle façon que vous pourrez le nommer général de division, le faire revenir à Paris et l'avoir sous la main pour lui donner le ministère, lorsque l'heure aura sonné. Si vous adoptez ce plan, Monseigneur, autorisez-moi à conférer avec le général Randon (1), et, une fois la chose arrêtée, les préparatifs de la campagne commencés, permettez-moi de partir pour Constantine à titre d'envoyé militaire de la présidence, tandis qu'en même temps, pour ne pas éveiller l'attention, vous prescrirez à votre ministre de la guerre de détacher un de ses aides de camp. Sous prétexte de suivre la campagne, j'aurai toutes les facilités de négocier avec Saint-Arnaud, de lui exposer la situation, de vaincre ses hésitations, s'il en montre, et d'obtenir enfin son adhésion formelle au grand rôle que vous lui destinez. »

Le Prince m'y ayant encouragé, je me rendis le lendemain chez le général Randon. Je l'avais vu de près et beaucoup connu dans la province d'Oran, lorsqu'il commandait le 2ᵉ chasseurs d'Afrique. Bien que simple

---

(1) Le général Randon avait pris le portefeuille de la guerre après la démission du général Regnaud. Les autres membres du cabinet du 24 janvier étaient : MM. Brenier aux affaires étrangères, de Royer à la justice, de Germiny aux finances, Magne aux travaux publics, Schneider à l'agriculture, Giraud à l'instruction publique, Vaïsse à l'intérieur, contre-amiral Vaillant à la marine.

sous-lieutenant, j'avais eu avec lui des rapports que ma position près du lieutenant-colonel Yusuf avait rendus fréquents et agréables. Me souvenant de ces bonnes relations depuis que j'étais auprès du Prince, j'avais été appelé maintes fois à servir d'intermédiaire entre le ministre de la guerre et le Président.

Je développai donc le projet que j'apportais de la part du Prince de donner au général de Saint-Arnaud les renforts nécessaires pour entreprendre l'expédition, et je ne lui cachai pas, sans lui donner plus de détails, l'intention bien arrêtée du Président de grandir par cette campagne la réputation du commandant de la province de Constantine.

« Cette expédition, lui disais-je, rentre dans vos propres idées, et vous comprendrez, monsieur le ministre, l'indispensable obligation d'en assurer la réussite. Il faut, mon général, ajoutais-je (et en cela je flattais singulièrement sa vanité), que derrière vous Saint-Arnaud, Bosquet, Canrobert, Pélissier et d'autres, des jeunes, deviennent les chefs de l'armée bonapartiste, et je ne doute pas que vous ne saisissiez l'occasion qui vous est offerte de seconder les vues du Président...

— Je vous comprends à demi-mot, mon cher Fleury, me dit le général Randon. Je vais immédiatement mettre à l'étude l'organisation de cette campagne de Kabylie. Comme vous le dites, cette expédition est nécessaire, et moi-même, vous le savez, je l'ai demandée lorsque je commandais à Bône. Faute de moyens suffisants, je n'ai pu que l'ébaucher. Mais, dit-il en me regardant finement, lorsque Saint-Arnaud devra devenir ministre de la guerre, prévenez bien le Prince que je ne suis pas son homme pour être mêlé à tout ce qui pourra se passer. Je ne désire qu'une chose en ce moment, c'est de retourner en Algérie comme gouverneur. »

Le général Randon se faisait justice lui-même. Jamais la pensée ne m'était venue de conseiller au Prince de s'appuyer sur lui pour un acte politique et engageant sa responsabilité.

C'était au commencement de mars que l'expédition de Kabylie avait été décidée.

Quand les préparatifs furent assez avancés, je songeai à me mettre en route, mais je ne pouvais partir sans avoir devant moi les quelques mille francs nécessaires pour acheter des chevaux en arrivant. Il y avait intérêt à ce que le représentant de la présidence fît bonne figure. J'avais, à mon grand regret, fait part au Prince du mauvais état de mes finances. Il me dit de m'adresser à son trésorier, M. Bure. Celui-ci me confessa que sa caisse était à sec, et il me donna un bon de six mille francs, je crois, en m'autorisant à l'escompter. M. Fould (1) était ministre des finances. Je fus le trouver pour le prier de me donner un mot pour la maison de banque de son frère. Il me donna la lettre,

(1) Le ministère provisoire de janvier avait déjà vécu. Seuls le général Randon et M. Magne avaient conservé leurs portefeuilles; les nouveaux ministres étaient MM. Rouher à la justice, Baroche aux affaires étrangères, de Chasseloup-Laubat à la marine, Fould aux finances, Léon Faucher à l'intérieur, de Crouzeilhes à l'instruction publique.

mais ne m'offrit pas l'argent. A la maison de banque, l'on me répondit, très poliment du reste, que l'on n'escomptait que des billets de commerce, et l'on me refusa. Je me trouvais de plus en plus inquiet et embarrassé, lorsque j'eus l'idée de m'adresser à un brave garçon, très chaud partisan du Prince, M. Savalète, chef d'escadron de la garde nationale à cheval, qui m'offrit généreusement sa bourse. Ce petit fait du domaine de la chronique n'est pas à la louange des banquiers et prouve victorieusement que le Prince, pas plus que ses pauvres aides de camp, ne s'enrichissait au service de l'État.

Je m'étais fait précéder d'une lettre officielle émanant du ministre de la guerre pour le général de Saint-Arnaud.

Son accueil, à mon arrivée à Constantine, fut des plus cordiaux et des plus affectueux. Pendant les quelques jours qui précédèrent le départ, je ne voulus pas aborder le but délicat de ma mission. De même que mon ami le commandant de Waubert, envoyé par le général Randon, j'affectai de rester dans le rôle d'un officier en mission venu tout exprès pour suivre la campagne et représenter le Président de la République. Tout à ses préparatifs et aux mille détails que comportait son commandement, le général de Saint-Arnaud n'aurait pu prêter qu'une oreille distraite aux suggestions que je lui aurais soumises. Je restai donc dans le domaine des faits passés, sans trop préjuger des choses de l'avenir. Je me bornai à faire le tableau des hostilités dont le Prince était l'objet, tandis qu'il était le seul prétendant que les conservateurs eussent raisonnablement à opposer à la révolution.

Chaque fois que j'en trouvais l'occasion, à table notamment, je tenais à peu près le même langage, pour sonder les idées de Mme de Saint-Arnaud.

En agissant ainsi et avec prudence, je laissais aux deux époux le soin de tirer la conséquence de la situation. Je m'appliquais à répéter que le remède était dans l'armée. C'était dire que je venais offrir au général d'en devenir le chef. Le luxe des moyens d'action mis à sa disposition pour mener à bien l'entreprise démontrait suffisamment que le Prince avait les yeux fixés sur le futur vainqueur de la petite Kabylie.

Mme de Saint-Arnaud, née de Trasigny, alliée aux Mérode et aux premières familles de Belgique, nouvellement mariée, me semblait être d'un faible secours. Entichée de sa naissance, elle devait par cela même appartenir à l'opinion royaliste. Après deux ou trois conversations, je m'aperçus que je m'étais trompé. Dévouée à son mari qu'elle admirait, désireuse de le voir jouer un rôle dont elle partagerait les honneurs, Mme de Saint-Arnaud alla d'elle-même au-devant d'une explication et devint ma fidèle alliée.

Le lendemain, le général, en me serrant la main, me dit : « Mon cher ami, assurez le Prince, dès aujourd'hui, qu'il peut compter sur moi : qu'il me fasse général de division le plus vite possible, et je réponds du reste. Nous causerons de tout cela pendant la campagne. »

Ma négociation s'ouvrait donc sous d'excellents auspices. Je trouvais une aide là où je craignais de rencontrer un obstacle, et je venais d'assurer au Prince le concours indispensable de l'homme résolu que réclamaient les événements.

Autour du général gravitait une pléiade d'officiers distingués, comme de Place, Boyer, de Chevarrier, Clermont-Tonnerre, de Séricourt, qui tous, je le dis à leur louange, sont demeurés fidèlement respectueux de la mémoire de l'Empereur.

Dans la petite armée de Constantine, je retrouvais le général Bosquet, que j'avais, on s'en souvient, quitté colonel, commandant supérieur à Orléansville en remplacement de Saint-Arnaud. Grand ami de Lamoricière et de Cavaignac, l'ancien élève de l'École polytechnique passait pour très républicain; mais j'en avais l'intuition, et l'avenir l'a prouvé, l'ambition parlait plus haut chez lui que la foi politique. Aussi avais-je le projet, si mes pourparlers avec Saint-Arnaud n'avaient pas abouti, d'essayer de gagner Bosquet à la cause du Prince. Je reste persuadé qu'il eût été accessible et que je n'aurais eu qu'à enfoncer une porte ouverte. Je n'oublierai jamais sa tristesse lorsqu'il s'aperçut de mon intention de ne lui faire aucune ouverture. Pendant les marches, j'allais parfois causer avec lui de toutes choses, et toujours il ramenait la conversation sur la gravité de la situation et sur la nécessité fatale de la dénouer avec l'épée. Dans son esprit, cette épée était évidemment la sienne, et il faut convenir qu'elle était bien trempée! Mais il y avait échange de pensée entre Saint-Arnaud et moi, et je ne pouvais, tout en reconnaissant au général Bosquet un mérite réel, revenir sur ma parole, lors même que j'aurais eu à regretter mon choix. D'ailleurs, il était plus aisé de grandir Saint-Arnaud pour en faire le chef de l'armée, que de jouer la partie avec Bosquet, brigadier de la veille, moins connu et moins populaire que le commandant de la province de Constantine.

Toutefois, en vue de l'avenir, je m'appliquai à ne pas décourager les aspirations de Bosquet. Après la guerre de Crimée, où il s'était grandement distingué, je sus vaincre les indécisions de l'Empereur, qui hésitait à le nommer maréchal.

Je raconterai dans quelles circonstances je me fis un devoir d'intervenir aussi bien pour lui que pour le général Canrobert.

Bosquet était un homme de grande valeur. Il avait en lui-même une confiance illimitée. Par la ténacité, le courage, le savoir et l'intelligence, il fût certainement devenu l'un des maréchaux les plus remarquables de l'Empire, si la mort n'était venue l'arrêter en chemin.

Il avait une belle tête sur un corps carré, un peu épais et vulgaire. Son aspect général ne manquait pas cependant d'une certaine noblesse; son air était calme et martial, son geste sobre, et sa voix, quoiqu'un peu sourde, était celle du commandement. Sa chevelure était rase, son profil accentué; si l'on voulait rendre Bosquet heureux, l'on n'avait qu'à lui parler de sa vague ressemblance avec Napoléon Ier. C'était là sa petite faiblesse.

Dans la brigade Bosquet se trouvait aussi un autre lion de courage et de volonté, mon nouvel ami le lieutenant-colonel Espinasse. Celui-là professait carrément pour le Prince un dévouement sans bornes. J'avais fait sa conquête pendant la traversée. Dans ces longues heures d'épanchements auxquels invite la vie oisive du bord, j'avais fait luire à ses yeux, comme autrefois Persigny le faisait à mon égard à Londres, toutes les chances d'avancement qui attendaient un officier supérieur tel que lui, s'il se liait à la fortune de Louis-Napoléon. Son imagination s'enflammait en écoutant mes prophéties. « Vous serez général de division, aide de camp de l'Empereur! » lui disais-je. Tout cela, il le fut, le pauvre ami; il fut même ministre avant d'aller mourir héroïquement à Magenta (1)!

Après avoir suivi l'expédition pendant un mois, pris part à plusieurs combats, je m'embarquai à Bougie pour revenir en France. Mon but était atteint. J'avais eu pendant cette première partie de la campagne vingt occasions de causer à fond avec le général de

---

(1) Après l'attentat d'Orsini, 14 janvier 1858, Espinasse fut appelé au ministère de l'intérieur. Ses glorieux états de service sont connus. Blessé quatre fois au combat de l'Aurès (1845), où il commandait un bataillon de zouaves, lieutenant-colonel à Rome, colonel du 42e de ligne au moment du coup d'État, brigadier au début de la campagne de Crimée. Atteint du choléra dans les marais de la Dobrutscha (1854), il revient l'année suivante, prend part à la bataille de la Tchernaïa, à la prise de Malakoff et à celle de Sébastopol. Il fut tué le 4 juin 1859 à l'attaque du village de Magenta, à la tête de la 2e division d'infanterie (2e corps, Mac Mahon). Son aide de camp de Froidefond tombait mort au même moment à ses pieds.

Saint-Arnaud. Nous n'avions plus rien à nous dire, et j'avais hâte de rapporter au Prince la parole de l'homme de cœur, d'esprit et de résolution dont j'avais espéré le dévouement.

Après deux mois d'expédition, la petite Kabylie lui était soumise, sans pertes trop sensibles. Le Président, en félicitant le général en chef, lui annonçait sa nomination de général de division, en même temps qu'il lui promettait un commandement de son grade dans l'armée de Paris. Dès ce jour, le Prince était armé et pouvait, avec sa sérénité habituelle, envisager sans trouble le moment où s'imposerait la lutte.

CHAPITRE XV

Arrivée de Saint-Arnaud à Paris. — Bon accueil que lui fait le Prince. — Saint-Arnaud est l'objet de l'attention publique. — Il se pose de suite en chef de la jeune armée. — Je travaille avec le Prince à la composition de la garnison de Paris. — Rentrée en France des généraux marquants d'Algérie. — Projet de coup d'État pendant la prorogation de la Chambre. — De la lumière et de la vérité sur les causes qui font avorter ce projet. — Le général de Saint-Arnaud retire sa parole. — Le général Magnan, gouverneur de Paris, refuse d'agir seul. — Embarras et grand désappointement à l'Élysée. — Le préfet de police, M. Carlier, donne sa démission. — Le bruit du coup d'État transpire. — Dangers que court le Prince. — Tentatives inutiles près des généraux Baraguay-d'Hilliers et Castellane. — Je propose au Prince d'aller voir le général de Saint-Arnaud. — M. Rouher présent quand je fais cette proposition. — Explications que me donne Saint-Arnaud sur son refus d'agir. — Je réconcilie le Prince avec le général. — Nous partons pour Saint-Cloud.

L'arrivée de Saint-Arnaud produisit une certaine sensation. Cette expédition de Kabylie, bien que secondaire au milieu des inquiétudes générales, n'était pas restée inaperçue. Les journaux, par mes soins, en avaient avec sollicitude reproduit les phases glorieuses. Tout en donnant à l'armée une juste satisfaction en récompense de ses efforts, cette large publicité avait donné au général une importante notoriété.

Le Prince fit à Saint-Arnaud un accueil des plus flatteurs. Il l'emmena au théâtre et le combla de prévenances. A la réception de l'Élysée, tous les regards étaient fixés sur l'homme nouveau qui venait de se produire.

L'agrément de sa figure et de sa personne, sa tournure distinguée, son attitude hardie, la vivacité de son esprit, son langage coloré inspiraient la confiance et la sympathie. Il était à peine installé à l'École militaire, à la tête de sa division, que l'opinion le désignait déjà comme le futur ministre. Ce que j'avais prévu se réalisait : le général de Constantine prenait d'un bond la première place et devenait l'espoir du parti.

Je ne dissimule pas que j'étais fier de l'heureuse inspiration qui m'avait fait associer un tel homme aux destinées du Prince. Quand je me reporte aux difficultés de la situation, je demeure convaincu que j'ai rendu, dans ces circonstances solennelles, un immense service au pays et à l'Empereur.

C'est un titre de gloire pour moi d'avoir pu deviner le coopérateur nécessaire, et je le revendique d'autant plus que les chroniqueurs de l'Empire ou les jaloux m'en ont marchandé le mérite.

Ce qu'il y a de singulier, en effet, c'est que dans les livres les plus hostiles contre les hommes de l'Empire, je suis voué aux colères et aux sévérités de l'histoire, parce que j'ai été chercher Saint-Arnaud en Algérie pour faire le coup d'État. Non seulement l'on ne me refuse pas, dans le pamphlet, un rôle prépondérant dans la préparation de ce grand acte, mais l'on m'attribue un rôle exagéré dans son accomplissement.

Dans les ouvrages favorables à l'Empire, le contraire se produit. C'est à peine si l'on mentionne mon action dans la préparation, qui est cependant mon œuvre, comme si les thuriféraires craignaient, en me rendant la justice qui m'est due, de porter ombrage à ceux qui entendaient résumer toutes les conceptions, toutes les initiatives du règne de Napoléon III.

L'Empereur a été plus généreux, lui, en me soutenant imperturbablement, pendant vingt ans, contre les coteries liguées contre moi! Morny était plus équitable, lorsqu'il me disait dans un élan de franchise : « Le coup d'État! ce n'est ni Saint-Arnaud ni moi qui l'avons fait : c'est vous, puisque vous nous en avez donné les moyens! »

Pour fortifier Saint-Arnaud et lui donner plus de confiance en lui-même en l'entourant de ses amis, je conseillai au Prince de faire revenir d'Afrique les officiers généraux ou les colonels les plus marquants, afin de les encadrer dans les divisions ou les brigades de l'armée de Paris. C'est ainsi que Canrobert, d'Allonville, Marulaz, Renault, de Lourmel, Espinasse, vinrent renforcer les nombreux dévouements que j'avais déjà de longue main groupés autour du Président.

Devant cette légion de jeunes hommes vaillants et glorieux, les anciens généraux étaient à peu près éclipsés, et Changarnier aurait dû comprendre que déjà il n'était plus le maître, s'il ne s'était fait des illusions sur sa propre déchéance et sur l'impopularité de ses amis du Parlement.

Depuis son avènement au pouvoir, le Prince m'avait toujours consulté sur la valeur des officiers de tous grades que le ministre de la guerre présentait à sa nomination. Aucune promotion n'avait lieu à cette époque sans que je fusse appelé à donner mon opinion. Les considérations politiques ne me guidaient pas dans mes appréciations. A moins d'hostilité notoire, je ne me souviens pas d'avoir fait écarter un candidat parce qu'il était réputé royaliste ou républicain. J'étais sûr d'avance que les nouveaux élus deviendraient des partisans dévoués du Prince dès qu'ils auraient l'occasion de l'approcher. A de rares exceptions près, les cadres n'avaient-ils pas voté pour Cavaignac, en Algérie comme en France? Et six mois après, le 10 décembre, l'armée tout entière n'avait-elle pas chaleureusement pris parti pour le Président contre l'Assemblée?

Je remplissais donc les fonctions d'un directeur du personnel, *ad latus*, et c'est sur mes désignations, depuis le retour de Saint-Arnaud, qu'en vue des éventualités prochaines, le Prince avait complété l'organisation de l'armée de Paris. Sans en fixer encore la date, une action décisive avait été concertée entre le Président et le général. L'entreprise avait été envisagée sous toutes ses faces, mais le dernier mot n'était pas dit.

Le rejet de la dotation, bientôt suivi de celui de la proposition de revision, avait accentué l'antagonisme des deux pouvoirs, et le fossé creusé entre le Président et l'Assemblée était devenu impossible à combler. L'hésitation n'était plus permise. Sous peine d'être accusé de

PRÉPARATION DU COUP D'ÉTAT.

faiblesse, le Prince avait pour devoir, vis-à-vis du pays, de relever le gant que, depuis deux ans, lui jetait le Parlement.

La prorogation, du 10 août au 4 novembre, suggéra au Président l'idée de profiter des vacances de la Chambre pour mettre à exécution son projet d'en appeler directement à la volonté nationale.

Il s'agissait simplement, sans violence, sans arrestations préventives, puisque les principaux meneurs étaient dispersés, de lancer une proclamation et de soumettre à la sanction du peuple une nouvelle constitution.

Pour protéger ce mouvement d'opinion et comprimer les désordres qui pourraient se produire, le général de Saint-Arnaud, ainsi qu'il était convenu, devait prendre le ministère de la guerre.

Le général Magnan conservait le commandement de l'armée. Carlier restait à la préfecture de police; Morny, Persigny constituaient les principaux collaborateurs du gouvernement provisoire.

Le 17 septembre était le jour fixé pour l'accomplissement de ce grand et pacifique événement (1).

---

(1) Les principaux traits de cette première phase du coup d'État ont été généralement méconnus ou travestis par les historiographes les mieux intentionnés. L'excellent livre de Cassagnac lui-même (*Souvenirs du second Empire*) fourmille d'erreurs à ce sujet. Ces erreurs, il importait de les rectifier. Ce n'est pas le 10 août à Saint-Cloud que la résolution d'agir avait été prise de concert avec Saint-Arnaud. Le général n'est revenu d'Afrique que le 15, et c'est le 20 seulement, et à Paris, que le Prince, après s'être entendu avec son futur ministre de la guerre, arrêta l'exécution de son projet. Ce n'est que plus tard, dans les commence-

Le général de Saint-Arnaud, après s'être formellement engagé à prendre la responsabilité de l'exécution, demanda un congé de quelques jours pour aller à Bordeaux voir sa mère. Le Prince autorisa le général à partir, à la condition qu'il reviendrait le 4 septembre, pour avoir le temps de prendre les dernières dispositions.

A cette date, Saint-Arnaud, fidèle à sa promesse, rentrait à l'École militaire. Mais, dans la matinée, au lieu de se rendre à l'Élysée, le général écrivait au Prince une lettre laconique dans laquelle il le priait de lui rendre sa parole et de ne pas compter sur lui.

Cette retraite, que n'accompagnait aucune explication pour en atténuer l'effet désastreux, produisit chez le Prince une irritation très vive. Morny et Persigny étaient exaspérés. Quant à moi, qui m'étais fait le garant de Saint-Arnaud, j'étais douloureusement affecté. Je voyais s'écrouler l'édifice que j'avais bâti de mes mains, et je comprenais que la conduite incompréhensible de Saint-Arnaud nous livrait désormais aux hasards les plus périlleux.

Mandé à l'Élysée, Carlier, en apprenant cette nouvelle, se montra plus qu'indécis et se contenta de conseiller la prudence. Ce conseil, en ce moment, faisait prévoir un désistement.

Le général Magnan, que j'avais été prévenir par

ments d'octobre, après l'avortement de l'entreprise, fixée au 17 septembre, que le Prince combina à Saint-Cloud les éléments du coup d'État de décembre. (N. de l'A.)

ordre du Prince, me déclara très nettement que, sans le concours de Saint-Arnaud, il se trouvait hors d'état de conserver son commandement, si le Président persévérait dans ses résolutions.

D'un autre côté, la commission de permanence, composée des éléments les plus hostiles, complètement dominée par le général Changarnier, pouvait, d'un moment à l'autre, être avertie.

A l'instigation de l'ancien commandant de l'armée, ne pouvait-elle pas rappeler l'Assemblée, traduire le Prince à sa barre et le faire conduire à Vincennes? La situation, de quelque côté qu'on l'envisageât, était donc des plus critiques.

Pour détourner l'attention, cependant, le Prince, le soir de ce grave incident, se rendit au Théâtre-Français. Persigny et moi l'accompagnions. Pour la première fois et la seule fois dont j'aie jamais été témoin, le Président épancha sa colère contre Saint-Arnaud dans les termes les plus vifs. Les mots de trahison n'étaient pas ménagés.

Moi-même, déçu dans ma confiance, je ne trouvais pas d'arguments pour le défendre. Persigny, toujours emporté, renchérissait sur le tout.

« Puisqu'il en est ainsi, disait le Prince, je me passerai de généraux. Je monterai à cheval et me présenterai seul devant les troupes ! — Monseigneur, lui répondis-je, vous feriez une faute en agissant ainsi. Vous n'êtes pas dans les conditions de votre oncle. Vous n'avez pas sur l'armée l'ascendant militaire que donne la victoire ou le commandement. Votre action personnelle serait des plus dangereuses. Elle pourrait amener une scission, non seulement parmi les officiers, mais parmi les soldats, toujours entraînés à suivre leurs chefs naturels. Il faut absolument, pour le grand acte que vous voulez accomplir, avoir pour vous représenter un ministre responsable. Vous avez deux partis à prendre : faire venir demain matin le général Baraguay-d'Hilliers et lui proposer le ministère; appeler, par le télégraphe, le général de Castellane, qui vous est dévoué, et lui offrir le commandement des troupes. S'ils refusent, ce que je crois, partez pour Saint-Cloud, comme si rien ne s'était passé, et attendons d'autres circonstances. »

Comme je l'avais prévu, Baraguay-d'Hilliers (1) refusait. Véritable roseau peint en fer, cet officier général, doué de réelles qualités militaires sur un champ de bataille, manquait tout à fait de courage civil, cette vertu si difficile à rencontrer chez les hommes de l'armée. Il s'excusa de son mieux, mais ne voulut assumer aucune responsabilité.

Quant au comte de Castellane, venu en toute hâte

---

(1) Baraguay-d'Hilliers était le fils du général de la République et de l'Empire, ancien aide de camp de Custine, mort en 1812 à Berlin. Lui-même, né en 1795, soldat dès l'enfance, avait eu le poignet gauche emporté à Leipzig, ce qui ne l'empêcha pas de faire presque toutes les campagnes de la moitié du siècle. Les Arabes l'appelaient *le père du bras*. Maréchal de France après la prise de Bomarsund en 1854, vainqueur à Marignan en 1859, Baraguay-d'Hilliers ne joua plus dès lors qu'un rôle effacé. Il fut un instant gouverneur de Paris en 1870; mort à Amélie-les-Bains le 6 juin 1878.

de Lyon, il n'acceptait pas davantage la proposition du Président. Ce n'était pas le manque d'énergie ni de caractère qui lui faisait décliner le poste de combat qui lui était offert. Il avait en 1848, de tous les généraux, donné le plus bel exemple de fidélité au devoir. Commandant la division de Rouen, il avait été le dernier à reconnaître la République.

Les raisons qu'il donna étaient sages et raisonnées.

« Je ne suis pas populaire dans l'armée, disait-il, parce que je suis trop sévère et que pendant toute ma carrière j'ai beaucoup exigé du soldat. A Lyon, cependant, j'ai su me créer une bonne situation. Je tiens dans ma main une division solide qui est l'effroi des révolutionnaires. Si vous m'enleviez de là pour me placer à Paris, où je n'ai pas les mêmes racines, où j'aurais toute une école à faire avant de conquérir l'influence dont je dispose dans le Rhône, vous risqueriez fort de décapiter l'armée de Lyon, sans aucune espèce de profit. »

Le Prince, convaincu que le général était dans le vrai, serra cordialement la main du vieux gentilhomme et le renvoya bien vite à son commandement.

Après avoir échoué dans ses deux tentatives, le *statu quo* s'imposait, et le départ pour Saint-Cloud était impérieusement commandé par la prudence la plus élémentaire. Il fut donc décidé que le Président irait s'y installer avec toute sa maison, vers le 15 septembre.

Un matin cependant, quelques jours avant la date fixée pour le déplacement, j'entrai chez le Prince.

Je le savais en conférence avec M. Rouher, puisque le ministre avait traversé le salon de service. Je choisissais ce moment à dessein. J'étais en très bons termes alors avec le futur vice-empereur, et je tenais à avoir son appui, s'il y avait lieu, pour m'aider à obtenir du Président l'autorisation que je venais demander.

« Monseigneur, lui dis-je, je viens vous soumettre une idée que je vous supplie de vouloir bien accueillir. Voilà bientôt huit jours que nous faisons fausse route avec le général de Saint-Arnaud. Quels que soient ses torts réels ou apparents, il me semble qu'il est dangereux et impolitique de le condamner sans l'entendre. S'il n'est pas venu à l'Élysée après l'envoi de son billet pour justifier sa résolution subite, c'est qu'il n'y a pas été invité, mais mon instinct, ma vieille affection pour le général me disent qu'il y a en tout cela un malentendu qu'il importe au plus tôt de faire cesser. Je sais que Cavaignac, Bedeau, Leflô, qui sont les anciens camarades de Saint-Arnaud, affectent de le traiter en ami et de le considérer comme des leurs. N'est-il pas à craindre qu'en se voyant mal jugé par l'Élysée, il ne se laisse séduire par les bons procédés de ceux qui ont été ses chefs et dont, malgré lui, il subit encore l'influence? Cette espèce de quarantaine dans laquelle on le tient peut l'irriter et vous exposer non seulement à perdre à tout jamais son concours, mais à l'avoir franchement pour ennemi. En résumé, Monseigneur, je viens vous demander l'autorisation de me rendre de votre part chez le général pour recevoir ses explications. »

Je regardais M. Rouher pendant que je faisais cette communication. Je dois dire qu'il ne donna aucun signe d'adhésion, ni de désapprobation. L'idée ne venant pas de lui, il ne semblait pas même s'en préoccuper! Le Prince, convaincu de la justesse de mes arguments, me répondit sans hésitation : « Vous avez raison, allez voir le général et venez me raconter ce qui se sera passé. »

J'allai donc à l'École militaire.

Saint-Arnaud entra immédiatement en matière : « Eh bien, vous m'en voulez donc beaucoup à l'Élysée? Vous ne m'avez rien fait dire, et vous croyez sans doute que j'ai déserté la cause de Prince. Il n'en est rien ; j'ai demandé au Président de me rendre ma parole, parce que je ne crois pas le moment favorable pour agir. L'Assemblée est dispersée. Il existe un calme relatif dans les esprits. Faire un appel au peuple dans ces conditions, c'est se lancer dans une aventure, c'est courir le risque d'avoir contre soi autant de foyers de résistance qu'il y a de départements. C'est organiser une Gironde sur toute la surface du pays.

— Mais, lui dis-je, la situation du Prince est bien engagée, pour ne pas dire compromise. Des bruits de coup d'État sont dans l'air, la commission de permanence nous guette, et ne craignez-vous pas, au contraire, que ce retard dans l'exécution d'un acte que tout le monde appelait de ses vœux, il y a quelques jours encore, ne le rende impossible lorsque la Chambre sera réunie?

— Ce n'est pas mon opinion, répondit le général

avec véhémence. Je suis persuadé que la réunion de la Chambre est une condition *sine quâ non* du succès. A ce moment, au premier signe, je me charge de la fermer. L'armée tout entière me suivra, quand je lui donnerai des ordres, et la province acceptera les yeux fermés ce que nous aurons fait à Paris.

« Tenez, ajouta-t-il, c'est le cas de répéter le mot de Talleyrand : Où est la femme ? Eh bien, oui, c'est Mme de Saint-Arnaud, je ne le cache pas, qui m'a convaincu, et c'est sur son conseil qu'en arrivant de Bordeaux j'ai écrit au Prince.

« Répétez tout cela au Président, mon cher Fleury, et dites-lui bien qu'après la rentrée, il peut absolument compter sur moi. Mes sentiments pour lui n'ont pas changé un seul instant. Je diffère sur l'opportunité, voilà tout. Que diable ! lorsqu'on dit à quelqu'un de se jeter du haut d'un toit, on peut bien lui laisser la liberté de choisir son moment !

« Embrassez-moi et dites au Prince que je suis tout prêt à venir à l'Élysée pour le convaincre et lui renouveler l'assurance de tout mon dévouement. »

Je rapportais de cet entretien la satisfaction immense d'avoir retrouvé fidèle celui que, malgré moi, j'avais accusé de défaillance. Tout en ne partageant pas les idées de temporisation qui, je le reconnaîtrai plus tard, ont été parfaitement justifiées, je m'applaudissais du résultat de ma visite. Je rendais au Prince l'épée que nous avions crue perdue et sans laquelle, trois mois plus tard, le coup d'État n'aurait pu s'accomplir.

Une heure après mon retour, Saint-Arnaud était mandé à l'Élysée. L'entrevue fut très affectueuse. Le Président eut le bon esprit de paraître convaincu de la nécessité de surseoir à l'exécution de ses projets, et le général reçut la promesse d'être ministre de la guerre dans le courant d'octobre. Les relations les plus suivies et les plus intimes se rétablirent, et le 15, le Prince allait s'installer à Saint-Cloud.

Ce départ était habile. Il coupait court aux bruits qui avaient pu transpirer. Il soustrayait le Prince aux investigations de la commission de permanence et donnait plus de temps et plus de calme pour envisager la situation.

La fin du mois de septembre fut employée en dîners, en promenades, en réceptions. Quelques travaux d'amélioration dans le parc et dans les communs du château étaient surveillés et conduits par le Prince.

En dehors des personnes initiées aux événements qui avaient failli se produire, nul n'aurait pu lire, sur son visage placide, l'agitation de ces derniers jours. C'était le côté supérieur de Louis-Napoléon de savoir maîtriser les élans de son esprit, et de dérouter par son calme imperturbable les plus habiles investigations.

CHAPITRE XVI

Le Prince à Saint-Cloud. — Conférences qui précèdent le nouveau ministère. — Son programme. — Rentrée de la Chambre le 4 novembre. — Message du Président. — Il propose l'abrogation de la loi du 31 mai. — Colère des chefs de la droite. — Proposition des questeurs. — Fermeté du général de Saint-Arnaud. — Tumulte dans l'Assemblée. — La proposition est rejetée. — Nouvelles intrigues pour renverser le Président. — Soirée du 1er décembre.

C'est pendant son séjour à Saint-Cloud, dans les premiers jours d'octobre 1850, que le Prince arrêta les bases nouvelles de la mesure décisive qui devait mettre un terme à l'anarchie. L'appel au peuple sous la protection de l'armée, sans aucune violence, sans autres arrestations que celles des principaux démagogues, ayant été abandonné, il était nécessaire de se préparer à la lutte sur le terrain qu'avait choisi Saint-Arnaud.

Puisque l'on devait attendre la rentrée de la Chambre, il fallait prévoir la nécessité de paralyser, ne fût-ce qu'un instant, l'action dissolvante des chefs de la majorité. Il était évident, à en juger par leurs intrigues et leurs agissements, qu'ils se ligueraient pour protester contre la fermeture de l'Assemblée. Si, pendant les vacances, ils ne songeaient à rien moins qu'à nommer un dictateur, blanc ou rouge, selon qu'ils auraient eu plus de chances de réussir en se ralliant autour de Changarnier ou de Cavaignac, il était probable qu'étant réunis, ils tenteraient un effort désespéré. En face de ces résistances, le pouvoir devait se présenter vigoureusement armé pour affronter la lutte.

J'ai dit plus haut que Carlier avait été très ébranlé lorsque Saint-Arnaud avait repris sa parole.

Très énergique, plein de résolution devant l'émeute, il n'était pas aussi ferme devant les monarchistes, dont il recherchait les sympathies. Ancien fonctionnaire de la royauté de Juillet, ayant passé par tous les échelons, il subissait, sans bien s'en rendre compte, l'influence des hommes haut placés qu'il avait connus lorsqu'il était dans une position plus effacée. Après une démission donnée et reprise, il avait perdu de son autorité, et le Prince dut songer à lui donner un successeur.

D'un autre côté, il ne fallait pas songer à se représenter devant la Chambre avec un ministère que le rejet de la revision avait affaibli.

Le programme du gouvernement étant de demander l'abrogation de la loi du 31 mai, il était nécessaire de remanier le conseil actuel, qui n'offrait ni force, ni homogénéité. Après plusieurs conférences auxquelles furent appelés Morny, Billault, Rouher, Persigny, Saint-Arnaud, de Maupas, la liste fut arrêtée et parut au *Moniteur* du 27 octobre. Elle était ainsi composée :

M. de Thorigny à l'intérieur; marquis Turgot aux affaires étrangères; M. Blondel aux finances; comte de Casabianca au commerce ; M. Fortoul à la marine ; M. Corbin à la justice ; M. Charles Giraud à l'instruction publique ; le général de Saint-Arnaud à la guerre.

Tous ces hommes recommandables à des titres divers par la notoriété de leurs noms, par les services qu'ils avaient déjà rendus, avaient droit à l'estime publique. Le choix de Saint-Arnaud donnait à ce ministère la signification militante que comportaient les circonstances.

M. de Maupas, le même jour, prenait possession de la préfecture de police, en remplacement de M. Carlier. Ce jeune préfet, d'une intelligence rare, d'un physique agréable et distingué, avait séduit le Prince. Dans les entretiens qu'il avait eus avec le Président, M. de Maupas s'était révélé homme de décision et de caractère. Les événements prouveront mieux que tous les panégyriques l'excellence de ce choix.

Lorsqu'à la rentrée de la Chambre, le 4 novembre, M. de Thorigny donna lecture du message, les chefs de la majorité, Berryer en tête, perdant toute mesure, allant jusqu'à la menace contre le Président et le ministère, proféraient des mots de mise en accusation et d'emprisonnement. Le tumulte fut tel un moment que, sur les nouvelles qui nous arrivaient tous les quarts d'heure de l'Assemblée, j'avais à tout événement fait seller les chevaux du Prince et commandé une escorte.

L'abrogation de la loi du 31 mai, que proposait le manifeste du Prince, avait causé toutes ces fureurs. Les partis y voyaient une déclaration de guerre et un défi ;

les républicains, parce que cette restitution, faite au suffrage universel, leur arrachait les armes des mains ; les royalistes, parce qu'elle mettait à néant toutes leurs combinaisons machiavéliques.

Sur le rapport passionné de M. Daru, et après une discussion tumultueuse et violente, le rappel de la loi était rejeté à la majorité d'une voix !

Vint alors la proposition des questeurs, qui donnait au président de l'Assemblée le droit de réquisition directe de la force armée.

Cette fois les républicains prenaient fait et cause, sinon pour le Prince, du moins pour le représentant du suffrage universel, contre les monarchistes à la remorque de Changarnier.

Toutefois, à la suite d'un débat orageux, la proposition était encore repoussée par une majorité de cent voix !

Le général de Saint-Arnaud, qui faisait ses premiers débuts à la tribune, avait supporté tout le poids de la discussion, il s'était du premier coup montré plus qu'orateur éloquent et habile : il s'était placé au premier rang des hommes d'État.

Comme il est important de faire ressortir les grandes qualités de l'homme auquel le Prince va confier dans quelques jours la plus terrible des responsabilités, je transcris la fière réponse que, dans la chaleur de l'improvisation, il adressait à M. Thiers : « Étranger à la politique, aux partis, je n'ai considéré que le principe de l'obéissance passive dans les rangs. Ce principe, je l'ai appris à l'école de l'illustre maréchal Bugeaud. Ce principe est fondamental. La discipline, c'est la vie de l'armée, et le jour où vous n'aurez plus d'armée, l'ordre public aura perdu son plus sûr, son plus fidèle appui.

« On me reproche de ne pas avoir rappelé à l'armée le respect dû aux lois et à la Constitution. Ce n'est plus mes paroles que l'on accuse, c'est mon silence. Le soldat n'est pas juge de la loi. Je n'ai trouvé ni utile ni digne de recommander à des chefs le premier de tous les devoirs. En rappelant l'armée à la discipline, en lui faisant sentir la nécessité de resserrer les rangs, je n'ai pas songé, je l'avoue, à faire descendre la loi des hauteurs où elle réside. »

Un moment après ces éloquentes paroles, le général Bedeau lui demandant s'il était vrai que le décret du 11 mai 1848, affiché dans les casernes, eût été enlevé par ses ordres, le général de Saint-Arnaud répondit : « Il est vrai que le décret avait été affiché. Il n'existait, lors de mon entrée au ministère, que dans très peu de casernes; mais en présence de la proposition des questeurs, et comme il y avait doute si le décret devait être exécuté, pour ne pas laisser d'hésitation dans l'exécution des ordres donnés, je dois le déclarer, j'ai ordonné qu'on le retirât. »

C'est avec inquiétude que le pays avait appris l'issue du vote qui repoussait la proposition des questeurs. Il avait parfaitement compris que cette victoire passagère du gouvernement n'était qu'une victoire à la Pyrrhus. La majorité qui avait triomphé était en effet composée des éléments les plus hostiles, et chacun se rendait compte que, si les républicains s'étaient pour un moment ralliés au ministère sur un terrain de principes qui les intéressait, ils n'en étaient pas moins prêts à se coaliser demain avec les royalistes, pour renverser le Président.

Dans ces conditions d'instabilité, un coup d'État venant mettre un terme à une situation périlleuse s'imposait plus que jamais à tous les esprits en dehors de la Chambre.

Qu'attend le Prince, disait-on ? N'a-t-il pas donné assez de gages de sa patience et de sa longanimité ? Lui avons-nous donné six millions de suffrages pour qu'il laisse protester notre signature au profit des démagogues ou des politiciens ?

Qu'il balaye l'Assemblée et qu'il fasse rentrer sous terre tous ces complots et toutes ces intrigues !

De son côté, que disait l'armée ?

Dans une réunion, tenue secrète, tous les généraux de l'armée de Paris n'avaient-ils pas, dans les mains du général Magnan, juré fidélité et dévouement au Prince pour le jour où il lui conviendrait d'agir (1) ?

A l'étranger, toutes les cours n'étaient-elles pas favorables à Louis-Napoléon, « le neveu de l'Empereur, appelé par la Providence à replacer l'autorité sur sa base », ainsi que le disaient leurs journaux ?

---

(1) Étaient présents à cette réunion du 26 novembre, provoquée par le général Magnan, les vingt et un officiers généraux suivants : Magnan, Cornemuse, Hubert, Sallenave, Carrelet, Renault, Levasseur, de Cotte, de Bourgon, Canrobert, Dulac, Sauboul, Forey, Rippert, Herbillon, Marulaz, de Courtigis, Korte, de Tartas, d'Allonville et Reybell.

N'entrevoyaient-elles pas, dans l'affermissement et la prolongation des pouvoirs présidentiels, un acheminement vers une restauration impériale, au profit de toutes les monarchies ébranlées par la Révolution?

Lord Palmerston lui-même, l'Anglais de la vieille tradition, l'adversaire-né du bonapartisme, ne faisait-il cependant pas des vœux pour le Prince dont il avait, pendant son exil, apprécié les hautes qualités?

Le Président ne pouvait hésiter davantage, ni retarder l'heure que la destinée avait fixée. Ne pas sauver la France lorsqu'elle allait périr eût été plus que de la faiblesse. C'eût été l'abdication de son devoir et de son droit.

Le Prince le comprit. Le 1ᵉʳ décembre, après une réception à l'Elysée, il s'enfermait avec ses principaux collaborateurs, et, avec cette sérénité inflexible qui ne l'abandonna jamais, il leur donnait ses instructions et ses ordres pour la grande journée du lendemain.

CHAPITRE XVII

Le coup d'État. — Récit d'ensemble donné assez exactement par M. de Cassagnac dans ses *Souvenirs du second Empire*. — Le récit circonstancié des arrestations et des mesures de police a été publié par M. de Maupas. — Ce qui se passe à l'Élysée dans la matinée du 2 décembre. — J'accompagne la brigade de carabiniers sur les boulevards. — Je suis blessé d'un coup de feu à la tête à la hauteur de la porte Saint-Denis. — Différents épisodes.

J'ai rectifié, dans le chapitre précédent, le récit fait par M. de Cassagnac, en ce qui touche les préliminaires du coup d'État, et j'ai expliqué les motifs qui n'avaient pas permis de l'exécuter le 17 septembre. L'éminent publiciste, en intervertissant les dates, avait laissé dans l'obscurité que ce retard, pour des raisons que les événements ont justifiées, devait être imputé au général de Saint-Arnaud. L'historien a été mieux inspiré dans l'exposé de l'acte du 2 décembre. Cette fois, les faits, sauf quelques détails, y sont racontés d'une manière véridique et saisissante. Je ne puis mieux faire que de renvoyer le lecteur à cette publication. Si l'on prend connaissance, en outre, du livre de M. de Maupas qui a trait principalement aux arrestations et aux incidents qui émanent de la préfecture de police, l'on aura un aperçu général très exact.

Ma tâche, à moi, est, chemin faisant, de réparer quelques oublis, quelques erreurs, fournir des détails ignorés et de donner l'aspect de l'Élysée pendant les trois jours de lutte.

J'ai dit précédemment que le Prince, après la réception de l'Élysée, s'était retiré dans son cabinet avec ses principaux collaborateurs, c'est-à-dire avec les hommes qui, à des degrés divers, allaient jouer leur vie pour le salut du pays.

Ces hommes étaient Saint-Arnaud, Morny, Maupas. Comme confident, Mocquard était naturellement à cette réunion solennelle. Quelques instants après que la conférence était commencée, un huissier venait appeler le colonel de Béville, qui se tenait avec nous dans le salon de service. Il ressortait bientôt après pour se rendre à l'imprimerie.

Les principaux de mes camarades, Persigny et moi, nous savions parfaitement le but de la réunion (1). Personnellement, je dirai même que j'avais, en qualité de « faisant fonction » de premier écuyer, reçu l'ordre du Prince de tenir prêts chevaux de selle et escorte, à tout événement. Nous avions été prévenus que, dès que la conférence serait terminée et que les lumières des salons et des cours auraient été éteintes, nous devions nous retirer chez nous, sans quitter l'uniforme, et at-

---

(1) Le commandant Vieyra, chef de l'état-major de la garde nationale, avait reçu du Prince lui-même l'instruction d'interdire aux tambours de battre le rappel. Le brave commandant sut fidèlement faire exécuter cet ordre.

tendre des instructions. Les deux officiers de service montèrent dans leur chambre à l'Élysée.

Persigny, Edgar Ney, Toulongeon et moi, qui demeurions aux Écuries, rue Montaigne, nous nous réunîmes dans mon appartement. Il était alors une heure du matin.

Vers six heures, je fus demandé chez le Prince. Je le trouvai, lui aussi, tout pantalonné et éperonné, mais en robe de chambre, prenant son café avec un calme imperturbable.

Après quelques paroles échangées sur les événements qui allaient s'accomplir, le Président me prescrivit d'aller m'assurer de l'arrivée sur les emplacements désignés des brigades Canrobert, autour de l'Élysée, en partant de la Madeleine; de Cotte, place de la Concorde; et enfin de la grosse cavalerie de Versailles et de la brigade de cuirassiers de l'armée de Paris, qui avaient reçu l'ordre de prendre position dans les Champs-Élysées. Cette division, formant trois brigades, était sous les ordres du général de division Kort et des brigadiers Tartas, d'Allonville et Reybell.

Le lieutenant-colonel Edgar Ney et le commandant de Toulongeon allaient être appelés pour prendre les mêmes renseignements à l'égard des brigadiers Forny, Ripert, Sanboul, Dulac, qui devaient occuper le quai d'Orsay, le jardin des Tuileries et les Invalides.

Persigny était envoyé spécialement à la Chambre pour communiquer avec le colonel Espinasse.

Au moment où je quittais le Prince pour remplir ma

mission et donner l'ordre de faire convoquer mes deux camarades, une réflexion me traversa l'esprit.

Je me souvins qu'en 1848 les troupes, faute de vivres ou d'argent pour s'en procurer, s'étaient débandées sur les boulevards, avaient été circonvenues par la population, qui les avait entraînées au cabaret, et que, finalement, elles avaient mis la crosse en l'air en criant : « Vive la réforme! »

Sous l'impression d'un danger semblable qu'un manque de prévoyance pouvait occasionner dans le cas où s'engagerait la lutte, je dis au Prince : « Avez-vous envisagé avec le ministre de la guerre les phases diverses par lesquelles les troupes peuvent être amenées à passer? Dans le cas où elles auront à soutenir un combat et à coucher sur leurs positions, a-t-on mis à la disposition des colonels, en dehors des vivres de campagne, — maigre pitance lorsqu'il faut faire appel à un effort exceptionnel, — l'argent nécessaire pour acheter le pain, le vin, autour de leurs emplacements? Si les barricades s'élèvent ce soir, ou les jours suivants, raison de plus pour faire d'avance les provisions que l'on n'aura peut-être plus à sa portée. »

Le Prince, en m'avouant que cette pensée ne lui était pas venue, fit appeler le trésorier de sa cassette, le brave Thélin, et lui demanda ce qu'il avait d'argent disponible. « Environ cinquante mille francs en or », répondit le fidèle serviteur. Un moment après, il venait avec une boîte ouverte contenant, en rouleaux, le trésor si précieux en ce moment.

Il y a loin, comme on le voit, de cette somme, relativement minime, aux millions que les pamphlétaires se sont évertués à faire sortir, de force, des caisses de la Banque pour payer les frais et récompenser les auteurs du coup d'État (1).

La vérité est donc celle-ci. Les cinquante mille francs nous furent répartis, entre mes camarades et moi, pour être distribués et remis aux mains des colonels ou généraux de brigade, dans la proportion des besoins à prévoir et des difficultés du ravitaillement. C'est ainsi que, pour mon compte, je fis la part plus large pour les troupes casernées dans les théâtres de l'Ambigu, de la Porte-Saint-Martin, de la Gaîté, etc., parce qu'elles étaient exposées, dans ces quartiers excentriques, à se trouver momentanément séparées du reste de l'armée et à être rapprochées, au contraire, par les gens du peuple venant fraterniser avec elles.

Dans le courant de la journée, lorsque j'accompagnai une brigade de cavalerie dans la reconnaissance qu'elle fit tout le long des boulevards jusqu'à la Bastille, je ne manquai pas au passage d'assurer la mesure de prévoyance, dont je revendique la paternité.

J'ai pensé qu'il était utile de faire connaître, d'une part, l'acte important que j'avais conseillé, et, de l'autre, de mettre à néant, une fois pour toutes, cette sotte et injurieuse légende des millions de la Banque volés par le Prince et distribués entre ses amis. Jamais révo-

(1) Cette somme de cinquante mille francs avait été prêtée, peu de jours avant, par M. de Grimaldi.

lution, dont le salut de la France était le but grandiose, n'imposa de si faibles sacrifices. Il est bon, il est juste que l'histoire enregistre cette affirmation. M. de Cassagnac l'avait déjà donnée; les pamphlétaires n'en ont pas tenu compte. Comme témoin oculaire, comme un des acteurs principaux dans les événements, cette protestation, la main sur la conscience, je la signe.

A sept heures du matin, nous avions écrit à différents généraux, sans commandement, de se rendre à l'Élysée pour faire cortège au Président dans le cas probable où il monterait à cheval.

A huit heures, le roi Jérôme, prévenu directement par le Prince, venait loyalement se mettre à la disposition de son neveu. Ce frère de l'Empereur, avec son masque napoléonien, sa belle et gracieuse prestance, se présentant au milieu du salon déjà plein de monde, produisit une impression profonde. Il nous sembla un moment voir l'Empereur des grands jours descendre de son cadre, tant la ressemblance était frappante.

Le prince Napoléon, son fils, n'avait pas voulu accompagner son père. Il protestait par son absence contre un acte qu'il reconnaîtrait bientôt et dont il accepterait tous les avantages! Nous aurons souvent l'occasion de signaler l'inconséquence de cet esprit frondeur, à qui le parti bonapartiste doit son effacement passager au moment où j'écris ces lignes.

Peu d'instants après l'arrivée du roi Jérôme, se présentaient non seulement les généraux que nous avions convoqués, Lavœstine, commandant les gardes nationales, le comte de Flahaut, le dernier survivant des aides de camp de Napoléon Ier, Daumas, Exelmans (1), etc., mais encore une foule d'officiers supérieurs sans troupe, grand nombre de députés et de représentants de la grande presse.

L'Élysée était littéralement envahi par les dévouements d'hier, et ceux plus chaleureux encore des amis du lendemain.

L'un des chauds partisans du Prince, le comte de Meffray, officier d'état-major de la garde nationale, se fit remarquer par son ardente et courageuse initiative. Désirant à toute force se rendre utile, il m'avait demandé deux cavaliers d'escorte pour aller en plein Paris chercher des nouvelles. Après lui avoir recommandé la prudence, je lui donnai deux guides pour l'accompagner.

Il était à peine parti depuis trois quarts d'heure qu'il rentrait à l'Élysée tout couvert de sang. Il avait été témérairement s'enfourner dans la rue Richelieu bondée de monde. Au coin du boulevard, il avait été jeté à bas de son cheval. Remis en selle, par miracle, à l'aide de ses deux cavaliers qui l'avaient arraché à la foule, il nous revenait toujours enthousiaste, mais moins convaincu

(1) Glorieux vétéran du premier Empire. Général de division à la Moskowa, pair de France au retour de l'île d'Elbe, se conduisit en héros à Waterloo; proscrit en 1816, rentré dans les cadres en 1828 comme inspecteur de cavalerie; réintégré en 1830 à la Chambre des pairs. Grand chancelier de la Légion d'honneur en 1849, maréchal de France en 1850, mort en 1852 d'une chute de cheval.

de l'esprit inoffensif de ceux qu'il qualifiait de simples curieux.

Le comte de Meffray n'était pas le premier venu.

Légitimiste d'origine, il avait été pendant son enfance un des menins de M. le duc de Bordeaux.

Peu confiant dans l'avenir de la cause du Roi, il s'était jeté dans le parti bonapartiste. Je dois dire qu'il y est resté très fidèle, et que dans les mauvais jours je l'ai trouvé respectueux du passé.

Par l'incident que je viens de raconter l'on voit que, si le grand événement avait été reçu avec joie par la masse comme un acte de préservation et de délivrance, il avait aussi causé une grande et bruyante effervescence dans les partis hostiles au Prince. Les courriers que nous avions à chaque minute, pour ainsi dire, par les allées et venues de nos partisans, nous dépeignaient Paris comme très agité et soumis à des influences diverses. Les satisfaits, comme d'habitude, étaient moins démonstratifs que les opposants. Aussi, dès le premier jour, on aurait pu s'attendre à une résistance qui ne s'organisa réellement que le lendemain pour être définitivement vaincue le 4.

Toujours est-il que, vers dix heures, le Prince, ayant à sa gauche son oncle le roi Jérôme, et suivi d'un nombreux état-major composé de sa maison, des généraux que j'ai déjà nommés et d'une foule d'officiers supérieurs de toutes armes, sortit de l'Élysée pour se présenter aux troupes.

Lorsqu'il passa devant l'imposante cavalerie de

ACCLAMATION DES TROUPES. 169

Versailles, rangée dans les Champs-Élysées, il fut reçu par une immense acclamation de la part des soldats. Le lieutenant-colonel Ney et moi, qui toujours marchions à deux pas, à droite et à gauche, à hauteur du Prince, pour le préserver en cas d'attaque, nous avions une peine infinie à tenir à distance la foule électrisée qui avait rompu les lignes, se mêlait aux cavaliers et saluait le Président de : Vive l'Empereur !

Placé de la Concorde, ce fut le même enthousiasme en passant devant la brigade de Cotte. Redoublement d'acclamations quand le cortège longea le jardin des Tuileries, occupé par la brigade Dulac. « Bien des gens purent croire, du haut des fenêtres de la rue de Rivoli (1), que le Prince allait prendre possession du Château. »

Comme au 29 mai, le Prince fit acte de sagesse en ne saisissant pas un pouvoir qu'il ne voulait recevoir que de la nation librement consultée.

Après avoir traversé le Carrousel et le pont Royal, nous revenions par le quai d'Orsay, chacun s'applaudissant de cet accueil chaleureux des troupes et de la population, lorsqu'un officier d'état-major arriva au galop derrière moi. En m'abordant, il me dit qu'il voulait faire une communication au Prince de la part du général Forey. « Qu'il y a-t-il de nouveau ? lui répondis-je. — Un grand nombre de députés, environ deux cents, qui ont essayé vainement de forcer les

---

(1) M. VÉRON, *Mémoires d'un bourgeois de Paris.*

portés de l'Assemblée gardée par le 3ᵉ bataillon de chasseurs, viennent de se réunir à la mairie du dixième arrondissement, rue de Grenelle. Les gardes nationaux de la 10ᵉ légion sont de connivence et semblent vouloir prendre parti pour eux. Le général Oudinot vient d'être nommé commandant en chef de l'armée. Le général Forey demande des ordres. »

N'écoutant que mon inspiration et prenant sur moi la responsabilité d'un acte commandé par la logique des circonstances, je répondis à cet officier, qui n'était autre que le capitaine Schmitz, depuis officier d'ordonnance de l'Empereur, aujourd'hui général commandant le 9ᵉ corps d'armée (1) :

« Le Prince est déjà prévenu de ce qui se passe à la mairie. Dites au général Forey d'agir avec sa brigade comme il l'a fait avec son 3ᵉ bataillon de chasseurs, c'est-à-dire de disperser les récalcitrants. Le ministre de l'intérieur, qui est avisé, va donner des ordres pour mettre ces messieurs en sûreté et les empêcher de se réunir de nouveau. »

Le capitaine Schmitz, avec cette spontanéité de décision qui est le propre de son caractère, ne demanda pas d'autre explication. Repartant au galop, comme il était venu, il transmettait ma réponse au général Forey.

Par mes soins, et avec l'autorisation du Prince, Morny était prévenu et envoyait une forte escouade

---

(1) Écrit en 1883. Le général Schmitz, commandant de corps d'armée, est mort en 1892.

d'agents et d'officiers de paix pour donner un caractère légal à la dispersion des députés.

Les principaux d'entre eux, notamment Berryer, Dufaure, Odilon Barrot et de Broglie, furent conduits chez le colonel Feray, commandant le 7ᵉ lanciers, au quartier de cavalerie du quai d'Orsay.

Leurs collègues furent dirigés, à l'entrée de la nuit, sur le mont Valérien, sur Mazas et sur Vincennes.

Les hôtes du colonel Feray se berçaient encore d'illusions. Elles durent tomber devant la réponse du colonel à M. Berryer :

« Il faut en prendre votre parti, messieurs, toute l'armée est engagée dans cet événement, et elle ira jusqu'au bout, coûte que coûte. »

Ainsi finit le premier acte de résistance parlementaire. Le général de Saint-Arnaud avait eu raison, lorsqu'il ne voulait pas agir contre l'Assemblée dispersée. En une matinée, par la promptitude et l'énergie des mesures prises, le foyer d'opposition quasi légale était éteint. L'on n'avait plus devant soi que les émeutiers et leurs barricades. Le dévouement de l'armée répondait du résultat de la lutte, et la nouvelle de la victoire du Président sur l'insurrection ne pouvait manquer de faire avorter les essais de résistance qui devaient se produire à l'imitation de Paris.

Le Prince revint à l'Élysée, très satisfait des témoignages de sympathie qu'il venait de rencontrer dans sa promenade hardie. Avant de descendre de cheval, il remercia en termes dignes et affectueux les généraux et officiers qui venaient de lui faire cortège, et il rentra dans son cabinet en me faisant signe de le suivre.

Je lui racontai la part que je venais de prendre à la dispersion des députés, dont une dépêche de Morny lui donnait sommairement la nouvelle. Il me loua grandement de mon initiative. J'avais la conscience d'avoir bien agi et rendu service, mais j'étais bien aise d'être approuvé dans cette circonstance si grave. Cette preuve de satisfaction me donnait encore la mesure de la confiance que le Président plaçait en moi.

Après cet entretien, je me rendis chez le général Magnan. J'avais l'ordre du Prince de me mettre en rapports très suivis avec le général en chef, afin d'échanger les impressions qui lui viendraient de l'armée, et celles que je lui apporterais de l'Élysée.

J'avais beaucoup contribué à faire nommer le général à la haute situation qu'il occupait. Tout dernièrement, j'avais obtenu son maintien, lorsqu'au mois de septembre le Président songeait à le remplacer pendant la brouille avec Saint-Arnaud. Je dois dire toutefois qu'il était, de longue date, engagé dans la cause bonapartiste. Au moment de l'échauffourée de Strasbourg, il est notoire que le général Magnan était en relation avec Louis-Napoléon.

Les événements ayant mal tourné, le général, sans aucune fortune, avait dû se préserver d'une compromission dangereuse pour sa situation et sa nombreuse famille, et il s'était, depuis cette époque, tenu à l'écart.

Le Prince avait peu de foi dans un dévouement que la prudence avait rendu très réservé, et il s'était refusé plusieurs fois à discuter l'éventualité, pour l'ancien partisan de 1837, d'un commandement à Paris. J'avais fini par vaincre cette résistance du Président. J'avais, au contraire, confiance dans l'énergie et l'habileté du général Magnan. Il avait fait à Lyon, sur un théâtre plus restreint, ses preuves de courage contre les émeutiers de la Croix-Rousse, et j'avais toujours été persuadé que, derrière un ministre de la guerre assumant la responsabilité, il serait un vigoureux et fidèle instrument. J'étais donc en rapports très intimes avec le général Magnan (1), et aucun intermédiaire n'était mieux en situation d'envisager avec lui les résistances probables qui allaient se produire à la suite du coup d'État. Il fut convenu que j'irais toutes les deux heures au Carrousel.

---

(1) Magnan, né en 1791, était clerc de notaire, lorsqu'en 1809 il s'engagea dans un régiment de ligne. Sous-lieutenant en 1811 après les campagnes d'Espagne et de Portugal, se distingue au blocus de Soissons (1814), prend part à la bataille de Waterloo. Colonel en 1827, après l'insurrection de Lyon (1831), il est mis en disponibilité. Prend du service en Belgique, d'où il revient en 1839 avec le grade de général de brigade confirmé en France. C'est alors qu'il entra momentanément en relation avec le prince Louis. Divisionnaire en 1845 après les émeutes de Roubaix et de Lille, il offrit son concours à Louis-Philippe en 1848 pour marcher contre les insurgés et accompagnait la duchesse d'Orléans à la Chambre. Magnan comprima très énergiquement l'insurrection de Lyon (15 juin 1849); aux élections de juillet 1850, il fut nommé député de la Seine. L'année suivante, il recevait le commandement de l'armée de Paris et se montra franchement dévoué à la cause du prince Louis. Maréchal de France en décembre 1852, puis grand-croix de la Légion d'honneur. Grand veneur en 1854. Il fut même en 1862 grand maître de la franc-maçonnerie. Mort en 1865.

Les nouvelles, en effet, sans être alarmantes, étaient au moins contradictoires. Une foule énorme stationnait sur les boulevards intérieurs. Le peuple, proprement dit, n'avait pas une attitude menaçante. Mais il semblait tout prêt à faire cause commune avec les journalistes et les habits noirs qui avaient établi leur siège principal dans les cafés et aux fenêtres des restaurants, depuis la Madeleine jusqu'à la rue Montmartre.

L'agitation était extrême. Plus loin, sur les boulevards Saint-Denis et Saint-Martin, les meneurs de la démagogie s'efforçaient de soulever la population.

Lorsque je revins signaler au Prince cette situation tendue, que confirmaient les rapports de la préfecture de police, le Président me dit :

« Je vais monter à cheval et parcourir les boulevards, à la tête d'une brigade de cavalerie. Faites préparer mes chevaux, et prévenez le général Kort de me donner les carabiniers de Tartas.

— Monseigneur, répondis-je, l'idée d'une démonstration est excellente. Mais si vous sortez, vous êtes sûr de faire éclater une collision, que provoquera votre présence. Vous serez peut-être tué, ou le moins blessé dans des conditions déplorables. C'est tenter le diable et compromettre la situation. Je vous en supplie, ne montez pas à cheval aujourd'hui. Si le combat s'engage, il sera temps demain de prendre le commandement des troupes. De grâce ne persistez pas dans votre résolution. Si vous le voulez bien, je vais accompagner la brigade, et dans deux heures, après avoir parcouru les boulevards de la Madeleine à la Bastille, je pourrai vous rendre un compte exact de la situation. »

Le Prince se résigna à grand'peine, et, vers les trois heures et demie, je partis des Champs-Élysées avec le général Tartas et ses carabiniers pour faire cette reconnaissance dont j'appréciais l'opportunité, à la condition que le Prince ne la fît pas lui-même.

A peine engagés sur le boulevard des Capucines, nous fûmes reçus par les cris assourdissants de : « Vive la République ! » La foule qui les proférait agitait ses chapeaux en l'air, montrait le poing aux officiers et semblait attendre, en échange de ses clameurs, des protestations sympathiques de la part de nos soldats.

Mais ces braves gens, superbes et imposants sous leurs cuirasses et leurs casques surmontés de chenille rouge, avaient l'air de lions assaillis par des roquets. Calmes et fermes dans le devoir et leur dévouement au Prince, ils répondaient imperturbablement par le cri, que je poussais à gorge déployée, de : « Vive Napoléon ! »

Alors, c'était de la rage dans les rangs pressés qui bordaient la chaussée. Mais comme la vague devant un rocher, ces colères venaient se briser en efforts impuissants.

A un moment où les cris devenaient plus intenses, où la foule pénétrait jusque dans nos escadrons pour faire entendre de plus près ses vociférations, le bon général Tartas, qui n'était pas Gascon à demi, se tournant vers moi me dit : « Eh ! pourquoi ne crions-nous pas : Vive la République ! puisque cela leur fait tant de plaisir? » Alors moi de répondre : « Non, mille fois non! Crions : Vive Napoléon! si nous ne voulons pas voir tous ces énergumènes monter en croupe derrière nos cavaliers », et, me tournant vers le premier rang, j'entonnai de nouveau le cri de ralliement, que les mille carabiniers poussaient avec autant d'ensemble qu'un chœur de l'Opéra.

Jusque-là tout s'était passé en vaines menaces, sans qu'aucun acte hostile eût été commis. A la hauteur de la porte Saint-Denis, d'une des fenêtres de la maison de droite, où jadis était établi le fameux marchand de galettes à l'enseigne du *Coupe toujours,* partit un coup de feu, un seul !

Je sentis une commotion terrible qui me fit m'affaisser sur l'encolure de mon cheval. Instinctivement je portai ma main derrière ma tête, à l'endroit où j'avais été frappé. Je la retirai tout humide de sang. J'étais aveuglé et sur le point de me trouver mal. Le général me croyait mourant. Je me remis bien vite néanmoins et continuai la promenade après avoir bandé ma blessure avec un mouchoir. J'avais été sauvé par le turban en cuir de mon shako ; la balle avait glissé, après m'avoir fait une assez large entaille. Avais-je été spécialement visé? Je le crois.

Il faisait encore un peu jour, et mon brillant uniforme de hussard avait sans doute attiré la vue du maniaque désireux de prouver son adresse en envoyant sa protestation.

Cet incident ne fut heureusement connu que des

premiers cavaliers qui nous suivaient. S'il en eût été autrement, une émotion fâcheuse aurait pu se produire, et les carabiniers, se croyant menacés à leur tour, n'auraient peut-être pas été faciles à contenir.

Enfin, après avoir fait le tour de la place de la Bastille, terme assigné de notre reconnaissance, nous revînmes sur nos pas dans le même ordre imposant, assourdis par les mêmes cris, traversant la même foule sans autre fait hostile à signaler.

A sept heures, la brigade Tartas reprenait son cantonnement aux Champs-Élysées, à côté de la brigade Reybell, et moi je rentrais à l'Élysée pour rendre compte au Prince des incidents de la journée.

En me voyant arriver avec mon dolman tout taché de sang et la tête enserrée dans mon mouchoir rougi, le Président me témoigna le plus affectueux intérêt. Il me questionna sur les impressions que je rapportais et sur les probabilités d'une lutte pour la nuit même, ou pour le lendemain.

Je n'eus pas de peine à le convaincre d'abord que sa présence eût mis le comble à l'excitation, et que la balle que je venais de recevoir n'aurait pas été la seule tirée si, à la tête de la cavalerie, l'on avait signalé la présence du Prince.

« Pauvre Fleury! me dit-il, comme ils vous ont arrangé! » Et il me serrait les mains avec une tendre cordialité.

« Et les troupes massées par détachements dans les théâtres de la Porte-Saint-Martin, l'Ambigu, la Gaîté et dans les environs du Château d'Eau, quelle était leur attitude?

— Très ferme et très décidée, lui répondis-je. Je me suis entretenu, en passant, avec quelques officiers supérieurs venus à notre rencontre, et je dois dire qu'ils m'ont tenu un langage très énergique et très rassurant. J'ai pu, comme je l'ai fait ce matin pour les brigades de Cotte et Canrobert, remettre aux colonels quelques rouleaux d'or pour assurer le bien-être des soldats si la situation venait à se compliquer. Cette marque de votre sollicitude a produit sur ces chefs de corps un excellent effet.

Grâce aux précautions prises et à l'occupation des boulevards Saint-Denis et Saint-Martin, la lutte, vraisemblablement, ne se produira pas dans ces parages, ni cette nuit, ni demain. Mais, aux premiers symptômes de projets de résistance dans les voies transversales, il faudra rappeler les troupes pour ne pas les laisser prisonnières entre les barricades. C'est des Champs-Élysées, de la place de la Concorde, de la Madeleine, de la place Vendôme, que devront partir les brigades, pour se répandre à droite et à gauche, selon les circonstances. Je sais que le général Magnan a l'intention de prendre ces dispositions, et je me permets, Monseigneur, de vous conseiller de ne pas les entraver. »

Comme on le verra, cette opinion prévalut.

Après cet entretien assez long, dont je ne donne que l'esprit général, me sentant souffrant et fatigué, je demandai à me retirer.

À peine chez moi, rue Montaigne, je recevais la visite du docteur Jobert de Lamballe, que le Prince avait eu l'attention délicate de m'envoyer. Ce grand chirurgien, mort si malheureusement depuis (1), me pratiqua une saignée. Par une fatalité inexplicable et peu en rapport avec son habileté, ce cher docteur, émotionné sans doute, me fit bel et bien un séton, c'est-à-dire qu'il fut obligé de s'y reprendre à trois fois avant de faire venir le sang.

Ce petit accident me causa un réel chagrin. Il me força non seulement à me coucher, mais à garder le lit toute la journée du lendemain.

Ce ne fut que le 4, dans la matinée, que je pus revenir à l'Élysée, après avoir passé trente-six heures en dehors des événements, dans la plus anxieuse impatience de m'y associer et de les suivre.

La journée du 3 avait été très agitée. L'armée eut tour à tour à disperser des tentatives d'émeute dans les quartiers Saint-Martin et Saint-Antoine, pendant que, simultanément, elle opérait, de l'autre côté de l'eau, dans les faubourgs Saint-Jacques et Saint-Marceau.

Vers quatre heures, des barricades s'élevèrent aux environs de la porte Saint-Denis, rue Saint-Martin et rue Rambuteau. Elles furent bientôt renversées par la brigade Marulaz. C'est dans un de ces engagements que le député Baudin, monté sur une barricade, y

---

(1) Le docteur Jobert de Lamballe est mort fou.

trouva la mort. Cette fin tragique fut le brandon qui alluma l'incendie.

A partir de ce moment, l'insurrection prit des proportions considérables, sinon en fait, du moins en intentions. De grands efforts étaient tentés pour entraîner la masse des ouvriers. Des proclamations ardentes étaient répandues dans les faubourgs. Une entre autres était adressée aux travailleurs et les appelait aux armes.

Dans la soirée, toutefois, lorsque toute résistance sérieuse semblait pour le moment abandonnée, de nombreux attroupements, où dominaient les habits noirs, s'étaient reformés sur le boulevard des Italiens. Le colonel de Rochefort, avec ses lanciers, en eut bien vite raison. Cet acte de vigueur, habilement exécuté, jeta le découragement dans l'esprit des meneurs, dont le but était de prolonger la lutte pour gagner du temps, fatiguer les troupes, comme en 1848, et soulever la province.

Pendant la nuit, en effet, un mot d'ordre fut donné par les sociétés secrètes, et, dans la matinée du 4, l'insurrection cette fois s'installa, sans trouver d'obstacles, dans les faubourgs Saint-Antoine, Saint-Martin, Saint-Denis, et s'établit de nouveau dans les rues des Petits-Carreaux et de Rambuteau, au Panthéon et aux Halles. Bien que l'émeute eût pris ses positions de combat dès midi, le général Magnan, fidèle à son programme, n'avait pas encore, à ce moment, engagé l'armée, au grand étonnement de la population.

Ce n'est qu'à deux heures que les troupes entrèrent en ligne.

Le plan du général Magnan (1), dont plus haut j'ai donné l'esquisse, consistait à laisser à l'émeute le temps de se dessiner, de prendre ses emplacements, d'élever des barricades et de s'y fortifier.

Par expérience, l'ancien commandant supérieur de Lyon savait que la difficulté n'était pas seulement de vaincre une insurrection, mais de la démoraliser en lui portant des coups assez vigoureux pour qu'elle ne recommençât pas le lendemain à offrir la bataille.

Le général avait reconnu la veille le danger d'éparpiller ses forces, et il était bien résolu à ne lancer ses troupes qu'après que l'émeute aurait nettement démasqué ses projets. En même temps qu'il l'attaquerait de front avec l'infanterie, la cavalerie du général Kort avait mission, par un mouvement, de cerner l'insurrection par les boulevards extérieurs.

Cette journée, qui est diversement racontée, avec injustice et passion par Tenot, Vermorel et le capitaine Mauduit, est présentée, malgré quelques incorrections, sous son jour véritable par Granier de Cassagnac, dans ses *Souvenirs du second Empire*. Pour les détails officiels, j'y renvoie le lecteur.

(1) Documents officiels. Ministère de la guerre.

CHAPITRE XVIII

Journées des 4 et 5 décembre.

A deux heures, la division Carrelet (1) (brigades de Bourgon, Canrobert, Dulac, de Cotte) et la brigade de cavalerie Reybell débouchaient sur le boulevard par la rue de la Paix.

La brigade de Bourgon, qui occupait la tête, provoquée par des coups de feu, dut se créer un passage au milieu des masses qui obstruaient le boulevard. Tandis que ces deux régiments poussaient jusqu'à la rue du Temple, la brigade Reybell, qui avait, sans coup férir, atteint le boulevard Montmartre, se voyait arrêtée par des coups de feu partis des fenêtres et tirés par des mains « gantées ». On connaît le malheureux incident qui survint alors. Les cavaliers firent halte, et, avec l'aide des tirailleurs de la brigade Canrobert, un feu nourri fut dirigé sur les fenêtres provocatrices; quelques coups de canon dispersaient les manifestants.

---

(1) Carrelet, né en 1789, avait fait avec distinction les guerres de l'Empire depuis 1808. Il passa à l'armée d'Afrique en 1834, puis reçut le commandement de la garde municipale de Paris. Commandant la première division militaire en 1851, il mourut sénateur en 1855.

La brigade de Cotte (1) prenait possession de la rue Saint-Denis, tandis que la brigade Canrobert pénétrait dans le faubourg Saint-Martin. Pendant ce temps, deux brigades de la division Levasseur étaient accourues au feu. Le général de Courtigis enlevait les barricades du faubourg Saint-Antoine, le général Marulaz se rendait maître du quartier Saint-Eustache.

A cinq heures du soir l'action principale était terminée. L'armée avait eu 26 tués, dont le lieutenant-colonel Loubeau, du 72e de ligne, et 184 blessés, dont 17 officiers. Chez les insurgés, 175 morts, dont deux députés, Dussoubs, de la Haute-Vienne, et Baudin, de l'Ain, 115 blessés, dont un député, Madier de Montjau. Voilà les chiffres exacts, bien éloignés de ceux qu'ont répandus les adversaires du 2 décembre, aussi bien les royalistes et les parlementaires que les républicains. Certains auteurs n'ont-ils pas parlé de fusillades nocturnes? Cette fable absurde ne se discute même pas.

Évidemment les pertes de part et d'autre furent grandes, trop grandes sans doute, mais en face du résultat immense obtenu, de la révolution écrasée, de la réaction vaincue, du triomphe de la volonté nationale librement exprimée (2), ne doit-on pas se consoler à l'idée que cette victoire aurait pu être plus chèrement achetée?

(1) Le général de Cotte est mort de la rupture d'un anévrisme à Montechiaro, le 22 juin 1859.
(2) Scrutin du 31 décembre. — Sur 8,116,773 votants, il y eut 7,439,215 oui et 640,737 non.

En effet, après la malencontreuse échauffourée du boulevard Montmartre, qui avait indisposé l'opinion, à la suite du combat sérieux de la rue Saint-Denis, où la brigade de Cotte avait éprouvé des pertes sensibles, il était présumable que les insurgés essayeraient, coûte que coûte, de continuer la lutte.

Les renseignements qui se succédaient à l'Élysée nous le faisaient prévoir. Les vainqueurs eux-mêmes étaient modestes dans les comptes rendus qu'ils envoyaient à l'état-major général, qui les retournait au Prince.

Si le général Canrobert n'avait pu empêcher la brigade qu'il commandait de tirer quelques coups de canon et d'engager une fâcheuse fusillade sur des masses confuses et sur les fenêtres de la maison Sallandrouze, c'est que sa tête de colonne avait préalablement reçu des coups de fusil. Malgré tous ses efforts, il n'avait pu arrêter le feu, et, lorsqu'il parvint à se faire obéir, des feux de bataillon, que ne justifiait pas l'attaque, avaient malheureusement fait de trop nombreuses victimes.

Pendant cet épisode regrettable, le général de Cotte avait été très fortement engagé rue Saint-Denis. L'action avait duré deux heures; les pertes étaient grandes. Un peu impressionné par cette lutte acharnée, qui faisait prévoir une continuation d'efforts pour la nuit ou le lendemain, le commandant de cette brigade, en relations très amicales avec la maison militaire du Prince, crut devoir envoyer son aide de camp à l'Élysée, pour nous donner des détails sur le combat et nous communiquer ses appréciations personnelles sur les éventualités qui pouvaient se produire.

Ce fut moi qui reçus l'aide de camp du général. Il paraissait ému en racontant les péripéties de la lutte, et il ne dissimulait pas que la situation comportait d'énergiques résolutions. Ce langage, tenu par un officier de l'intimité du général de Cotte, un des plus ardents partisans de la Présidence, m'inspira la pensée soudaine de conseiller au Prince de frapper l'opinion par un acte éclatant qui témoignerait de son inébranlable fermeté.

Sans être triomphante, l'émeute avait néanmoins tenu tête à une troupe vigoureusement commandée. Il ne fallait pas laisser planer l'idée, un instant de plus, que la lutte pût devenir incertaine. Je me dirigeai donc vers le cabinet du Prince pour lui soumettre le projet de s'installer le lendemain matin aux Tuileries, de former, dans le jardin des palais et dans la cour du Carrousel, une espèce de camp retranché, d'y concentrer des troupes, de l'artillerie, des munitions et des vivres tirés du mont Valérien, afin d'affirmer l'intention bien arrêtée de se défendre jusqu'à la mort si, par impossible, l'insurrection prenait un instant le dessus.

Morny sortait de chez le Président au moment où j'allais frapper à la porte. Je lui dis quelques mots de mon programme, qu'il approuva très fort. Lui-même, assailli de nouvelles contradictoires, avait quitté un instant le ministère pour conférer avec le Prince. Il rentra avec moi pour appuyer l'adoption de mon projet.

J'exposai au Président que, bien que la lutte fût terminée pour le moment, la journée n'avait pas été bonne : qu'une grande exaltation régnait dans Paris, que la fusillade du boulevard Montmartre avait été très regrettable, que le combat de la rue Saint-Denis, où nous avions perdu un lieutenant-colonel et où bon nombre d'officiers et soldats avaient été tués ou blessés, causait dans la population une impression pénible.

J'insistai sur ce fait très important que, si les insurgés combattants n'étaient pas très nombreux encore, ils pouvaient le devenir d'un instant à l'autre si les ouvriers des faubourgs venaient à faire cause commune. Je signalai aussi le danger d'une situation qui, en se prolongeant, sèmerait l'incertitude dans les esprits même des plus chauds partisans. L'acte du 2 décembre n'avait de raison d'être, disais-je encore, que s'il était en communion intime avec le sentiment du pays. Je ne cachai pas que l'agitation était entretenue par la bourgeoisie, les journalistes et les curieux de tous les partis. Si jusque-là ils ne faisaient qu'encombrer les boulevards, gesticuler, discourir et protester, ils pourraient bien finir par prendre les armes.

Je pensais donc qu'il était temps de frapper un grand coup qui aurait du retentissement aussi bien en France qu'à l'étranger. Je priai le Prince d'accepter mon projet. Il n'avait aucun inconvénient, si les circonstances ne rendaient pas son application nécessaire, mais il avait cet énorme avantage que sa mise à exécution rassurerait les intérêts, ramènerait les indécis, enflammerait le dévouement de l'armée et donnerait au Président l'attitude virile qui convenait à son nom en affirmant sa résolution de combattre.

Le Prince fut littéralement enchanté de ma proposition. Morny en saisit toute l'importance, et, séance tenante, nous abordâmes les voies et moyens.

Je conseillai de confier l'organisation et l'approvisionnement de notre camp au général Rollin, ancien chef d'état-major du général Changarnier.

J'avais toujours eu des rapports très agréables avec le général Rollin, et, dans bien des circonstances, je l'avais trouvé intelligent et conciliant, servant de trait d'union entre l'Élysée et le Carrousel, lorsque la situation était trop tendue. Malgré ses attaches avec le général Changarnier, nous savions tous que le général Rollin était sympathique à la cause du Prince. Ancien officier de l'Empire, il avait été blessé à Waterloo. Il avait d'ailleurs parmi nous un répondant de ses sentiments : le commandant Lepic était un de ses meilleurs amis.

Je proposai de faire venir Lepic et de le charger d'aller trouver le général Rollin, qui commandait alors l'École d'état-major, afin qu'il pût immédiatement prendre ses dispositions, recevoir du ministre de la guerre les instructions nécessaires et commencer son opération.

Le général Rollin avait résolument accepté cette mission de haute confiance. Des ordres avaient été donnés. Du mont Valérien commençaient à descendre les bouches à feu et les approvisionnements, lorsque vers deux heures du matin les nouvelles plus satisfaisantes, qui s'étaient succédé, déterminèrent le Prince à renoncer à la concentration projetée.

En effet, dans la nuit, des barricades élevées près des Halles avaient été lestement renversées par le brave colonel de Lourmel à la tête du 51ᵉ régiment (1).

La résistance avait été molle et faisait présager que les insurgés renonceraient à la lutte pour la journée du lendemain.

Les impressions étaient exactes. Lorsque, dans la matinée, la brigade Canrobert, de la division Carrelet, se présenta à la barrière Rochechouart, où de forts groupes avaient été signalés, l'apparition des troupes suffit pour dissiper le reste de l'émeute.

L'ancien colonel des zouaves, reconnu par plusieurs ouvriers qui avaient servi sous ses ordres en Afrique, n'eut que des poignées de main à distribuer au lieu de coups de fusil qu'il craignait d'être dans la nécessité de leur offrir. Enfin, le général Carrelet ayant poussé jusqu'à Ménilmontant, où des troubles étaient signalés, trouva en face lui les gardes nationales de Belleville et de Ménilmontant, maire en tête, et en fut accueilli par des acclamations.

Je me rendais au Carrousel vers dix heures, lorsque j'appris ces détails satisfaisants. Le général Magnan, qui venait de recevoir tous ses rapports, me confirma le résultat de l'opération du général Rollin et partagea

---

(1) Mort général devant Sébastopol, dans une attaque téméraire contre les *ouvrages blancs*.

mes regrets de l'avoir vu suspendre avant son accomplissement. Pour le principe, il eût été bon d'affirmer la résistance.

C'est par le manque de volonté dans la défense et la répression que depuis cinquante ans les gouvernements sont tombés. Je me suis dit bien souvent que, si Charles X en 1830, Louis-Philippe en 1848, avaient soutenu la lutte et témoigné de leur résolution formelle de se battre de leur personne jusqu'à la dernière cartouche, peut-être la victoire serait-elle restée de leur côté. Au lieu de cela, Charles X, confiné à Saint-Cloud, n'avait même pas donné à Raguse les moyens de faire tête à l'orage que les ordonnances devaient fatalement déchaîner. Après un effort sanglant et stérile sous un chef impopulaire, la garde, malgré son noble dévouement, se trouvait débordée par la révolution, et le Roi était en fuite.

Louis-Philippe, par ses irrésolutions, paralysait le bon vouloir des troupes et la fermeté du maréchal Bugeaud. Bientôt la famille royale affolée se jetait dans des fiacres, et, à l'ébahissement des insurgés eux-mêmes, la royauté de Juillet tombait sans avoir combattu.

Tout autre, je le jure, eût été l'attitude du prince Louis-Napoléon. Calme et résolu, il se fût fait ensevelir sous les décombres des Tuileries, plutôt que de céder aux sectaires de l'émeute, ou de la réaction lui déniant, à lui l'élu de six millions de suffrages, le droit de faire appel à la volonté du pays.

J'ai raconté qu'avant d'entrer chez le Prince, j'avais eu un colloque avec Morny dans lequel je lui avais esquissé mon projet de concentration.

Avant de frapper à la porte du cabinet du Président, il me dit, comme s'il avait été électrisé par l'énergie de mes paroles :

« Mon cher ami, prenez donc la préfecture de police; à nous deux et avec Saint-Arnaud, nous en aurons bientôt fini de tout cela. »

Il se plaignit ensuite, et bien à tort, de l'attitude de Maupas, dans lequel il n'avait pas confiance.

Sans hésiter, je lui répondis : « D'abord je refuse votre proposition. Je pense en outre que ce changement serait fâcheux et immérité. Vos préventions contre Maupas ne sont nullement justifiées. Ce serait de l'ingratitude que de méconnaître le service signalé qu'il vient de rendre et l'habile fermeté dont il a fait preuve. Il y a entre vous un malentendu télégraphique et épistolaire qui cessera, j'en suis sûr, à la première explication. »

« Puis, ajoutais-je, je ne me sens pas disposé à troquer mes épaulettes contre la situation, même momentanée, de préfet de police. Je n'ai nulle envie de jouer le rôle de Rovigo. »

Combien de fois je me suis applaudi de n'avoir pas cédé à cet entraînement, qu'offre toujours aux esprits entreprenants la séduction du pouvoir! En supposant que j'eusse accepté ces fonctions sans faire l'abandon de mon grade, ce qui était possible, il me semble, et je le crois encore, qu'une fois lancé dans l'engrenage des fonctions civiles, je n'aurais pas résisté à l'ambition de devenir ministre. Je n'aurais pu évidemment accepter cette nouvelle situation sans être amené à quitter l'armée.

C'est à mon épée que je devais l'honneur d'être admis dans les conseils du Prince. C'est grâce à ma situation conquise après douze années de guerre, grâce à mes liens d'amitié avec l'élite de nos officiers, que j'avais déjà pu me rendre très utile et que je pouvais le devenir davantage. Me séparer de mes camarades, abdiquer le rôle d'intermédiaire, si souvent important, que je devais jouer entre l'Empereur et l'armée, c'eût été plus qu'une faute contre moi-même, c'eût été manquer à mon devoir.

Pour en revenir à cette conversation que nous eûmes, Morny et moi, avec le Prince, il n'est pas sans intérêt de dire un mot des suppositions, absolument mensongères, que la durée de cet entretien suggéra à quelque ami maladroit.

Le salon de service était littéralement encombré. Hommes politiques, partisans des faits accomplis, officiers généraux, supérieurs ou autres, journalistes plus ou moins dévoués, tous recueillaient, apportaient ou faisaient des nouvelles.

Je ne sais pourquoi l'un de ces derniers s'imagina, en ne me voyant pas revenir de chez le Prince, que j'avais une altercation avec lui parce qu'il ne voulait pas continuer la lutte, et qu'oubliant le respect que je lui devais, j'avais parlé au Président d'une manière offensante. De tout cela pas un mot de vrai.

Toujours est-il que dix ans après M. Kinglake, membre de la Chambre des communes, publiait un livre tissu de mensonges et de calomnies haineuses contre Louis-Napoléon. Dans cette publication intitulée : *The invasion of the Crimea*, Parme, 1863, il est fait allusion à une conversation intime que j'aurais eue dans la journée du 5 avec le Prince.

Comme le Président semblait faiblir et ne pas m'écouter, je l'aurais menacé d'un coup de pistolet! Aussi M. Kinglake, sur le ton d'une lourde plaisanterie, me décore-t-il du titre de *duc de Pistolet*.

Pour qu'une ineptie semblable ait pu être mise en avant par cet écrivain sans pudeur, il ne faut pas qu'il y ait, un seul instant, ajouté foi. Jamais les pamphlétaires ne croient un mot des infamies qu'ils débitent. Toutefois, il est certain, dans cette circonstance, qu'un sot, qu'un méchant ou qu'un traître lui a suggéré l'idée de cette stupide invention.

Quand ce livre parut, je repoussai avec énergie cette assertion odieuse, et dans une note signée de moi, qui a paru dans l'ouvrage de Blanchard Gerrold intitulé : *La vie de l'empereur Napoléon III*, publié en 1875, je donnai à l'ennemi personnel de mon souverain le démenti le plus formel.

Comme je l'ai dit déjà et comme j'aurai occasion de le redire souvent, l'Empereur avait un sang-froid admirable et un courage sans bornes.

Dans aucun de ses actes, jamais la question de sécurité personnelle n'a été mise en jeu. Si, dans une circonstance solennelle de sa vie, il s'est montré trop prudent aux yeux de ses détracteurs, j'affirme que cette prudence, qui lui a été si indignement reprochée, lui a été inspirée par le sentiment le plus digne d'admiration!

Au risque d'être accusé de faiblesse, et au lieu de jouer la comédie que lui soufflait le général de Wimpfen, il refusa de faire la fameuse trouée à la tête d'une troupe débandée qui ne reconnaissait plus de chef. Le pauvre Empereur comprit que prolonger la lutte était insensé. De l'avis même des commandants de corps d'armée les plus énergiques, les Lebrun, les Douai, les Ducrot, le noble vaincu fit demander l'armistice et hisser le drapeau blanc!

Les mères de France ont compris ce dévoûment sublime. L'histoire impartiale absoudra le souverain paternel qui a sauvé la vie à cent mille de ses enfants!

CHAPITRE XIX

Satisfaction générale après le coup d'État. — Opinion de Victor Hugo. — Commencement de Jacquerie en province. — Le 12 décembre, tout rentre dans l'ordre. — Le Prince organise sa maison militaire et civile. — Je cumule plusieurs fonctions avec celle d'aide de camp. — Le Prince dans ses promenades. — Sa popularité à cette époque et pendant l'Empire.

Le 6 décembre, Paris avait pour ainsi dire repris sa physionomie accoutumée. Un sentiment de satisfaction générale se lisait sur toutes les figures. Presque tous les adversaires avaient désarmé. Le nouveau ministère (1) par des actes énergiques (2) avait affermi la confiance. Les hautes classes ne venaient pas encore s'inscrire d'une manière ostensible à l'Élysée, mais elles s'apprêtaient, comme jadis elles l'avaient fait avec Napoléon Ier, à se rapprocher du Prince, dont il était facile de prévoir le prochain avènement.

(1) Dès le 2 décembre il avait été formé un ministère, mais les journées des 3 et 4 furent remplies par les opérations militaires, et le cabinet réuni comme en permanence au ministère de l'intérieur ne fonctionna réellement que le 5. Il comprenait, en dehors du général de Saint-Arnaud et de M. de Morny à la guerre et à l'intérieur, MM. Ducos à la marine, marquis Turgot aux affaires étrangères, Magne aux travaux publics, Rouher à la justice, Fortoul à l'instruction publique, Fould aux finances.

(2) Déportation de 25,500 clubistes, insurgés, condamnés en rupture de ban.

La bourgeoisie, les grandes industries envoyaient des délégués pour complimenter et remercier le Président d'avoir sauvé la France. Des faubourgs et des ateliers, il n'arrivait que de bonnes impressions. Les centres ouvriers, simples spectateurs pendant la lutte, avaient eu la sagesse et la prudence de ne pas s'y engager.

Ils avaient été, grâce à Dieu, sourds aux exhortations détestables des fous et des énergumènes qui voulaient les entraîner.

Victor Hugo lui-même, dans son *Histoire d'un Crime*, est obligé de constater cette abstention. « Le peuple recula, dit-il. Il recula le 5. Le 6 il disparut. Nous nous retrouvions, le 5, ce que nous étions le 2. « Seuls ! »

Tandis que les choses se passaient ainsi à Paris, d'ardents efforts étaient faits en province pour soulever les départements.

Des prises d'armes avaient lieu pendant les journées du 5, du 6, du 7 et du 8 dans différentes villes et les campagnes avoisinantes. Une espèce de Jacquerie s'organisait.

Des bandes attaquaient, arrêtaient les magistrats, violaient les femmes, pillaient les caisses publiques. Ce que les socialistes n'avaient pas eu le temps de faire à Paris, ils le tentaient, avec des alternatives de succès, là où l'armée n'avait pas encore eu le temps de concentrer la défense.

Le 12, l'insurrection était comprimée sur toute la surface du pays. De tous les départements, de toutes les villes, sans distinction, de ceux où la lutte avait été la plus vive, commençaient à pleuvoir des adresses de congratulation et de remerciement pour le neveu de l'Empereur qui venait de préserver le pays des plus effroyables calamités.

Toulouse, Carcassonne, Lyon, Marseille s'étaient surtout distingués par l'enthousiasme de leurs adhésions. Vingt ans plus tard, c'est au nom de ces mêmes villes que MM. Duportal, Marcou et une douzaine de leurs amis venaient demander à la Chambre la mise en accusation des auteurs du 2 décembre.

Quelle éclatante démonstration de la place immense que tenait l'Empereur ! Ce n'est qu'après vingt ans que ces révolutionnaires osaient formuler leur insolente revendication !

C'est aux sept millions de Français qui avaient sanctionné par leur vote la conduite du Prince que MM. Duportal et consorts auraient dû s'adresser. Mais ne nous attardons pas avant l'heure à écrire l'histoire des lâchetés et des ingratitudes.

Constatons pour le moment l'explosion générale de joie après la défaite de la démagogie, et enregistrons le sentiment de la reconnaissance universelle dont Louis-Napoléon fut l'objet.

Investi de la plus puissante des dictatures dont aucun chef de gouvernement ait jamais été revêtu, le Prince ne s'enivra pas de son pouvoir sans bornes. Il ne sortit pas de son impassibilité. Selon son expression si belle :
« Il n'était sorti de la légalité que pour rentrer dans le droit. »

C'est avec calme et dignité qu'il attendit la réponse du pays.

Quelques jours après le 2 décembre, le Prince, confiant dans les résultats triomphants du plébiscite, me chargea de préparer un projet d'organisation de sa maison sur un pied un peu plus large et plus en rapport avec sa situation nouvelle. Ce n'était pas l'Empire encore, mais c'était le consulat.

Ce projet, qui fut accepté, embrassa la composition de la maison civile et militaire. C'était l'embryon de la Cour impériale.

La maison civile du Prince comprenait le général Vaudrey comme gouverneur du palais, le commandant comte Lepic comme sous-gouverneur. Les préfets du palais étaient le colonel baron de Béville et le capitaine Merle. Au cabinet, M. Mocquard demeurait chef du secrétariat particulier, avec M. Albert de Dalmas comme sous-chef et M. Lefèvre Deumier comme bibliothécaire. Je devenais le premier écuyer, avec le baron de Pierres comme second. Le lieutenant-colonel Ney recevait le titre de capitaine des chasses, commandant la vénerie, et le commandant marquis de Toulongeon, celui de premier lieutenant des chasses.

Le service des cérémonies avait à sa tête le comte Bacciochi, introducteur des ambassadeurs, avec M. Feuillet de Conches comme adjoint. M. Bure était nommé intendant général de la maison, le docteur Conneau, directeur du bureau des secours, et le fidèle Thélin avait la cassette particulière (1).

La maison militaire se composait des éléments suivants. Premier aide de camp : le général de division comte Roguet.

Aides de camp : les généraux Vaudrey, Canrobert, de Cotte, comte de Goyon, comte de Montebello, comte de Lourmel, Espinasse, le colonel baron de Béville, le colonel comte Edgar Ney, le lieutenant-colonel Fleury.

Étaient nommés officiers d'ordonnance : le capitaine de frégate comte Exelmans, les commandants Favé, marquis de Toulongeon, comte Lepic, les capitaines baron de Méneval, baron de Berckheim, baron Petit, Cambriels, baron Tascher de la Pagerie et le lieutenant prince de la Tour d'Auvergne-Lauraguais.

A la suite de l'adoption de ce projet, le service des écuries et de la vénerie était inscrit pour la première fois sur l'almanach national. Jusque-là, Edgar Ney et moi, nous avions dirigé ce service sans dénomination.

L'effectif de l'écurie fut porté à cent chevaux. La vénerie, qui n'existait que de nom, reçut un commencement d'organisation pour la chasse à courre.

(1) Le docteur Conneau, l'ami de Ham, ne quitta jamais le Prince-président ni l'Empereur. Il mourut en Angleterre, deux ans après son souverain. Dès l'époque d'organisation de la maison, il était médecin particulier de l'Empereur. Le docteur Andral était médecin consultant. M. Jobert de Lamballe et le baron Larrey étaient chirurgiens consultants.

A l'intérieur, jusqu'à ce jour, c'était le général Vaudrey qui nominativement avait dirigé les détails; mais en réalité c'était moi.

Le Prince avait voulu donner une satisfaction à son fidèle ami de Strasbourg; mais, outre que la santé de ce brave général était déjà compromise, son éducation, ses habitudes le rendaient absolument étranger aux questions d'élégance et de tenue de maison. Il régnait donc, mais je gouvernais pour lui. Le personnel était d'ailleurs excellent. Tous les chefs de service, maîtres d'hôtel, valets de chambre, valets de pied, concierges, venaient en grande partie de la maison du Roi, ou des princes d'Orléans. Je m'étais appliqué à faire choix de ces serviteurs éprouvés pour donner à la maison présidentielle ce cachet princier dont la tradition, à quelques exceptions près, s'est continuée pendant tout le temps de l'Empire.

Le Prince, jeune encore à cette époque, était très beau cavalier. Il avait une belle et fière prestance. Ayant le buste long pour ses jambes, il n'en était que mieux à cheval. Sans être très solide en selle, il était très entreprenant, avait bonne main, sautait volontiers les obstacles. Il savait tirer parti de sa monture, la faire briller devant la troupe ou en public, mettant ainsi en pratique son expérience acquise à la chasse en Angleterre et les principes d'équitation à l'allemande qui lui avaient été inculqués dans sa première jeunesse.

Si, en effet, il excellait dans les « huntings », il s'était fait une véritable notoriété comme *passeur* (1). Il n'était pas moins renommé pour son agilité, lorsqu'en Suisse, à l'école d'artillerie de Zurich, il sautait à la volée sur son cheval et montait sans étriers.

Cette réputation de bon cavalier l'avait précédé, et, comme je l'ai dit déjà, elle lui avait valu une impression de sympathie admirative, lorsqu'à la première revue le Prince s'était montré sur sa belle jument Lizzi.

Cette jument était sa monture favorite.

Lorsqu'elle mourut en 1855, ce fut un chagrin réel, non seulement pour Louis-Napoléon, qui avait pour cette bête l'affection de l'Arabe pour son coursier, mais pour les hommes d'écurie, qui considéraient Lizzi comme le piédestal indispensable de leur maître.

Le Prince aimait aussi à conduire. Presque chaque jour, il sortait en phaéton pour aller retrouver ses chevaux de selle au bois de Boulogne, ou aux environs.

J'avais beaucoup de peine à satisfaire le Prince pour le genre d'attelage. J'envoyais jusqu'en Amérique pour trouver les chevaux qui convenaient. Il les fallait « vites » avant tout. Pour éviter les accidents pendant les temps de trot vertigineux que le Président faisait en descendant les Champs-Élysées, il était nécessaire que ces chevaux eussent la bouche fine, qualité si rare à rencontrer chez les trotteurs. Il faut convenir qu'au roule-

---

(1) Habileté à franchir les obstacles.

ment bien connu du phaéton du Prince, les voitures se rangeaient avec empressement et que les grooms n'avaient guère besoin de gesticuler ou de crier gare pour les retardataires.

Lorsque le tour de service amenait un aide de camp peu familiarisé avec ce genre de sport, on le voyait pendant la descente nerveusement accoudé au rebord de la capote. Le Prince, jouissant tranquillement de la vitesse de ses chevaux, souriait malicieusement de l'inquiétude mal dissimulée de son compagnon.

Si le bois de Boulogne, qui doit ses embellissements à Louis-Napoléon, qui en a tracé tous les plans, était sa promenade favorite, cette préférence n'excluait pas les courses dans les quartiers excentriques de Paris. Avant de sortir, le Prince se composait son itinéraire, qu'il ne faisait connaître qu'au moment de monter en voiture. Il aimait à dépister les précautions, parfois maladroites, de la police particulière chargée de veiller sur lui. Il tombait comme une bombe au milieu des faubourgs, allait visiter sans être attendu, tantôt un hospice, tantôt un monument public, tantôt des fabriques. Les ouvriers dans les ateliers étaient tout étonnés d'abord de le voir ainsi venir dans leurs quartiers populeux et réputés hostiles, puis ils subissaient l'ascendant que donne à tout homme haut placé une attitude courageuse. Après la première surprise, les têtes se découvraient, les visages s'épanouissaient et les cris de : « Vive Napoléon! » accompagnaient le visiteur et le reconduisaient jusqu'à son frêle équipage.

Cette popularité s'est maintenue jusqu'aux derniers jours de l'Empire. Elle était le résultat d'une sympathie toute personnelle s'adressant aussi bien au prince qu'au chef de l'État.

En 1863, j'ai vu l'Empereur acclamé la veille d'élections détestables, un jour que je l'accompagnais à cheval sur les hauteurs de Montmartre et de Belleville. Le peuple, dans son inconscience, semblait par cet accueil se disculper de son vote du lendemain et placer le souverain en dehors de son gouvernement, traducteur souvent impopulaire de ses sentiments paternels et généreux.

Cette force était si grande que les plus sages n'en osaient soupçonner la fin. A l'heure même où j'écris ces pages, en faisant appel à mes souvenirs, je reste convaincu que, si l'Empereur était revenu de Châlons à Paris, au lieu d'aller s'engouffrer à Sedan, il eût sauvé encore le pays et son trône.

Qu'auraient pesé auprès de lui les Trochu, les Glais-Bizoin, les Jules Favre, lorsqu'il serait venu, à la tête des débris glorieux de son armée, faire appel à un suprême effort!

Avec cette fermeté inébranlable, ce calme qui domine les foules, l'Empereur n'aurait-il pas fait rentrer dans le néant ces misérables révolutionnaires?

N'aurait-il pas, dans une proclamation superbe, fait comprendre à tous que c'était aux armes qu'il fallait courir, et non pas à l'Hôtel de ville?

Que c'était la patrie qu'il s'agissait de défendre, au

lieu de la sacrifier à l'ambition des traîtres et des avocats?

Lorsque je songe à ce qui aurait pu être et à ce qui a été, je pleure des larmes amères!... J'étais en Russie alors, maintenu à mon poste par ordre ministériel. Je ne me consolerai jamais de n'avoir pu rejoindre l'Empereur. J'aurais tout fait pour le soustraire aux influences qui l'empêchèrent de rentrer à Paris. C'est Palikao et M. Rouher qui ont pu persuader au malheureux Souverain que sa présence à Paris amènerait une révolution; que sa place était à la suite de l'armée qu'il ne commandait plus! C'est ce gouvernement affolé qui, mû par un faux point d'honneur, a refusé à celui dont ils voulaient, disaient-ils, sauvegarder la dignité, la possibilité de combattre à son poste d'Empereur sur les remparts de sa capitale!

Beaucoup de mes amis qui m'avaient vu partir avec peine pour mon ambassade lointaine, m'ont dit souvent que mon absence avait été regrettable.

L'on connaissait ma franchise, ma hardiesse pour dire à l'Empereur ce que je croyais de son intérêt. Partant de là pour me prêter une influence excessive, il m'a été dit bien souvent, depuis la Révolution, que, sans aucun doute, j'aurais rendu de grands services si, aux jours de nos désastres, je m'étais trouvé près de mon souverain. Je ne peux être que grandement flatté d'une opinion si honorable. J'aurai plus tard l'occasion de revenir sur ces tristes événements, s'il m'est donné de mener à terme la tâche que j'ai entreprise.

CHAPITRE XX

Miss Howard. — Quelques réflexions à son sujet. — Crainte qu'elle nous inspire. — Miss Howard se révèle ambitieuse de jouer un rôle. — Elle assiste à un bal des Tuileries. — Je combats son influence dangereuse.

J'ai dit dans un chapitre précédent, à propos de la première grande revue que le Prince avait passée après l'élection du 10 décembre, qu'un Parisien gouailleur avait fait ce mot : « Qui donc dit que Louis-Napoléon n'a pas d'esprit? N'a-t-il pas ramené la plus belle femme et le plus beau cheval d'Angleterre? »

En effet, le Prince avait ramené de Londres une maîtresse d'une incomparable beauté : mais, loin d'être un piédestal comme le cheval, elle menaçait de devenir bientôt une cause de sérieuses préoccupations.

En amis fidèles, notre devoir était de combattre une influence que nous considérions comme dangereuse à tous les points de vue, dès qu'elle trahirait ses vues ambitieuses, en dehors du cercle intime où, jusqu'à l'avènement du Prince, elle avait exercé son pouvoir.

D'une beauté hors ligne, d'une pureté de traits sans pareille, d'une prestance noble et gracieuse à la fois, avec une taille admirable, miss Howard était certainement une magnifique personne sur le compte de laquelle, à première vue, l'on pouvait se méprendre. Si elle eût été Française, plus familiarisée dès lors avec notre langue, et si, au lieu d'être une courtisane, elle eût été tant soit peu du monde, l'histoire aurait peut-être eu le regret d'enregistrer aujourd'hui le règne d'une nouvelle Pompadour.

Très à la mode à Londres, renommée pour ses attelages et son installation, très admirée au Park et à la chasse comme la plus brillante des cavalières, grandement protégée par le riche Montjoye-Martyn, major des Horse Guards, après avoir été la maîtresse d'un célèbre monteur de steeple-chase, miss Howard jouait un rôle exceptionnel dans ce monde de convention que l'on appelait alors la *haute fashion*.

A sa table, elle réunissait les hommes les plus marquants de l'aristocratie : le comte d'Orsay, « le roi des Français » (1); le duc de Beaufort, lord Chesterfield et dix autres grands élégants étaient les habitués de son cercle.

Présenté par son ami le comte d'Orsay, Louis-Napoléon n'avait pas tardé à devenir un des hôtes les plus recherchés et les plus assidus.

L'exilé impérial que ses aventures signalaient à l'attention publique, le Prince qu'entouraient de leurs sympathies respectueuses les plus grands noms d'Angleterre, avait frappé l'imagination de miss Howard,

(1) Surnommé ainsi à cause de son immense notoriété en Angleterre.

inflammable comme celle de toutes les femmes de son pays.

Silencieux et grave d'abord, le Prince, tout à ses pensées sérieuses, avait admiré la beauté du jour, sans lui faire part de ses impressions et sans trahir la moindre émotion.

Mais entraîné par cette force irrésistible qui domine les âmes les mieux trempées, le héros de Strasbourg et de Boulogne abandonnait peu à peu son attitude contemplative. Bientôt il subissait la loi commune et se livrait avec d'autant plus d'ardeur au charme d'une séduisante affection que celle qui l'inspirait semblait elle-même la partager.

Des relations étroites existaient donc entre le Prince et miss Howard, lorsque éclata la révolution de Février et que Louis-Napoléon fut nommé député.

Soit dévouement, soit ambition, soit tendresse, la charmante Anglaise, un beau matin, déclara tout net à son amant qu'elle le suivrait en France, qu'elle se ferait sa servante, et que pour lui elle renoncerait à son luxe, à ses succès, à ses triomphes.

Quelques jours après le départ du Prince, elle venait en effet à Paris s'installer très modestement à l'hôtel Meurice.

L'on ne peut disconvenir que cette conduite ne manquait ni de générosité ni de désintéressement.

Le Prince eut le tort d'accepter ce sacrifice. En ne le refusant pas, il contractait de sérieuses obligations. Le beau rôle était pour la maîtresse, qui pouvait rêver des splendeurs de demain, mais qui n'engageait pas moins son avenir en s'associant à la destinée d'un prince sans fortune, si les événements ne venaient pas répondre à ses calculs et à ses espérances.

Avant le coup d'État, tant que Louis-Napoléon n'était encore que le soldat sur la brèche, plutôt que le chef définitif du gouvernement, cette liaison, peu affichée, ignorée de la masse du public, présentait peu d'inconvénients.

Les choses se passaient avec convenance et une parfaite réserve.

Habitant un petit hôtel rue du Cirque, miss Howard menait une existence très calme et faisait peu de bruit.

Le marquis d'Hertford, Persigny, Ney, moi, Toulongeon, Béville, étions les seuls, à peu près, qui allions quelquefois dîner ou passer la soirée chez elle en compagnie du Prince.

Nous y retrouvions les clients qu'elle avait su attacher à sa fortune; de plus, Mocquard et le comte Bacciochi, qui étaient devenus ses confidents.

Quelques étrangers, Anglais ou autres, un médecin, des artistes, gravitaient autour de cette intimité. Ils composaient une petite cour discrète, mais prête à profiter des circonstances dès qu'elles se présenteraient.

En fait de femmes, il y en avait fort peu, cela va sans dire. Il en est toujours ainsi dans les positions fausses.

Mme V..., la charmante Mme de S..., depuis mariée au comte de Bark, diplomate suédois, ancien ami du Prince à Londres, une ou deux dames pour accompagner, constituaient tout l'entourage féminin.

En dehors des promenades dans la forêt de Saint-Germain, le bois de Meudon, les parcs de Neuilly et de Bagatelle, où l'on se rencontrait sans compromission d'aucune sorte, rien ne se passait qui pût alarmer les plus soucieux de la liberté du Prince et de la leur propre.

Le Prince était célibataire ; presque tous, nous-mêmes, nous n'étions pas mariés. Rien donc dans cette conduite ne pouvait offenser l'opinion publique. Mais, après le 2 décembre, quand le Prince, acclamé par le pays, fut investi d'un pouvoir immense, lorsque le rétablissement de l'Empire devint une croyance universelle, miss Howard jeta sa béquille et se révéla sous un aspect nouveau.

L'ambition de la maîtresse avait grandi avec les événements. Si l'Anglaise n'avait pas lu l'histoire de France et des reines de la main gauche, son instinct lui disait, et les ambitieux qui vivaient auprès d'elle s'étaient chargés de le lui apprendre, qu'une femme comme elle, belle entre toutes, aimée, intelligente, pouvait prétendre aux plus hautes dignités, aux plus hautes destinées de la faveur ; que par cela même qu'elle avait donné des preuves de dévouement, elle avait le droit d'aspirer à la récompense de son habile abnégation. Elle avait été à la peine, elle devait arriver aussi à l'honneur, du moins à la satisfaction de ses rêves.

Bien que les relations avec miss Howard fussent très agréables, bien qu'elle ne se départît jamais d'une politesse presque déférente avec nous, son attitude sur certains points s'était modifiée. Elle devenait plus exigeante pour les rencontres et les promenades, qui ne se faisaient plus avec la réserve accoutumée.

Le Prince, au printemps, étant venu s'installer à Saint-Cloud, elle obtint de s'y tenir cachée — selon son expression modeste — dans les petits appartements du rez-de-chaussée.

Si des revues avaient lieu à Versailles, elle ne restait plus à distance, perdue dans la foule. On demandait pour elle une place spéciale, bien en vue pour sa voiture! Le voile se déchirait peu à peu. L'on avait changé de tactique. La leçon avait été bien faite, et la maîtresse prenait toutes les allures d'une grande favorite.

Un coup d'éclat, qui rappelait en petit la fameuse présentation de la du Barry, avait été pour nous, quelques mois avant, un avertissement sérieux.

Le Prince avait pris possession des Tuileries depuis le mois de janvier, et l'installation avait été suivie d'un grand bal. Quel fut notre étonnement, pour ne pas dire notre chagrin, lorsque nous vîmes apparaître, au bras du colonel de Béville, gagné à sa cause, miss Howard, escortée du comte Bacciochi et précédée d'une femme de son entourage jouant pour la circonstance le rôle de la comtesse de Béarn!

Dans une toilette de bon goût, l'air radieux, avec sa tête de camée antique, sa taille élevée, son port de duchesse, celle qui devait bientôt s'appeler la comtesse de Beauregard (1), puis de Béchevet, fut remarquée par sa beauté incomparable.

Inconnue de la plupart, elle fut prise heureusement pour une belle lady arrivée de Londres pour assister au bal d'un ami.

Mais, à partir de cette soirée, miss Howard nous apparut sous son véritable jour, celui d'une grande courtisane dont il fallait, à tout prix, déjouer les projets ambitieux.

Pour réussir, il fallait de la prudence.

L'impression fâcheuse produite par l'apparition de la maîtresse avait été courageusement soulignée dans le rapport du préfet de police. C'était une arme, sans doute, mais il fallait s'en servir avec habileté.

J'entrepris cette tâche.

---

(1) Nom d'une terre près de Versailles que miss Howard posséda jusqu'à sa mort. Béchevet était le nom d'une ferme. L'Empereur l'avait faite comtesse de Beauregard, puis, sur les réclamations des familles de ce nom, le titre de Beauregard fut changé en celui de Béchevet.

CHAPITRE XXI

Je conseille au Prince de se marier. — Intérêt sérieux d'épouser une princesse. — Projet d'alliance avec la princesse de Wasa. — Je vais à Darmstadt en mission pour cette négociation. — Insuccès. — Le Prince n'en éprouve aucun mécontentement.

Dans les conversations fréquentes que j'avais avec le Prince, je ne manquais pas l'occasion de lui parler mariage, sans appuyer toutefois sur une nécessité trop prochaine. Pour procéder autrement, il eût fallu avoir une princesse à offrir.

Aucune démarche, aucun pourparler ne m'autorisait à signaler une alliance plutôt qu'une autre. Il s'agissait d'abord de poser le principe et d'étudier ensuite l'almanach de Gotha.

En heurtant de front, sans objectif déterminé, une affection que je croyais très vive encore, je n'aurais fait, ce qui arrive toujours, que raviver des sentiments respectables. Une maîtresse dévouée, quelle que soit sa situation, a des titres aux égards et à la temporisation.

« Lorsque l'Empire va être rétabli, disais-je au Prince, l'opinion générale sera disposée en faveur d'une alliance avec la fille d'une maison souveraine.

« Si le pays vous a délégué le pouvoir afin d'assurer sa sécurité dans le présent, il n'est pas moins désireux de s'affranchir des préoccupations de l'avenir. Il envisage, avec une appréhension très significative, le jour où vous viendriez à disparaître sans être marié et où le pouvoir tomberait aux mains de votre cousin le prince Napoléon.

« Un mariage princier aurait ce résultat considérable de consolider la confiance au dedans et de conquérir au dehors l'ascendant nécessaire pour combattre les préjugés et les méfiances que ne manquera pas d'inspirer le retour de votre dynastie.

« Les alliances nées des parentés avec les maisons souveraines n'apportent pas toujours avec elles une garantie de durée. Mais, dans les circonstances actuelles, un mariage princier s'impose. Les partis royalistes seront désarmés lorsqu'ils vous verront rentrer dans la famille des rois et donner des gages à l'idée monarchique fortement ébranlée.

« L'avis que je me permets d'émettre, Monseigneur, n'est pas seulement le mien, il est partagé par vos amis intimes, par vos ministres et par les hommes les plus importants de votre gouvernement.

« M. Fould, entre autres, s'exprime à ce sujet avec la plus grande netteté. Or, vous savez que M. Fould, très mêlé au monde financier, est en situation, plus que personne, de connaître et d'apprécier le sentiment public à cet égard.

« Avez-vous songé, ajoutais-je sans paraître insister, à quelque princesse en âge et en situation d'être épousée et de vous être accordée ? »

Contrairement à ce que je craignais, le Prince n'éluda pas la question, ce qu'il avait l'habitude de faire quand il ne voulait pas s'engager.

Il me répondit : « Certainement je reconnais la justesse de vos observations, mais ma situation est délicate vis-à-vis des Cours.

« Mon nom les effraye, et, quels que soient les services que je leur rends en replaçant l'autorité sur sa base, aussi bien à leur profit qu'à celui de la France, je ne crois pas le moment venu d'aspirer, comme mon oncle, à une grande alliance.

« Cependant — et il avait l'air d'hésiter à me faire cette confidence — j'ai entamé une négociation avec ma tante la grande-duchesse Stéphanie au sujet de sa petite-fille la princesse de Wasa (1). Ce serait plus facile, et encore on me parle de pourparlers assez avancés.

« Je compte vous envoyer en mission à Darmstadt lorsque je me rendrai à Strasbourg et à Bade. Nous saurons alors à quoi nous en tenir. »

Puis la conversation tomba, et je ne la relevai pas sur ce chapitre. Je me tins pour très satisfait de cette preuve de confiance qui me dispensait de remettre sur le tapis,

---

(1) La grande-duchesse Stéphanie de Bade, née Beauharnais, fille adoptive de Napoléon Ier, avait eu trois filles, la cadette mariée à un prince de Hohenzollern, la troisième au duc de Hamilton. L'ainée avait épousé en 1830 le prince Gustave de Wasa, fils du roi de Suède Gustave IV, qui fut dépossédé du trône en 1809 et remplacé par son oncle le duc de Sudermanie, qui régna sous le nom de Charles XIII et adopta pour héritier le maréchal Bernadotte. Le dernier Wasa prit du service en Autriche. C'est de sa fille, la princesse Caroline, aujourd'hui reine de Saxe, qu'il est question.

la question délicate de miss Howard. Avec son suprême bon sens, le Prince avait de lui-même apprécié sa situation.

Vers le mois de juin, le Président me donna l'ordre de préparer son voyage pour Strasbourg et Bade, et il me confirma ses intentions de me charger, pendant qu'il séjournerait dans ces deux villes, de porter la grand'-croix au grand-duc de Hésse, chez lequel je rencontrerais la princesse de Wasa.

Cette mission, qui fut pour moi la première que je remplissais à l'étranger, m'a laissé de piquants souvenirs, bien qu'elle n'ait pas été couronnée de succès.

Ainsi qu'il était convenu, je quittai le Prince à Strasbourg et me rendis directement à Bade, pour recevoir de la grande-duchesse Stéphanie la lettre que je devais remettre à son Altesse Grand-Ducale.

A Darmstadt, je fus reçu avec beaucoup de distinction et de courtoisie par les deux princes. Toutefois, comme je n'étais pas attendu à une date précise et que le ministre de France était allé à Bade au-devant du Président, j'éprouvai une certaine difficulté pour me rendre au palais.

Il n'y avait, à cette époque, — je ne sais si cela a changé, — aucune voiture de louage, en dehors d'horribles petits fiacres de place. Croyant de ma dignité de me présenter dans un équipage convenable, tandis qu'il aurait été si simple d'aller à pied, je frétai une espèce de berline reléguée dans le fond du hangar de l'hôtel. A défaut de garçon d'écurie, pendant que le prétendu cocher revêtait son meilleur habit et harnachait ses chevaux, une bonne grosse Hessoise se mit en devoir d'épousseter le berlingot qui devait conduire « mon Excellence ».

Enfin, après avoir endossé mon uniforme, je montai dans mon carrosse, mon valet de chambre derrière en guise de valet de pied, et en deux minutes j'arrivai au château!

L'on se serait cru dans le palais de la Belle au bois dormant.

Un silence et un calme singuliers régnaient dans la demeure grand-ducale. J'eus toutes les peines du monde à faire comprendre, au fonctionnaire d'abord, et au concierge ensuite, que je venais en mission près du prince, et que je désirais parler à un de ses aides de camp.

L'on me fit attendre assez longtemps.

Enfin arriva le grand maître de la Cour, ou plutôt le grand maître de tout, car il était à la fois grand maître de l'artillerie, de la cavalerie et cumulait encore les fonctions de grand écuyer.

Cet excellent général Trotter fut fort aimable d'ailleurs et me conduisit avec cérémonie auprès du grand-duc.

Je remis la lettre et l'écrin de la Légion d'honneur à Son Altesse Grand-Ducale, qui se passa immédiatement le cordon en sautoir.

Je fus invité à dîner. Il était quatre heures!

Avant de se mettre à table, Louis III se retira un

moment avec le prince de Wasa, pour conférer évidemment au sujet de la missive que je venais de remettre.

A l'air un peu gêné des deux princes en rentrant dans la chambre, je devinai que la réponse, que Son Altesse Grand-Ducale m'annonçait pour le moment de mon départ, ne serait pas favorable.

Le diner fut néanmoins très agréable et servi en perfection. Une fois le premier nuage passé, la conversation roula sur le coup d'État, sur le service immense que Napoléon venait de rendre non seulement à la France, mais à l'Europe.

Le grand-duc m'étonna par sa connaissance vraiment curieuse des choses militaires de notre pays. Évoquant le souvenir de nos guerres d'Afrique, il signala plusieurs épisodes de combats fameux, comme si lui-même y avait assisté.

A six heures, en me remettant sa réponse à la lettre de la grande-duchesse Stéphanie, Louis III me dit :

« Remerciez bien le Président de la République pour l'honneur qu'il m'a fait de m'envoyer son ordre. Dites-lui tous mes regrets de ne pas voir aboutir un projet dont j'aurais vivement désiré la réalisation. Mais l'on s'en est occupé trop tard. » Et regardant le prince de Wasa qui opinait de la tête, il ajouta : « Il y a presque des engagements avec le prince royal de Saxe sur lesquels il est impossible de revenir. »

Je pris congé alors et rentrai vers minuit à Bade.

Je ne puis assurer si le prince Louis-Napoléon conçut le moindre regret de cette déconvenue. Il me fit l'effet, au contraire, d'un homme soulagé vis-à-vis de sa conscience, satisfait d'avoir rempli un devoir, et qui se console facilement de n'avoir pas réussi.

Peut-être ne s'était-il prêté aux négociations poursuivies par sa tante qu'avec une arrière-pensée.

La princesse Caroline, bien que d'un sang illustre, n'était pas, somme toute, d'une famille régnante alors, ne lui apportait qu'une force très relative au point de vue des alliances utiles.

Peut-être aussi le prince de Wasa, dont la réputation de sobriété était très discutable, souriait-il médiocrement comme beau-père au futur empereur.

Toujours est-il qu'il ne fit paraître aucun désappointement lorsque je lui rendis compte de ma mission, et qu'il eut connaissance du refus adressé à sa tante.

Il fut convenu seulement que le silence serait gardé sur cet incident, qui en effet a été très imparfaitement connu.

Il n'y avait rien de surprenant, d'ailleurs, dans ce premier échec, qu'expliquait un engagement antérieur et que la situation du Prince, encore mal assise, aurait pu justifier, si, comme nous l'avons dit, la jeune princesse Caroline n'avait été promise au prince royal de Saxe.

Le résultat important de cette négociation avortée, c'est que le prince Louis-Napoléon était, à partir de ce jour, entré dans la voie du mariage.

CHAPITRE XXII

Explication de l'indifférence du Prince au sujet de l'insuccès de la négociation de Darmstadt. — Louis-Napoléon est épris de la comtesse Eugénie de Montijo. — Confidence du Prince. — Je conseille le mariage. — L'Empereur demande la main de Mlle de Montijo au retour de Compiègne. — Le mariage est résolu pour le 22 janvier 1853.

Si j'avais bien cherché à pénétrer la pensée intime de Louis-Napoléon, à mon retour de Darmstadt, peut-être aurais-je trouvé l'explication du peu d'importance qu'il attacha à l'insuccès de son projet matrimonial. Mais, je l'avoue en toute sincérité, je n'avais aucune idée de la préoccupation nouvelle que masquait son indifférence apparente.

Le Prince avait parfaitement compris la nécessité d'un mariage pour consolider sa situation et donner à sa dynastie un autre héritier que son cousin. Ceci est hors de doute.

Il avait aussi apprécié à leur juste valeur les avis respectueux que je m'étais permis, avec une ferme et loyale franchise, sur les visées compromettantes de sa maîtresse.

Pour lui, comme pour tout célibataire engagé dans une liaison gênante, le mariage était donc le moyen d'échapper aux inconvénients d'un joug qui lui pesait. Mais ce qu'il ne m'avait pas laissé soupçonner, c'est qu'à ces considérations si graves était venue s'ajouter la plus puissante de toutes.

Depuis quelques mois, une affection très vive avait remplacé dans son cœur un attachement que le temps et la réflexion avaient attiédi.

Louis-Napoléon était ardemment épris d'une noble Espagnole remarquable par sa naissance, son esprit et sa beauté. J'ai nommé Mlle de Montijo.

La comtesse Eugénie de Montijo, de Teba, de Banos et Mora, trois fois grande d'Espagne, fille du comte de Montijo et Miranda, duc de Pénaranda, avait alors vingt-cinq ans.

Dans tout l'épanouissement de la jeunesse, elle faisait grande sensation dans tous les mondes. Très recherchée dans la haute société européenne, elle trônait tantôt à Madrid, tantôt à Londres et tantôt à Paris.

Jouissant de son privilège d'étrangère qui la dispensait de faire de la politique de coterie, on la rencontrait aussi bien dans les salons aristocratiques des La Rochefoucauld ou des Fitz-James (1), dont elle était l'amie ou l'alliée, qu'aux réceptions du Président de la République, de la princesse Mathilde, ou de la comtesse Le Hon.

Assidue aux revues fréquentes du Champ de Mars, du Carrousel et de Satory, elle semblait, digne fille de

---

(1) Sa sœur, la duchesse d'Albe, avait épousé le représentant espagnol de la famille de Berwick.

son père, colonel d'artillerie au service de Napoléon Ier en 1814, s'associer aux acclamations de l'armée saluant l'avènement prochain du nouvel empereur.

Le Prince avait admiré souvent cette ravissante personne, cette blonde du Titien, au col long et gracieux, à la taille souple, élégante et noble. Mais, tout en se montrant galant et empressé près d'elle, rien ne faisait soupçonner qu'il en fût sérieusement occupé.

Au retour du voyage triomphal du Midi, vers le mois d'octobre, le Président alla se réinstaller à Saint-Cloud, et, cette fois, sans miss Howard. C'est alors que nous nous aperçûmes du sentiment très vif que Mlle de Montijo lui avait inspiré. Invitations répétées, dîners, promenades dans les parcs, tout fut un indice de la passion qui couvait depuis un certain temps.

En décembre, pendant le séjour à Compiègne qui suivit immédiatement la proclamation de l'Empire, les assiduités furent plus significatives encore.

Escortée par le comte de Galve, frère de son beau-frère le duc d'Albe, la comtesse Eugénie suivait la chasse aux côtés de l'Empereur.

A l'hallali, le pied du cerf était pour elle. A table, les places étaient combinées pour qu'elle occupât une des premières. Tous les honneurs, toutes les attentions étaient pour la charmante Espagnole.

L'on arrivait ainsi au point culminant d'une crise qui ne pouvait se dénouer que par un mariage, ou une rupture.

Un matin que j'accompagnais l'Empereur en lui

donnant le bras sur la terrasse du palais, la conversation vint tout naturellement sur Mlle de Montijo.

Après avoir devisé de son charme, de sa grâce et de son esprit, tout à coup, dans un moment d'effusion, Sa Majesté me dit en soulageant son cœur : « Ah ! je suis bien amoureux d'elle ! »

— Je le comprends, Sire, et je vois bien que ce n'est pas d'aujourd'hui. Mais alors il n'y a qu'une chose à faire..... Épousez-la.

— J'y songe sérieusement », me dit-il, et nous continuâmes notre promenade en célébrant de plus belle les mérites et la beauté de celle dont je venais, par ma réponse, de contribuer puissamment à décider l'avenir.

Je puis donc croire que mon opinion pesa sérieusement dans la balance.

Quelle était d'ailleurs la situation? L'Empereur venait d'échouer dans une tentative d'alliance princière. Nous n'en apercevions pas d'autre à l'horizon pour la remplacer. Nous désirions ardemment que le Souverain se mariât, et la fortune voulait que nous rencontrions Mlle de Montijo, d'illustre naissance, alliée aux plus grandes familles d'Espagne. La logique, l'intelligence n'étaient-elles pas de conseiller une union qui satisfaisait en grande partie aux exigences de la situation, et qui avait surtout le mérite de répondre aux aspirations du cœur de notre Souverain?

L'Empereur, bien qu'il fût par son éducation, par ses manières, le premier gentilhomme de France, n'était ni assez jeune, ni assez beau pour inspirer un sentiment que n'aurait pas dominé la raison. Mlle Eugénie de Montijo n'était pas une La Vallière timide subjuguée par le prestige, la jeunesse, la beauté, la puissance du grand Roi!... Elle était très flattée des hommages que l'Empereur mettait à ses pieds, mais dans son attitude correcte se lisait la résolution fermement arrêtée de ne pas céder à un entraînement.

Si j'ai pu, en mon nom et celui de mes amis, servir la cause de la comtesse Eugénie en la plaçant au-dessus d'une compétition indigne d'elle, je me fais gloire de ma loyauté.

En épousant l'Empereur en 1853, dans les conditions que nous avons dites, elle a rendu service à Napoléon III et à la dynastie.

L'idée de mariage répondait à une préoccupation publique.

On conservait encore vivant le souvenir de la famille royale, modèle d'union et de vertu. L'Empire sans souveraine pour en partager les grandeurs et en consacrer les bienfaits, ne donnait pas satisfaction aux huit millions de voix qui venaient de l'acclamer vis-à-vis de l'Europe monarchique. Louis-Napoléon célibataire gardait un rôle aventureux et courait risque de se diminuer s'il venait à rencontrer de nouveaux obstacles pour épouser une princesse. En se présentant hardiment avec une femme de son choix, digne de la couronne, il entrait plus fièrement dans la famille des rois, puisqu'il n'avait rien à réclamer d'elle. En sauvant la France, Louis-Napoléon venait du même coup de consolider les trônes ébranlés par la Révolution. Il était protecteur de la royauté, il n'avait aucun intérêt à en devenir le protégé !

Toutes ces raisons me font dire qu'à ce moment la comtesse Eugénie de Montijo fut le bon ange de l'Empereur, qu'elle l'affranchit d'une suggestion pleine de périls et que, pendant les premières années du règne, elle jeta un grand éclat sur la couronne.

Quand la détermination de l'Empereur d'épouser Mlle de Montijo fut assez tranparente, elle suscita d'ardentes controverses.

Tout en regrettant, dans une certaine mesure, que le Prince n'eût pas réussi dans son projet d'alliance avec une princesse royale, — Mlle de Montijo n'avait pas encore apparu à cette époque, — nous nous trouvions, Morny, Fould, Ney, Toulongeon et moi, en opposition complète avec MM. Drouyn de Lhuys, Troplong, Persigny, Abbatucci et en général tous les ministres. Ces messieurs protestaient hautement contre un mariage n'apportant avec lui aucune alliance. Nous qui connaissions le côté faible de l'Empereur, nous défendions résolument une union qui avait l'avantage de trancher de suite une situation dont j'ai défini la gravité.

Nous étions d'ailleurs en relations fréquentes avec la comtesse Eugénie. Nous avions pu apprécier, mieux que nos contradicteurs, l'élévation de ses sentiments et de son intelligence. Nous étions, nous aussi, ses admirateurs, bien avant que l'Empereur la distinguât d'une manière ostensible. Le comte Bacciochi, qui, avec son flair italien, avait de l'esprit, n'avait pas manqué de se mettre à son entière dévotion. Il aimait tant être agréable que, pendant cette période d'incubation, il nous disait souvent en plaisantant, avec son accent original, au colonel Ney et à moi : « Eh! cer ami, pourquoi ne vous mettez-vous pas sur les rangs ? Vous seriez grand d'Espagne. »

Je dois dire que c'était par politesse de la part ce bon comte, le plus complaisant des hommes. Il ne pensait pas un mot de ce qu'il disait, mais il avait un but : c'était de nous engager dans le camp de la comtesse de Montijo.

La situation était déjà plus avancée que ne le pensait le futur surintendant des théâtres.

Par une amie qui m'était très dévouée, la charmante et spirituelle marquise de Contades (1), alors en relations très intimes avec Mlle de Montijo, je connaissais le fond de la pensée de la comtesse Eugénie. Ainsi que je l'avais deviné et dit au Prince à Compiègne, elle était prête à devenir impératrice, mais au moindre incident, au moindre écart qui seraient venus modifier le respectueux empressement dont elle était l'objet, son idée bien arrêtée était de retourner en Espagne.

L'Empereur, cependant, était de plus en plus amoureux; comprenant qu'il ne devait plus hésiter, il se

---

(1) Fille du maréchal de Castellane. Comtesse de Beaulaincourt aujourd'hui.

décida à faire demander la main de Mlle de Montijo par la princesse Mathilde, et le mariage fut résolu le 22 janvier 1853.

Celle qui allait devenir impératrice était, je l'ai dit, une personne aussi belle et gracieuse que distinguée par sa haute naissance, et ses parentés. Sa sœur la duchesse d'Albe, et sa mère, camerera major de la Reine, donnaient à la jeune souveraine la considération de leur grande situation.

Lorsque l'Empereur mit son hommage à ses pieds, elle conçut la noble ambition de devenir sa compagne et donna ainsi la mesure de ses sentiments élevés. Si, en acceptant la couronne, elle n'apportait pas le titre de princesse issue de famille souveraine, elle allait, selon sa propre expression, devenir princesse par la conquête, et se présenter à la France le front ceint de la couronne que confèrent l'esprit, la grâce et la beauté.

CHAPITRE XXIII

Préparatifs du mariage. — Je complète l'organisation de mon beau régiment des guides. — En même temps j'organise le cortège du 29 janvier.

J'étais alors très occupé d'achever l'organisation du régiment des guides, qui a été, sans contredit, le plus beau corps de cavalerie de l'armée.

Ce magnifique régiment, formé sur le pied de guerre à six escadrons, commandé par des officiers choisis dans l'élite, — avec une musique sans rivale, dont le chef était le compositeur Mork, les principaux solistes des premiers prix du Conservatoire, — ce corps splendide, objet de l'admiration de tous les étrangers, était une espèce de garde consulaire. Rien de plus beau et de plus martial que le défilé de ces mille chevaux, tous bais, tous uniformes de modèle! Rien de plus riche et de plus élégant que cet uniforme rappelant celui des guides du premier Empire. C'est avec passion que je m'étais voué à ce travail de formation, pour lequel, d'ailleurs, j'avais reçu du général de Saint-Arnaud les plus grandes latitudes. Mon bras droit, mon lieutenant-colonel, était mon ami Legrand, le héros qui fut tué à Gravelotte en chargeant à la tête de sa division de cuirassiers.

Le Colonel Fleury
Commandant le Régiment des Guides (1852)
L. Plon, Nourrit et Cie Edit

L'organisation des guides ayant précédé de deux ans celle de la garde impériale, il me fut plus facile de faire prévaloir certaines idées dont la mise en pratique m'est due tout entière ; je veux parler du système des chevaux de robe uniforme et de la création des *mess* (1) pour les officiers.

C'est après les avoir vues fonctionner avec succès dans mon régiment que l'Empereur adopta ces mesures pour la garde et une partie de l'armée.

Il y avait un préjugé contre la possibilité de répartir les chevaux de même robe par régiment. En Russie, en Autriche, en Allemagne et en Angleterre, cette répartition est appliquée cependant depuis un temps immémorial. Je ne dis pas qu'il y ait un avantage spécial au point de vue de la guerre dans cette désignation ; mais, outre qu'elle n'offre aucune difficulté d'exécution, elle donne à la cavalerie un cachet d'ensemble et de netteté qui produit un excellent effet pour la manœuvre et le défilé. Rien de disparate comme ces chevaux de toutes nuances, surtout grise, qui font tache dans les escadrons. Ce n'est pas que la robe grise soit à repousser dans la cavalerie. Elle trouve largement son emploi pour monter les trompettes. Pour le surplus, le régiment de chasseurs et le 2ᵉ cuirassiers, remontés en chevaux gris sous l'Empire, prouvent éloquemment le bel effet que peut produire l'uniformité.

Je n'en dirai pas autant de l'adoption de ce principe

---

(1) Pension et cercle des officiers.

de l'uniformité dans le costume appliqué à toute la cavalerie. Je comprends très bien que, par mesure de simplification et d'approvisionnement dans les conditions nouvelles de l'armée, les cuirassiers soient tous bleu de roi, et que la cavalerie légère soit bleu clair; mais je regrette que l'on ait supprimé le drap vert pour les régiments de dragons. Cette couleur traditionnelle, affectée à une arme tant de fois illustrée, méritait plus de ménagements.

Je suis de ceux qui croient encore que la couleur de l'habit à la guerre contribue puissamment à conserver dans les corps l'esprit de régiment, si précieux pendant le combat, et à entretenir en bien des circonstances une glorieuse émulation. Il n'est pas bon que, dans un moment d'hésitation ou de déroute, le soldat ne soit plus dominé par le respect de l'uniforme qu'il porte. Si l'on ramène tout à un numéro, pourquoi dès lors cette dénomination de hussards, de chasseurs, de cuirassiers et de dragons? Pourquoi faire autrement qu'à l'étranger, où les armes conservent non seulement leurs couleurs distinctes, mais où les régiments portent pour la plupart les noms de souverains ou de princes? Pourquoi? C'est que nos gouvernants actuels sont jaloux de l'armée et se complaisent à détruire sous une faux égalitaire tout ce qui peut relever son ancien prestige.

Je reviens aux chevaux; la robe uniforme avait donc été adoptée tout le temps de l'Empire, non seulement dans la garde, à l'image de mon régiment, mais dans une bonne partie de la cavalerie et dans l'artillerie de l'armée. La mesure n'étant pas généralisée dans son application pour la ligne, les chefs de corps avaient soin de trier leurs chevaux par escadrons, ou par pelotons, afin de se rapprocher d'un système que l'on aurait pu étendre à toutes les troupes à cheval.

Pour l'artillerie principalement, il était indispensable de réformer cette habitude funeste d'atteler les pièces avec des chevaux blancs. Il était évident qu'à un moment donné, les attelages bariolés devaient, à la lunette, quel que fût l'éloignement de l'ennemi, offrir un dangereux point de mire. J'ai l'espoir que cette sage mesure survivra en tout ou partie, malgré l'esprit de changement qui, sous prétexte d'amélioration, a plus détruit qu'édifié. Ce qui me confirme dans cet espoir de voir se continuer une si intelligente réforme, c'est que, pendant les dix ans que j'ai dirigé les haras, je me suis appliqué à supprimer les étalons gris de gros trait qui encombraient les dépôts, pour les remplacer par des étalons de robe sombre et de demi-sang, l'artillerie exigeant des chevaux plus vites et plus légers que par le passé. J'avais ainsi coupé le mal dans sa racine. Il n'y avait pas lieu, d'ailleurs, de se préoccuper des chevaux de gros trait, qui trouvent leur débouché naturel dans l'agriculture et les services publics. Quelques primes suffisaient pour encourager l'amélioration.

Quant au mess pour les officiers, j'en avais conçu l'idée lorsque, en 1837, j'étais en Angleterre. J'avais toujours été frappé de la belle tenue de ces tables bien servies, couvertes de nappes toujours blanches, d'argenterie luisante, de mets simples mais succulents. Je comparais cette organisation, entretenue par les cotisations personnelles, à nos horribles pensions d'officiers, aux couverts noircis, aux nappes et aux serviettes maculées, donnant par leurs teintes le menu de toute la semaine.

Je m'étais toujours promis, si je venais un jour à commander un régiment, de mettre en pratique beaucoup de bonnes choses que j'avais instinctivement remarquées et que, dans une certaine mesure, j'avais appliquées en Afrique, lorsque je commandais mon fameux escadron d'Orléansville.

Ce n'est pas le lieu de m'étendre sur une foule d'améliorations dont la cavalerie m'est redevable. J'ajouterai cependant qu'elle pourrait me conserver certaine reconnaissance pour avoir défendu ses intérêts toutes les fois qu'ils m'ont semblé menacés.

Je m'étais surtout fait l'avocat d'une question qui n'a pas encore obtenu complètement gain de cause, malgré les enseignements de la guerre et malgré les obligations nouvelles que les armes à longue portée imposent à la cavalerie : la question de l'augmentation normale de la nourriture des chevaux. C'est à moi que l'on doit la notable amélioration qui fut adoptée dans les dernières années de l'Empire. Dans des comités *ad hoc* composés d'officiers généraux, sous la présidence de l'Empereur et les vice-présidences du ministre de la guerre et du maréchal Canrobert, je fis enfin prévaloir ce principe que l'avoine était pour les chevaux ce que la poudre et les boulets sont au canon.

Si les chevaux, avant la transformation des armes, du temps où l'on chargeait à huit cents mètres, pouvaient suffire à la tâche avec une ration médiocre, il n'en est plus de même aujourd'hui. La cavalerie de combat, si elle n'a pas pu se défiler dans un pli de terrain, est obligée, le plus souvent, à se tenir à une énorme distance de la ligne de bataille pour se mettre à l'abri du feu. Elle a cinq ou six mille mètres à parcourir au trot avant d'arriver au point de départ d'une charge. S'il s'agit des reconnaissances, c'est à dix et vingt kilomètres au moins que nos éclaireurs doivent se porter pour remplir d'une manière utile leur importante mission.

Il faut donc, par une nourriture plus abondante en grains, donner au cheval ce qui constitue son âme, le fond nécessaire pour franchir les grands espaces qui le séparent de l'ennemi. Il y a un proverbe arabe qui peint bien mon idée. Un cavalier, pour témoigner son admiration en contemplant le bon état de son cheval de guerre, aux muscles rebondis et fermes, aux reins larges et développés par le grain prodigué sans compter, s'écrie : « Par Allah ! si je n'avais pas vu mon « poulain sortir du ventre de sa mère, je croirais qu'il « est sorti d'un silo d'orge. » Or, les Arabes, qui sont nos maîtres à tous, qui font faire à leurs chevaux vingt ou trente lieues dans une nuit pour aller razzier une tribu ennemie, ou chasser le lion ou la gazelle, c'est à force de grain qu'ils obtiennent ces efforts de leur monture. Tout en maintenant leurs chevaux en haleine, ils les nourrissent fortement pour les tenir en chair, leur faire des muscles sur le dos, et éviter ainsi les blessures de la selle. Les Anglais en font autant pour leurs chevaux de chasse. La préparation et l'alimentation des hunters ne sont pas les mêmes que celles des chevaux de course. Nos voisins se gardent bien, pour leurs chasses, qui impliquent de longs parcours avec de gros poids, de mettre leurs chevaux trop bas.

Pendant les vingt ans que j'ai passés à la tête des écuries de l'Empereur, je n'ai jamais procédé autrement. Les mêmes chevaux faisaient tour à tour le service de promenade, de guerre et de chasse, sans perdre de leur bel état, sans être jamais blessés. J'obtenais ce résultat par une nourriture constamment la même, par un exercice journalier plus ou moins sérieux, selon les circonstances. Mes chevaux étaient toujours en haleine. Leur chair était ferme comme du marbre, et leur dos, garni de muscles, ne subissait jamais aucune atteinte.

Ne devrait-il pas en être ainsi pour le cheval de troupe, qui porte un poids au-dessus de ses forces et qui, avec ses réserves d'avoine et les effets de son cavalier, est obligé de fournir le même travail que le cheval de luxe, en étant beaucoup moins nourri?

Aussi je ne comprends pas que les généraux actuels de cavalerie viennent parler d'entraînement pour de malheureux chevaux d'escadron, avant d'avoir obtenu pour eux la nourriture suffisante qui leur permette de supporter ce régime. Ce n'est pas en augmentant la ration quelques semaines avant une campagne, et cela sur des économies d'avoine faites pendant l'hiver, que l'on peut raisonnablement tirer d'un cheval un service suivi et un effort exceptionnel.

Pendant que vous économisiez sa nourriture et lui donniez du foin en place d'avoine, ce cheval a fait une mauvaise graisse près du ventre, au lieu de muscles sur le dos, et, au premier travail, il se blessera et deviendra bientôt indisponible.

Le chef actuel de la cavalerie française aura rendu un service signalé s'il complète l'œuvre que j'avais commencée. Le marquis de Galliffet, mon ancien sous-lieutenant aux guides, exerce une légitime influence (1). Ce que je n'ai pu obtenir, moi, des ministres jaloux et routiniers, avant la guerre, il peut l'enlever, lui, maintenant que la démonstration est faite, et que l'on reconnait enfin l'importance du rôle difficile que la cavalerie doit jouer dans nos guerres futures.

Je me suis laissé entraîner à une digression technique. Le lecteur excusera l'ancien cavalier qui se réveille au son de la trompette. Des souvenirs, d'ailleurs, ne sont-ils pas l'expression intime de la pensée de celui qui les écrit?

Si, comme je l'ai dit plus haut, avant cette plaidoirie en faveur de l'avoine, j'étais déjà très absorbé par les soins qu'exigeait la complète organisation de mon beau régiment, j'allais être aux prises avec les détails bien plus compliqués encore que nécessiterait le mariage de l'Empereur.

(1) Écrit en 1883.

Il avait été convenu que le cérémonial traditionnel serait observé et que le cortège, dans sa composition relative, se rapprocherait le plus possible de ce qui avait été fait pour Napoléon Ier et Marie-Louise. La difficulté était grande pour arriver, en vingt ou trente jours, à satisfaire au désir de l'Empereur.

Je n'avais trouvé, en prenant possession du service de grand écuyer, que des voitures et des harnais très disparates que j'avais fait réunir à Trianon, dans une grande galerie où ils sont encore.

Il s'agissait donc de remettre tous ces carrosses en état de rouler et de faire repeindre sur leurs panneaux les écussons et les armes impériales. Parmi ces voitures, celles qui avaient servi au sacre de Charles X étaient au chiffre des Bourbons. Les autres, bien que datant du premier Empire, avaient été mises au chiffre des d'Orléans. Il fallait raviver les ors, refaire les broderies intérieures. C'était un travail considérable.

J'installai un grand atelier, avec d'énormes poêles, dans le grand manège de l'ancien château de Monceau. Une foule d'artistes peintres, décorateurs, carrossiers, selliers, brodeurs, se mirent à l'œuvre, travaillant nuit et jour.

Quant aux chevaux, comme je n'en avais que trente ou quarante susceptibles de servir pour les grands attelages, et qu'il m'en fallait une centaine, je courus à Londres. Dans ces grands établissements de location qui ont jusqu'à quinze cents paires de carrossiers, je trouvais très aisément les renforts nécessaires.

Pour expliquer cette facilité de ressources, il faut savoir qu'en Angleterre presque toutes les maisons riches ont des chevaux de location à l'année. Ainsi, à peu d'exceptions près, ces beaux et innombrables attelages que l'on voit au Park, dans Piccadilly ou dans Saint-James, appartiennent à des grands loueurs qui les fournissent à différents prix, selon leur âge, leur valeur, leurs allures et leur beauté. Les chevaux jeunes sont les moins chers, parce qu'ils n'ont pas encore acquis leur développement. Cette grande industrie n'existe sur ce pied nulle part ailleurs en Europe.

Enfin, le 30 janvier, un cortège splendide sortait par l'arc de triomphe du Carrousel pour se rendre à Notre-Dame.

Le régiment des guides, au grand complet, admiré de tous, en formait la principale et la plus brillante escorte.

Tout était radieux dans ce resplendissant spectacle. Mais un incident, sans conséquence s'il n'eût évoqué de tristes rapprochements, vint l'assombrir comme un fâcheux présage!

Au moment où la voiture qui portait Leurs Majestés sortait de la voûte des Tuileries, la couronne impériale qui la surmontait se détacha et tomba à terre. Il fallut la replacer au plus vite et suspendre la marche.

Ce ne fut pas sans causer une certaine émotion qu'un vieux serviteur du premier Empire, témoin de cette chute, signala cette particularité que pareil fait s'était produit exactement dans les mêmes conditions lors du mariage de Napoléon Ier.

C'était, en effet, la même voiture, dite Marie-Louise, surmontée de la même couronne, qui allait conduire à Notre-Dame Louis-Napoléon et la comtesse Eugénie de Montijo.

L'Empereur s'informa du motif du temps d'arrêt que subissait le cortège.

Lorsque je lui en donnai l'explication, sa figure, immobile, ne trahit comme d'habitude aucune impression. N'eût-il pas été d'ailleurs aussi maître de lui, ce n'était pas le moment de traduire les réflexions que cette étrange analogie pouvait lui suggérer. Il se contint donc; mais, dans une autre circonstance, il ne manqua pas, lui qui savait l'histoire de l'Empire comme s'il l'eût vécue, de me raconter ce qui s'était passé lors du mariage de Napoléon Ier. Je me gardai bien de lui répondre que, moi aussi, je connaissais l'incident.

CHAPITRE XXIV

Constitution de la maison de l'Empereur, de l'Impératrice et de la famille impériale. — Je suis chargé de la rédaction du règlement et des attributions de chaque chef de service. — Je m'inspire du règlement de la maison de Napoléon Ier. — Suppression d'une partie des grandes charges. — Hésitation de l'Empereur lorsqu'il s'agit de désigner le grand écuyer et le grand veneur. — Je prends la parole. — L'incident se termine à notre satisfaction, au colonel Ney et à moi. — Réflexions à ce sujet.

Avant de conduire le lecteur à Notre-Dame et de parler de l'admiration enthousiaste que l'Impératrice souleva sur son passage, je vais raconter l'incident assez intéressant, quoique personnel, qui précéda la grande solennité du mariage de l'Empereur.

Une fois la détermination prise par Sa Majesté de demander la main de Mlle de Montijo, il fallut en toute hâte s'occuper de la constitution de la maison de l'Empereur et de la famille impériale, en même temps que l'on jetterait les bases de la maison de la future impératrice.

Dans une réunion préalable présidée par l'Empereur, composée de M. Fould, ministre d'État, et des premiers officiers à ce moment en fonction, c'est-à-dire le lieutenant-colonel Ney, le lieutenant-colonel de Béville et moi, je fus chargé de la rédaction du projet d'organisation.

Je me procurai, après quelques recherches, un exemplaire du règlement de la cour de Napoléon Ier, qui n'était lui-même que la reproduction des traditions royales de Louis XVI. Après avoir approprié aux circonstances, modifié, assimilé les articles surannés de ce texte minutieux, tout en en respectant l'esprit, je fis autographier mon travail à plusieurs exemplaires (1) pour rendre la lecture et la discussion des articles plus faciles.

Sans entrer dans le détail des attributions et des nominations qui furent agréées par l'Empereur, j'arrive à l'incident dont j'ai parlé plus haut.

Déjà Sa Majesté avait ajouté aux attributions de M. Fould, ministre d'État, celles de ministre de sa maison; désigné le duc de Bassano et le duc de Cambacérès pour les fonctions de grand chambellan et de grand maître des cérémonies. Il restait à discuter les nominations du grand maréchal, du grand écuyer et du grand veneur.

Pour la première de ces trois charges, l'Empereur annonça que son intention était de proposer au maréchal Vaillant, le vainqueur de Rome, d'accepter le titre honoraire de grand maréchal, et de placer à côté de lui, sous ses ordres, le général Rollin, pour remplir les fonctions d'adjudant général du palais.

(1) Un de ces exemplaires est dans ma bibliothèque. Il est annoté de la main de l'Empereur.

Ces choix étaient excellents. Ils laissaient à ce service considérable, en rapports constants avec le souverain, le caractère inévitablement militaire qu'il devait avoir et que lui avaient donné, sous le premier Empire, les généraux Duroc et Bertrand.

Cette combinaison appartenait en propre à l'Empereur. Elle grandissait les fonctions et ne pouvait produire au dehors qu'un excellent effet. Aussi fûmes-nous tous unanimes à féliciter Sa Majesté de son heureuse conception.

En choisissant le maréchal Vaillant, le souverain ne pouvait que complaire à l'armée, qu'il rapprochait de lui en même temps dans la personne d'un de ses chefs les plus distingués.

Quand vint le tour du grand écuyer et du grand veneur, l'Empereur, s'adressant au lieutenant-colonel Ney et à moi, nous dit, avec une certaine hésitation, qu'en raison de notre grade, il ne pouvait, à son grand regret, nous donner le titre de grands officiers, tout en nous laissant une grande partie des privilèges attachés à la position, mais qu'il nous confirmait dans les fonctions de premiers officiers, chefs de nos services. « Cependant, ajouta Sa Majesté, pour éviter les compétitions qui ne manqueraient pas de se produire, si les emplois de grands officiers étaient laissés en blanc, je me propose d'examiner s'il n'y a pas lieu de nommer de suite des titulaires honoraires. »

Puis, se tournant vers M. Fould, — ce qui dénotait une entente avec son ministre d'État, — l'Empereur annonça, en balbutiant un peu, qu'il avait songé à nommer à ces hautes charges le duc de Vicence et le prince de Wagram, dont les pères avaient été grand écuyer et grand veneur sous le premier Empire. C'était, disait-il, renouer la tradition des situations héréditaires.

Il se fit naturellement un silence.

L'Empereur, de plus en plus gêné, — car il était bon, — sentant bien que cette concession, faite à la satisfaction d'avoir un duc et un prince de plus à inscrire sur l'*Almanach* de sa maison, devait me blesser personnellement et froisser l'amour-propre de mon ami, le lieutenant-colonel Edgar Ney, l'Empereur me dit :
« Fleury, avez-vous quelques observations à faire ? »

En me faisant cette ouverture, Sa Majesté semblait, tout en désirant satisfaire à son idée, ne pas vouloir nous infliger une trop pénible déception.

Je profitai de la liberté qui m'était offerte de dire ma pensée.

« Oui, Sire, répondis-je avec une émotion contenue, Votre Majesté, en se plaçant à son point de vue, celui de rattacher de préférence à la couronne les grands noms du premier Empire, ferait certainement très bien de prendre dans sa maison le duc de Vicence et le prince de Wagram. Toutefois, je me permettrai de faire respectueusement observer à l'Empereur que, pour mon compte, je ne pourrais accepter cette déchéance d'être placé derrière le duc de Vicence, lors même qu'il ne serait que grand écuyer honoraire.

« Son père était, sans contredit, un des amis les plus

fidèles de Napoléon Ier. Par son dévouement, par les services éminents qu'il a rendus à votre oncle, Caulaincourt est digne de tous les respects. Je ne saurais cependant me résigner à devenir le second de son fils, d'un de mes camarades de classe et de collège, excellent homme que j'aime, mais qui est de santé délicate et incapable de supporter aucune responsabilité. Néanmoins, pour ne pas entraver une combinaison qui semble plaire à Votre Majesté, je suis prêt à me retrancher dans mes fonctions de colonel et de votre aide de camp. »

Puis continuant : « Après avoir parlé de ce qui m'est personnel avec une franchise que Votre Majesté daignera, j'espère, excuser, qu'il me soit permis, ce qui, pour moi, est plus facile, de dire toute ma pensée au sujet du prince de Wagram.

« Pourquoi le fils du maréchal Ney, du héros légendaire mort fusillé pour la cause impériale, céderait-il le pas au fils du maréchal Berthier?

« Le colonel Edgar Ney n'est-il pas autant que le concurrent que l'Empereur semble lui préférer? Ne le vaut-il pas comme aptitude, comme intelligence?

« S'il n'est pas prince, le titre est dans sa famille. Vous pouvez le faire duc si cela vous plaît (1).

« S'il n'est pas aussi riche que le propriétaire de Grosbois, est-ce que le fils du héros de la Moskowa a besoin de fortune pour grandir sa position sociale?

(1) Le maréchal Ney laissa trois fils : le prince de la Moskowa, marié à Mlle Lafitte, dont une fille qui épousa le comte de Persigny; le duc

« Je reste convaincu que le nom du colonel Ney, votre ami, votre aide de camp, sera plus éloquent que celui du prince de Wagram, dont le dévouement ne vous est pas même assuré. »

L'Empereur ne montra aucune contrariété d'être ainsi contredit dans ses intentions. Il se borna à dire :
« Je n'ai pas pris de résolution. »

J'avais parlé avec trop de hardiesse, peut-être, mais nous étions au lendemain du coup d'État. J'avais la conscience du service que je venais de rendre.

En parlant comme je l'avais fait, j'épargnai à l'Empereur de commettre à la fois une ingratitude et une maladresse.

Pour donner de suite le dénouement de cette discussion dans laquelle j'avais un peu brûlé mes vaisseaux, je dirai que, le lendemain matin, Sa Majesté nous fit appeler, le colonel Ney et moi.

« Eh bien, j'espère que vous ne serez plus tristes de la décision que je viens de prendre. Le maréchal Vaillant sera grand maréchal du palais, et je vais nommer les maréchaux de Saint-Arnaud et Magnan grand écuyer et grand veneur. De la sorte votre amour-propre sera sauf. Vous resterez d'ailleurs chargés du service ; vos chefs ne seront que titulaires. Puis, nous donnant affec-

---

d'Elchingen, mort général en Crimée et père du général Michel Ney d'Elchingen ; enfin le comte Edgar Ney, qui après la mort de son frère aîné porta le titre de prince de la Moskowa. Lui-même, marié à la comtesse de Labédoyère, est mort sans enfants. Le titre de prince de la Moskowa est porté actuellement par le second des fils du général Michel d'Elchingen.

tueusement la main, il nous dit : « Êtes-vous contents? »

Nous nous inclinâmes en remerciant vivement l'Empereur de ce délicat témoignage de sa bienveillance. Edgar Ney se montra très reconnaissant envers moi de l'avoir tiré d'une situation pénible. Nul doute que, si Sa Majesté avait persévéré dans son projet, mon ami n'eût pas hésité à donner, comme moi, sa démission.

Cependant, lorsque je me remémore ce chapitre de Saint-Simon sur les tribulations d'un homme de cour, je me demande s'il n'eût pas été plus avantageux pour moi de ne pas lutter dans cette circonstance. J'aurais tout simplement suivi ma carrière. Déjà lieutenant-colonel, avec mes états de service, je n'aurais pas manqué de devenir général de division. Au lieu d'avoir joué les rôles de général diplomate, je me serais trouvé en 1870... commandant peut-être un corps de cavalerie! Qui sait de quel poids j'aurais pu peser sur les destinées de l'Empire!

Cette pensée m'a souvent hanté pendant mes heures de tristesse et mes dix ans d'inactivité!

J'avais besoin de la dire, non dans un sentiment de vulgaire ambition déçue. Je m'honore d'avoir voué ma vie à l'Empereur, de l'avoir servi dans les situations qu'il lui a plu de m'assigner. Mais je regrette amèrement de n'avoir pas été à même de le servir d'une manière plus efficace, à l'heure de la chute et de l'effondrement...

Je reviens à notre règlement : dans une dernière séance, Sa Majesté arrêta définitivement la composition de sa Maison et de celle des princes de la famille impériale. Inutile de dire, c'est chose connue, que bon nombre de nouveaux élus, civils ou militaires, me durent leurs nominations. Quelques-uns s'en sont souvenus. Beaucoup plus l'ont oublié!...

Quant à l'organisation de la Maison de l'Impératrice, les désignations furent faites, mais restèrent secrètes jusqu'au jour fixé, pour les premières cérémonies nuptiales. Les choix, en général, furent assez heureux.

Les nominations de la princesse d'Essling comme grande maîtresse et de la duchesse de Bassano comme dame d'honneur furent hautement approuvées, sans qu'il soit besoin d'en expliquer les raisons.

Les dames du palais, toutes femmes très distinguées, quelques-unes du faubourg Saint-Germain, comme la comtesse de La Bédoyère, et sa sœur, la comtesse de La Poëze (1), nées La Rochelambert, composèrent une cour à l'abri de toute critique.

Le duc Tascher de La Pagerie et son fils, le comte Charles, alliés à l'Empereur, reçurent le titre de grand maître de la Maison et de premier chambellan.

Le comte Artus de Cossé-Brissac, le marquis de

---

(1) Les dames du palais nommées alors étaient la baronne de Malaret, née Ségur, la comtesse Féray, née Bugeaud d'Isly, madame de Sancy de Parabère, la comtesse de Lezay-Marnésia, la comtesse de Montebello, la comtesse de La Bédoyère, la baronne de Pierres, la comtesse de Rayneval, la marquise de la Tour-Maubourg, madame de Saulcy, la vicomtesse Aguado, la comtesse de la Poëze. Seules survivent les quatre dames citées en dernier, ainsi que la baronne de Viry-Cohendier et madame Carette, nommées dans la seconde moitié de l'Empire.

Piennes, le comte de Lezay-Marnézia furent nommés chambellans.

Le baron de Pierres et le marquis de Lagrange passèrent du service de l'Empereur dans celui de l'Impératrice.

Ce fut avec ce cortège digne d'elle que la souveraine apparut le 29 janvier pour la solennité du mariage civil.

CHAPITRE XXV

L'Empereur annonce son mariage aux délégués des grands corps d'État en présence de toute la Cour. — Mariage civil. — A Notre-Dame.

Le samedi 22 janvier 1853 eut lieu, dans la salle du Trône, la cérémonie dans laquelle l'Empereur annonça solennellement son mariage. Toute la Cour, les ministres, les maréchaux, les cardinaux, les présidents et les délégués des grands corps de l'État attendaient, avec émotion et des impressions diverses, la déclaration que Sa Majesté devait faire.

L'Empereur, d'une voix sonore, prononça l'un de ses plus beaux discours.

J'en extrais les plus fières paroles :

« L'union que je contracte n'est pas d'accord avec les traditions de l'ancienne politique. C'est là son avantage. . . . .

« Quand, en face de la vieille Europe, on est porté par la force d'un nouveau principe à la hauteur des anciennes dynasties, ce n'est pas en vieillissant son blason, et en cherchant à tout prix à s'introduire dans la famille des rois, qu'on se fait accepter. C'est bien plutôt en se souvenant toujours de son origine, conservant son caractère propre, en prenant franchement vis-à-vis de l'Europe la position de parvenu, titre glorieux, lorsqu'on parvient par le libre suffrage d'un grand peuple. . . . .

« Sans témoigner de dédain pour personne, je cède à mon penchant, mais après avoir consulté ma raison et mes convictions. En plaçant l'indépendance, les qualités du cœur, le bonheur de famille au-dessus des préjugés dynastiques, je ne serai pas moins fort, puisque je serai plus libre. . . . .

« Bientôt, en me rendant à Notre-Dame, je présenterai l'Impératrice au peuple et à l'armée. La confiance qu'ils ont en moi assure leur sympathie à celle que j'ai choisie, et vous, messieurs, en apprenant à la connaître, vous serez convaincus que, cette fois encore, j'ai été inspiré par la Providence! »

Jamais l'Empereur n'avait été mieux inspiré. Jamais il n'avait produit une impression plus vive. Par ce langage éloquent et hardi, il avait été droit au cœur, aussi bien de ses contradicteurs que de ses amis.

Il avait du même coup remporté une double victoire. Il avait conquis cette assemblée à sa cause, en même temps qu'à celle de l'Impératrice.

C'était en se serrant les mains et les yeux humides que l'on se félicitait, et que l'on saluait d'une adhésion unanime l'avènement de la souveraine que venait de placer si haut son auguste époux.

Belle journée que celle du 22 janvier, qui faisait présager l'éclatant triomphe de l'impératrice Eugénie, lorsque bientôt, aux côtés de l'Empereur, elle se rendrait à la vieille cathédrale pour faire bénir son union.

Le mariage civil fut célébré aux Tuileries, dans la salle des Maréchaux, le 29 janvier à huit heures du soir (1). Le lendemain 30 janvier, au premier coup de canon de midi, le cortège impérial quittait les Tuileries pour se rendre à Notre-Dame; l'armée et la garde nationale formaient la haie au milieu des flots pressés de la population parisienne venue pour saluer la Souveraine. Dans ces groupes sympathiques et enthousiastes, on se répétait que l'Impératrice était aussi belle que bonne, qu'elle avait fait réserver, pour élever des jeunes filles, les six cent mille francs de diamants que la ville de Paris lui avait offerts. A mesure que s'avançait le cortège, éclatait respectueux et contenu un long murmure approbateur de la foule immense.

Rien ne fut jamais plus émotionnant que l'arrivée sous le porche de Notre-Dame de ce cortège resplendissant.

Une acclamation unanime retentit lorsque la dernière voiture, qui portait Leurs Majestés, s'arrêta à son tour. Un mouvement d'une curiosité invincible se produisit et fit craindre un instant de voir la place envahie et la haie de soldats rompue.

A sa descente de voiture et avant de prendre le bras de l'Empereur, l'Impératrice, avec cet à-propos char-

---

(1) M. Fould, ministre d'État, faisait fonction d'officier d'état civil.

mant qui ne l'abandonnait jamais, s'arrêta un moment.
Puis, se tournant vers la place, elle fit un salut à cette
foule pour la remercier de son témoignage d'admiration.

Lorsque, Leurs Majestés quittant le porche pour traverser, sous le dais, la cathédrale dans toute sa longueur, la Souveraine apparut radieuse de grâce, de noblesse et de beauté, lorsqu'il fut donné de contempler ses traits charmants, son maintien recueilli, sa taille de déesse, une mystérieuse et poétique émotion électrisa les cœurs.

Oubliant la sainteté du lieu, cette foule d'élite ne put contenir le cri de son enthousiasme !

Si parfois la pauvre mère, dans sa retraite désolée, se reporte à cette heure glorieuse de sa vie, elle ne peut, je le sais, puiser dans ces souvenirs que des réflexions amères !

Mais au spectacle, se renouvelant sans cesse, des grandeurs et des vanités de ce monde, elle a droit de se dire qu'aucune femme, impératrice ou reine, ne remporta jamais de plus éclatant triomphe.

CHAPITRE XXVI

L'Empire est reconnu par toutes les puissances. — Difficultés d'étiquette soulevées par l'empereur de Russie. — Napoléon III ne proteste pas, par esprit de conciliation. — Affaire des Lieux saints. — Le Tsar envoie le prince Mentchikoff à Constantinople porter un ultimatum. — L'armée russe passe le Pruth et envahit la Bessarabie. — Départ des flottes françaises et anglaises pour les eaux de la Grèce. — Conférence de Vienne. — Dernier effort de l'empereur Napoléon pour maintenir la paix. — La guerre est déclarée à la Russie par la France et l'Angleterre. — La Prusse et l'Autriche n'y prennent pas part, mais refusent de s'engager avec la Russie.

L'Empire avait été reconnu par toutes les puissances. Ce n'était toutefois qu'après des pourparlers très délicats que la Russie s'était jointe à l'Autriche et à la Prusse.

L'empereur Nicolas, sans que l'on pût soupçonner jusque-là une arrière-pensée dans ses rapports futurs, avait tout à coup soulevé une question d'étiquette.

Un beau matin, M. de Kisseleff était venu déclarer à M. Drouyn de Lhuys que le Tsar, en face d'une monarchie élective, désirait n'employer dans le protocole avec le souverain de la France que la qualification de : « Mon bon ami », au lieu de celle traditionnelle, en usage avec les représentants des puissances monarchiques, de : « Monsieur mon Frère ».

Napoléon III, justement blessé, avait tout d'abord

manifesté l'intention de protester; mais, sur le conseil de son ministre des affaires étrangères, il se décida, très habilement selon moi, à accepter sans discussion cette étrange dénomination. Il faisait ainsi preuve d'esprit politique en n'attirant pas l'attention de l'Europe sur l'attitude de l'Empereur de Russie, et il s'affranchissait pour l'avenir d'un sentiment de déférence qu'aurait pu motiver un plus sympathique empressement de la part du Tsar.

Quant à l'Angleterre, elle avait très favorablement accueilli l'avènement du Prince. Elle s'était habituée, de longue date, à considérer le prince Louis-Napoléon comme un ami, tant qu'il avait été son hôte, et comme un puissant allié, probable, si jamais il arrivait au pouvoir.

J'ai eu l'occasion plusieurs fois de dire que l'Empereur avait su se créer à Londres, dans tous les mondes, de chaleureuses amitiés.

Lord Palmerston, dans sa correspondance confidentielle avec lord Normanby, ambassadeur en France, a révélé la confiance absolue du premier ministre de la Reine dans les destinées du Président de la République, et son intention bien arrêtée de cultiver son alliance.

Aussi à la Chambre haute, lord Malmesbury, ami particulier du Prince, et M. Disraëli, chancelier de l'Échiquier, à la Chambre des communes, avaient-ils reconnu, non seulement les faits accomplis, mais encore avaient-ils déclaré que le titre de Napoléon troisième était justifié par les précédents historiques.

L'Empire était donc dans toute la floraison de ses commencements. Rien ne faisait prévoir que cette situation pleine de promesses pût être troublée de longtemps.

L'Empereur Nicolas, dont les réticences auraient dû servir d'avertissement, se chargeait bientôt de détruire cette trop confiante sécurité.

Froissé dans son orgueil de voir la question des Lieux saints résolue par la Turquie elle-même en faveur de la France, il ne tardait pas à envoyer à Constantinople le prince Mentchikoff pour signifier ses nouvelles revendications.

L'ambassadeur extraordinaire réclamait avec hauteur le protectorat pour la Russie des dix ou douze millions de Grecs schismatiques répandus dans l'Empire ottoman.

Avant même que la Porte eût examiné les prétentions exorbitantes de cet ultimatum, deux corps d'armée russes passaient le Pruth et prenaient comme gages possession des deux principautés.

Accepter de telles prétentions, c'était pour la Turquie signer sa déchéance.

Pour l'Europe, ne pas réagir contre cette violation des traités, c'était se déclarer vassale de la Russie.

Quant à la France, plus directement engagée que les autres puissances à soutenir son influence dans la Méditerranée, et nouvellement rentrée dans le concert monarchique, son devoir et son intérêt dictaient sa conduite. Mais si, par dignité, elle devait ambitionner de jouer un rôle important, la prudence lui conseillait, avant de prendre l'initiative, de s'assurer des alliances, de n'agir avec elles que d'un commun accord, et de ne tirer l'épée qu'après avoir épuisé tous les moyens de conciliation.

Cependant l'Angleterre, irritée d'avoir été abusée à Saint-Pétersbourg par le comte de Nesselrode, s'était franchement ralliée à la politique de l'Empereur.

C'était sur les instances de lord Clarendon lui-même que les deux cabinets de Londres et de Paris décidaient d'envoyer leurs flottes dans les eaux de la Grèce, prêtes aux premier ordre à soutenir l'Empire ottoman.

De leur côté, l'Autriche et la Prusse réclamaient une conférence à Vienne, à laquelle adhéraient les quatre puissances, sans grand espoir de sauvegarder la paix.

Comme dernier effort, après le désastre de la flotte turque à Sinope, Napoléon III écrivait à l'empereur de Russie pour faire appel à ses sentiments de modération et de respect aux traités.

Mais le Tsar répondait à cette démarche personnelle par une fin de non-recevoir!

L'Autriche et la Prusse, sollicitées par le Tsar, refusaient de signer le traité de neutralité stricte qu'il leur proposait. Toutes deux se bornaient à répondre qu'elles demeuraient fidèles au principe qui les avait unies à l'Angleterre et à la France, c'est-à-dire l'évacuation des principautés et l'intégrité de l'Empire ottoman.

Aussi, le 27 mars 1854, un message de l'empereur

Napoléon et un message de la reine Victoria, lus devant les Parlements des deux nations, annonçaient au monde qu'à la suspension des rapports diplomatiques entre elles et la Russie venait de succéder l'état de guerre.

La guerre! Il y avait, dans cette décision suprême, bien loin de la promesse faite à Bordeaux : « L'Empire, c'est la Paix! »

Mais nous avons vu, par l'esquisse rapide des préludes de cette crise, qu'après une année de négociations, de conférences, de tentatives de conciliation de toutes sortes, la guerre s'était imposée d'elle-même.

L'Angleterre d'abord, l'Autriche et la Prusse ensuite, n'avaient pas un seul instant déserté la cause du droit. Elles s'étaient, au contraire, unies dans la même pensée de faire respecter les traités.

L'empereur Napoléon ne pouvait donc, sans risquer de compromettre l'influence française, demeurer en arrière d'un mouvement d'opinion qu'il n'avait pas créé, mais dont il avait le devoir de suivre la pensée et la marche.

Se retirer de ce concert eût été de la faiblesse, et un amoindrissement pour le nouvel Empire. Dans un conseil qui avait précédé l'envoi de la flotte, M. de Persigny avait démontré, avec une chaleureuse éloquence, l'obligation pour la France de s'associer à la politique des alliés. Il avait vaincu les dernières hésitations de l'Empereur en faisant ressortir les avantages d'une action commune, aussi bien que les périls, pour l'honneur et la dignité du gouvernement de l'Empereur, d'une abstention qui l'eût isolé d'une question européenne !

L'histoire pourra donc, sans altérer la vérité, reconnaître que cette guerre n'a pas été entreprise à la légère et qu'elle a été utile. Quels que soient les sacrifices immenses qu'elle a imposés à la France, en victimes glorieuses et en trésors prodigués, elle a été féconde en résultats politiques.

Pendant plusieurs années, elle a placé l'Empire au premier rang des nations. Elle a fait descendre la Russie de son piédestal de puissance dominatrice, et a fait, sans conteste, de Napoléon III l'arbitre des destinées de l'Europe.

Mais je serai forcé de l'avouer, lorsque l'Empereur compromettra ces bienfaits, ces avantages de la guerre de Crimée, en les sacrifiant à l'indépendance de l'Italie, l'histoire aura le droit de discuter sévèrement cette politique et d'en contester l'opportunité.

Avant de se lancer dans une guerre qui lui aliéna l'Angleterre et l'Allemagne, guerre dont l'exécution généreuse n'avait pas de date obligée, dont le but, faute de préparation diplomatique et militaire, ne fut pas atteint, l'Empereur aurait dû tout faire pour s'assurer l'alliance intime de la Russie.

Aussitôt après le traité de Paris, cette alliance avait été possible. En remerciement de la modération relative dont la France avait fait preuve, une entente était désirée à Saint-Pétersbourg.

En succédant à son père, l'empereur Alexandre, tout

occupé de ses projets de réforme, ne rêvait pas la revanche et n'avait pas gardé rancune à Napoléon III.

Le Tsar avait reconnu, au contraire, que cette grande guerre soutenue vaillamment contre quatre armées avait été glorieuse pour son pays. Il avait hérité des sentiments de sympathie et d'estime réciproques que les soldats s'étaient voués sur les champs de bataille.

Si en échange de ses avances, en plusieurs circonstances, il avait obtenu pendant les événements de Pologne, notamment, une promesse de neutralité, nul doute que l'empereur Alexandre, malgré ses liens de parenté avec la famille royale de Prusse, ne fût resté notre sincère et puissant allié.

Bien qu'il m'en coûte de faire cette réflexion rétrospective, les situations que j'ai occupées, les missions confidentielles que j'ai remplies, m'autorisent à formuler mon opinion sans amertume et à témoigner mon regret sincère de ne l'avoir pas pu faire prévaloir auprès de l'Empereur.

Lorsque, plus tard, j'arriverai à parler de mon ambassade en Russie, j'aurai la douleur de constater alors que la situation s'est modifiée, que l'empereur Alexandre est dominé par ses sentiments de famille, que l'Allemagne est maîtresse à Saint-Pétersbourg, et que le prince Gortchakoff, sous des dehors hypocrites, est devenu notre pire ennemi. Je dirai alors combien, en face des conventions éventuelles faites avec l'Autriche et l'Italie, la neutralité absolue fut difficile à obtenir du gouvernement russe; j'exposerai aussi quel appui décisif le Tsarévitch (1) donna à mes efforts, que combattait violemment, dans l'esprit de l'empereur Alexandre, le ministre de Prusse le prince Reuss.

(1) L'empereur Alexandre III.

CHAPITRE XXVII

L'Empereur fait choix du maréchal de Saint-Arnaud pour commander l'armée française. — Conversation confidentielle que j'ai avec Sa Majesté à ce sujet. — Le maréchal Vaillant remplace le maréchal de Saint-Arnaud à la guerre. — Considérations sur le maréchal de Saint-Arnaud.

L'opinion publique se préoccupait du choix que ferait l'Empereur pour commander l'armée française en Orient.

L'on se rendait compte que, pour marcher de pair avec les personnages considérables qui seraient placés à la tête des armées alliées, et notamment des forces britanniques, il fallait un homme doublé du prestige d'une situation élevée et d'une notoriété militaire incontestable.

La pensée se reportait volontiers vers les généraux distingués que leur disgrâce récente et le bruit fait autour de leur nom rendaient d'autant plus populaires.

Ce n'était pas sans malice que les journaux des partis vaincus enregistraient chaque jour les candidatures de Changarnier, Lamoricière, Cavaignac et Bedeau.

L'Empereur, comme d'habitude, laissait dire avant de prendre un parti jusqu'à ce qu'il eût bien connu le sentiment de l'armée.

Bien que sa résolution définitive ne fût pas douteuse pour moi, je me prêtai d'un air absolument détaché à l'interrogatoire qu'il plut à Sa Majesté de me faire subir.

Je procédai par élimination pour arriver plus sûrement au but que je me proposais d'atteindre.

Tout en reconnaissant les mérites de nos vieux vétérans d'Afrique, tels que Changarnier et Bedeau, je vis de suite que l'Empereur ne voulait en entendre parler à aucun prix. Quant au général Cavaignac, à peine descendu du pouvoir, et dans les conditions d'hostilité que l'on connaît, il ne pouvait en être un moment question. Ce même public qui le désignait au choix du Souverain, l'aurait taxé de faiblesse s'il eût placé à la tête de l'armée un rival de la veille et le représentant presque officiel d'une notable fraction hostile du pays.

Restait le général de Lamoricière.

J'ai déjà dit que je professais pour lui une profonde sympathie et une admiration réelle pour ses talents militaires.

J'ai raconté aussi qu'un moment j'avais réussi, tant j'attachais de prix à le rattacher à la cause de Louis-Napoléon, à lui faire accepter l'ambassade de Saint-Pétersbourg et comment il en était revenu en toute hâte, donnant sa démission, lorsque le Président avait arboré ce que l'on appelait alors une politique personnelle.

Je rappelai ces circonstances à l'Empereur, en exprimant le regret sincère de n'oser lui conseiller d'offrir un commandement suprême à l'homme qui, selon moi, dominait tous les autres concurrents et dont la nomination serait acclamée par le public et l'armée.

J'ajoutai qu'une détermination semblable eût été généreuse et hardie, mais qu'elle dépasserait la limite de l'oubli des injures, et froisserait les nouveaux chefs de l'armée dans leur juste orgueil et leur dévouement.

Lamoricière d'ailleurs, royaliste ultra, ne pardonnait pas à l'Empereur d'avoir rétabli la monarchie à son profit et était le plus agressif et le plus haineux de ses adversaires. Son arrestation l'avait exaspéré, et l'on eût couru le risque d'essuyer un refus, malgré la séduction d'être rappelé d'exil pour commander l'armée.

Je n'insistai donc pas davantage, et je compris, par le silence significatif de Sa Majesté, que son désir était d'arriver à ne discuter plus que l'opportunité du seul choix qui restait indiqué parmi les maréchaux nouvellement nommés.

Je ne contestai pas la valeur et l'importance du maréchal Vaillant, homme de savoir et d'esprit, plutôt ingénieur que général d'action, et qui comptait à son actif sa coopération aux fortifications de Paris et la prise de Rome.

Je fis la part des qualités, de la bravoure connue, du dévouement de vieille date du maréchal Magnan, qui venait de rendre de grands services au moment du coup d'État, mais, fis-je remarquer, à la condition de n'en point supporter la responsabilité...

Je fus élogieux, très juste aussi, dans l'appréciation

que je fis du caractère élevé, de la fermeté inébranlable du maréchal de Castellane.

Je fis ressortir, ainsi que je l'ai écrit dans une autre partie de ces *Souvenirs*, la belle conduite à Rouen de ce vieux gentilhomme, mais je ne pus taire que sa nomination étonnerait tout le monde et soulèverait de sévères critiques.

J'arrivai enfin au tour du maréchal de Saint-Arnaud.

Je refis, sous les couleurs les plus vives, le portrait de celui dont un moment, et bien injustement, nous avions méconnu la loyauté. Je mis en relief les qualités brillantes qui, en dehors de ses mérites réels, le désignaient pour le commandement de l'armée.

« Le maréchal de Saint-Arnaud, disais-je, votre ministre de la guerre, l'homme du coup d'État, est hors de discussion par rapport à ses concurrents.

« En dehors de son prestige militaire, à une grande habitude du monde, à des manières distinguées, à un caractère énergique, à une intelligence vive, il joint l'avantage de parler l'anglais, ce qui lui facilitera singulièrement la tâche vis-à-vis des chefs de l'armée anglaise. »

L'Empereur me répondit : « Tout ce que vous me dites de Saint-Arnaud, je le pense. J'ai pour lui beaucoup d'affection. Je crois même qu'il est supérieur, vu de près, à tout ce que l'on pense de lui. Au ministère de la guerre, il s'est montré grand organisateur, et je lui suis reconnaissant du rôle considérable qu'il vient de jouer le 2 décembre ; mais... » — et Sa Majesté semblait embarrassée de la confidence qu'elle allait me faire — « je vous dirai... que j'ai des rapports sur son compte qui me rendent hésitant. On me le représente comme un joueur, et je crains que cette réputation ne lui nuise et ne lui retire de la considération. »

Je vis de suite que la jalousie avait déjà fait son œuvre, et que l'on avait dépeint le maréchal sous des couleurs mensongères, mais que l'Empereur ne demandait pas mieux que d'être convaincu de la fausseté de ces calomnies.

La réfutation de ces accusations malveillantes était bien facile. Elles étaient absolument fausses, aussi bien que les imputations odieuses et ridicules répandues dans les pamphlets (1).

Depuis de longues années que je connaissais intimement le maréchal, je ne l'avais jamais vu jouer. Si, à propos de l'épithète de joueur, les rapports faisaient allusion à une perte à la Bourse récemment subie à la suite d'un mauvais placement, Sa Majesté ne devait pas y attacher d'importance, puisque c'était moi qui, secrètement, avais porté au maréchal, de la part de l'Empereur, la somme nécessaire pour la payer.

L'Empereur, enchanté de voir son ministre de la guerre lavé d'un reproche immérité, me dit, en me congédiant et en me recommandant le silence sur cet

---

(1) D'odieux pamphlets disaient que Saint-Arnaud avait été comédien, avait assassiné le général Cornemuse, avait volé l'Empereur dans son cabinet, etc.

incident, silence que j'ai gardé jusqu'à ce jour : « C'est lui que je vais nommer général en chef, et le maréchal Vaillant prendra sa place. »

Quelques mois après, la victoire de l'Alma était la réponse triomphante que le maréchal de Saint-Arnaud envoyait à ses détracteurs et la justification glorieuse de la préférence dont il avait été l'objet.

Aucun général, dans les temps modernes, n'a plus grandement fini. Aucun n'a laissé après lui de renom plus chevaleresque et plus poétique que le moribond qui, pendant douze heures à cheval, dirige la bataille, domine la souffrance atroce du mal qui l'étreint et ne cède à la mort qui l'attend qu'après avoir écrit son bulletin de victoire!

La mort de Saint-Arnaud fut une perte immense pour l'Empereur et la France.

Si, au 2 décembre, il avait été le principal instrument du coup d'État, tout faisait prévoir qu'à son retour de Crimée il fût devenu le plus ferme soutien de l'Empire.

Aux vertus maîtresses de l'homme de guerre, à l'audace, au coup d'œil, à la conception du chef d'armée, il joignait les qualités si rares qui constituent l'homme d'État.

L'on se souvient que, dans des circonstances solennelles, au moment de la fameuse discussion à propos des questeurs, il était monté à la tribune et s'était révélé orateur.

Homme de caractère et de décision, calme sous des dehors ardents et prime-sautiers, il eût été, incontestablement, un conseiller précieux et plein de ressources pour les moments difficiles.

En toute occasion il eût entretenu, réchauffé, fait respecter le sentiment militaire.

Lorsqu'un ministre des finances (1) eût voulu imposer à l'Empereur des réductions dans les cadres pour aligner son budget, il aurait protesté fièrement contre cette insulte aux intérêts et à la dignité de l'armée!

Lorsque, après Sadowa (2), des conseillers néfastes eussent voulu persuader au Souverain qu'il n'avait pas quatre-vingt mille hommes à mettre en ligne sur le Rhin, pour revendiquer le prix de notre médiation, il n'eût pas fait comme le maréchal Randon, qui n'osa insister, et en donnant le démenti le plus formel à MM. Rouher et de Lavalette, il eût sauvé la France!

(1) M. Fould.

(2) Napoléon III ayant permis à la Prusse de s'agrandir, devait naturellement, après Sadowa, réclamer de justes compensations. Mais lorsque M. Drouyn de Lhuys, d'accord avec le maréchal Randon, conseille avec instance d'appuyer ces revendications par une démonstration militaire, MM. Rouher et de Lavalette osent affirmer que la France, épuisée par la guerre du Mexique, — c'était faux, les statistiques sont là pour nous convaincre, — n'a pas quatre-vingt mille hommes à faire avancer sur le Rhin. Et le ministre de la guerre ne se révolte pas, ne bondit pas! L'Empereur, hésitant, malade, recule et sacrifie Drouyn de Lhuys à la jalousie des deux autres ministres! Lorsque, désabusé, quelques mois après il voudra faire revivre les paroles échangées (allusion à la mission secrète que j'ai remplie auprès de M. de Bismarck avant la guerre du Holstein en 1863) pour obtenir une satisfaction réclamée par l'opinion publique à la suite de sa médiation, et que, à défaut du Palatinat, il demandera le Luxembourg, M. de Bismarck répondra cruellement qu'il est trop tard. Comme compensation le chancelier offrait à la France la Belgique, dont il n'avait aucun droit de disposer. Il connaissait assez la délicatesse de l'Empereur pour savoir que Napoléon III se refuserait à admettre la possibilité de cette violation du droit des gens. (Note de l'auteur.)

CHAPITRE XXVIII

Mort du maréchal de Saint-Arnaud. — Le général Canrobert le remplace comme général en chef. — Démission du général Canrobert. — Son désaccord avec lord Raglan. — Il est remplacé par le général Pélissier. — Expédition de Kertch. — Son rappel. — Mécontentement de l'Empereur contre le général Pélissier. — Sa Majesté veut lui retirer son commandement pour le donner au général Niel. — Je fais revenir l'Empereur sur sa détermination. — La dépêche est arrêtée par le maréchal Vaillant, grâce à mon initiative.

Avant de s'embarquer, à Balaklava, sur le *Berthollet*, pour y mourir, le maréchal de Saint-Arnaud avait résigné le commandement entre les mains du général Canrobert, son ami et son ancien compagnon d'armes (1).

(1) Voici l'ordre du jour du maréchal aux troupes :

« Soldats,

« La Providence refuse à votre chef la satisfaction de continuer à vous conduire dans la voie glorieuse qui s'ouvre devant vous. Vaincu par une cruelle maladie avec laquelle il a lutté vainement, il envisage avec une profonde douleur, mais il saura remplir l'impérieux devoir que les circonstances lui imposent, celui de résigner le commandement dont une santé à jamais détruite ne lui permet plus de supporter le poids.

« Soldats, vous me plaindrez, car le malheur qui me frappe est immense, irréparable et peut-être sans exemple.

« Je remets le commandement au général de division Canrobert que, dans sa prévoyante sollicitude pour cette armée et pour les grands intérêts qu'elle représente, l'Empereur a investi des pouvoirs nécessaires par une lettre close que j'ai sous les yeux. C'est un adoucissement à ma douleur que d'avoir à déposer en de si dignes mains le drapeau que la France m'avait confié.

« Vous entourerez de vos respects, de votre confiance cet officier

C'était par sympathie qu'il avait choisi son successeur. Il ignorait que celui-ci fût déjà muni d'une lettre de l'Empereur lui donnant le pouvoir nécessaire pour recevoir le commandement suprême.

Le général Canrobert n'avait pour compétiteur sérieux à cette désignation que le général Forey, brave officier d'Afrique, plus ancien divisionnaire, mais qui était loin d'avoir d'aussi brillants services et, aux yeux de l'armée, la même famosité.

Le choix qu'avait fait l'Empereur, et qu'avait ratifié le maréchal de Saint-Arnaud, était heureux sous beaucoup de rapports.

Par la belle réputation qu'il s'était faite en Algérie, par son caractère loyal, par sa bravoure légendaire, par son amour du soldat, Canrobert, au second rang, était adoré de l'armée. Son titre d'aide de camp du Souverain avait aussi contribué à grandir sa situation et à en faire, dans l'opinion générale, l'héritier naturel du général en chef.

Malheureusement, vis-à-vis des alliés, des Anglais surtout, il n'avait pas la même autorité et n'exerçait pas le même ascendant que le maréchal de Saint-Arnaud.

Agréable de sa personne, avec ses longs cheveux et sa petite taille, éloquent à ses heures, doué d'une cha-

---

général, auquel une brillante carrière militaire et l'éclat des services rendus ont valu la notoriété la plus honorable dans le pays et dans l'armée. Il continuera la victoire d'Alma et aura le bonheur, que j'avais rêvé pour moi-même et que je lui envie, de vous conduire à Sébastopol. »

leur de langage imagée et communicative; il inspirait une confiance illimitée aux officiers subalternes et aux soldats.

Mais il lui manquait peut-être l'autorité pour dominer et faire prévaloir ses idées. Toute sa séduction militaire sur un petit théâtre de guerre, comme à Constantine, à Orléansville, à Zaatcha, venait se heurter, sur cette vaste scène, à des difficultés imprévues, en face de rivaux jaloux, comme Bosquet, et d'un chef indépendant et hautain, comme lord Raglan.

Pour faire triompher la volonté de l'Empereur, il avait en moins que le maréchal de Saint-Arnaud le grade d'abord, et cette connaissance des hommes et des choses, cet aplomb, et cette attitude aristocratique qui avaient peut-être, autant que son mérite personnel, aidé son prédécesseur à assurer son influence.

Aussi, au premier choc, ses relations devaient-elles devenir tendues avec le commandant des troupes de la Reine et son prestige diminuer d'autant vis-à-vis de l'armée française.

Les Anglais attachaient une importance capitale à faire l'expédition de Kertch, dont le but était de couper les communications et les approvisionnements des Russes par la mer d'Azof. Après quelques hésitations, plus fâcheuses qu'un acte de volonté, le général Canrobert s'était rangé à l'avis de lord Raglan, malgré les recommandations contraires que lui avait transmises le maréchal Vaillant de la part de l'Empereur.

L'expédition était à peine partie que Sa Majesté

prescrivait par le télégraphe sous-marin au général en chef d'envoyer prendre à Constantinople, par les transports de la flotte, les vingt-cinq mille hommes du corps de réserve, destinés à renforcer l'armée en vue d'opérations ultérieures.

Devant une injonction aussi formelle, le général Canrobert fit connaître à lord Raglan l'ordre qu'il venait de donner aux troupes françaises de rentrer à Kamiesch.

Ce contre-ordre, qui impliquait le retour du contingent anglais, causa une grande irritation chez le feld-maréchal.

Comme la goutte d'eau qui fait déborder le vase, cet incident, désagréable pour les alliés, rendait l'entente désormais impossible.

Des dissidences plus graves, d'ailleurs, s'étaient produites au sujet d'un plan de campagne que l'Empereur avait envoyé au général Canrobert par le commandant Favé. Ce plan avait été soumis à lord Raglan, qui avait décliné sa coopération s'il était mis à exécution.

Devant ce mauvais vouloir qui se traduisait par un refus de concours, à un moment où l'harmonie s'imposait comme une condition *sine quâ non* de réussite, le général Canrobert, fatigué de cette lutte qui ne pouvait que s'aggraver, crut ne pas devoir conserver son commandement.

Le 16 mai, il télégraphiait à l'Empereur la dépêche suivante :

« Ma santé et mon esprit fatigués par une tension constante ne me permettent plus de porter le fardeau d'une immense responsabilité. Mon devoir envers mon Souverain et mon pays me force à vous demander de remettre au général Pélissier (1), chef habile et d'une grande expérience, la lettre de commandement que j'ai pour lui. L'armée que je lui laisse est intacte et aguerrie, ardente et confiante. Je supplie Votre Majesté de m'y laisser une place de combattant à la tête d'une simple division. »

L'Empereur fut ému en recevant cette communication, digne dans sa modestie, du chef de son armée. Il lui fit répondre par le maréchal Vaillant qu'il lui réservait, non pas une division, mais le corps du général Pélissier.

Après le premier moment de tristesse que l'on éprouvera toujours devant une défaillance exprimée noblement, je crois savoir que Sa Majesté ne fut pas autrement affligée d'une démission qu'elle n'aurait jamais provoquée, mais dont elle acceptait les conséquences avec un certain soulagement.

Ce n'était pas sans arrière-pensée qu'au mois de décembre précédent, l'Empereur, à l'instigation de son ministre de la guerre, avait rappelé d'Afrique et envoyé en Crimée le commandant de la province d'Oran.

(1) Lorsque le général Canrobert avait remplacé le maréchal de Saint-Arnaud en vertu d'une lettre de commandement, une lettre semblable avait été expédiée au nom du général Bosquet. Quand le général Pélissier avait été envoyé en Crimée, la lettre précédente avait été annulée et refaite au nom de Pélissier. Celui-ci étant devenu général en chef, le général Bosquet avait de nouveau été désigné pour le remplacer éventuellement. (Camille Rousset, *Histoire de la Guerre de Crimée*, t. II.)

Sa Majesté avait beaucoup d'affection pour le général Canrobert et beaucoup d'estime pour son caractère élevé. Mais le maréchal Vaillant, qui en plusieurs circonstances n'avait pas manqué de faire remarquer les hésitations du général en chef, avait facilement obtenu de l'Empereur, sans s'expliquer davantage l'opportunité de l'envoi en Orient du général Pélissier. La réorganisation de l'armée avait été le prétexte pour remanier les commandements, et dans cette nouvelle distribution, l'ami du ministre de la guerre avait été nommé au 1er corps, et le général Bosquet, à son grand déplaisir, placé au 2e.

Le général Pélissier était donc tout désigné pour succéder au général Canrobert. Ce choix, que consacrait d'ailleurs une lettre de commandement éventuel, indiquait clairement la pensée antérieure du Souverain de profiter de la première occasion pour confier au commandant du 1er corps l'autorité suprême.

Aussi ferme dans ses desseins, aussi rude dans la forme que son prédécesseur était fluctuant et courtois, le général Pélissier devait bientôt, par ses résistances aux plans de l'Empereur, rendre sa situation tellement difficile, qu'une rupture éclatante faillit la dénouer, au grand péril de la France et de l'armée.

Ce n'était plus, cette fois, qu'un simple désaccord avec le commandant de l'armée anglaise, amenant comme naguère la démission du général Canrobert.

C'était bel et bien une dissidence complète entre le général en chef et son souverain. C'était le triomphe du général Niel, officier du génie, devenant à son tour le successeur du général Pélissier.

Il faut ici entrer dans quelques explications sur cet incident si grave.

Vers la fin de février 1855, l'Empereur, déjà peu satisfait de la direction donnée aux travaux du siège, avait formé le projet de se rendre en Crimée.

Il avait à cœur de prendre la responsabilité de cette guerre, qui absorbait toutes ses pensées, et de faire prévaloir ses conceptions stratégiques.

Il s'était fait précéder dès le mois de janvier par le général Niel, un de ses aides de camp, dans les lumières duquel il avait grande confiance depuis la prise de Bomarsund. Le général Niel avait pour mission d'examiner, de contrôler toutes choses, et de développer les plans dont il était le confident et en grande partie l'inspirateur.

Ce départ de l'Empereur, que devait accompagner l'Impératrice, avait soulevé de sérieuses préoccupations, aussi bien en Europe qu'en France.

La Prusse, l'Autriche, à peine remises des bouleversements de 1848, redoutaient quelque recrudescence révolutionnaire pendant l'absence de l'Empereur.

L'Angleterre, surtout, voyait avec un grand déplaisir, voisin de la colère, Napoléon III venant lui ravir son influence à Constantinople et, par le fait seul de sa présence, s'ériger en général en chef des armées alliées, jusqu'ici indépendantes l'une de l'autre.

C'était bien, en effet, le but désirable à atteindre,

que d'assurer, par une volonté supérieure, l'unité de vue et d'action indispensable au succès.

Dans une lettre que l'Empereur avait adressée à lord Palmerston, le 26 février, il disait : « Que sa détermination était, selon lui, le moyen de terminer rapidement une entreprise qui, sans cela, ne pouvait manquer de finir par un désastre pour l'Angleterre, aussi bien que pour la France. »

Sans prétendre mettre son talent militaire au même niveau que ceux de lord Raglan et du général Canrobert, Sa Majesté faisait valoir les inconvénients d'un partage dans le commandement, et continuait sa lettre par l'exposé détaillé de son plan.

Le gouvernement de la Reine n'avait pas méconnu la loyale franchise avec laquelle l'Empereur avait fait part de ses intentions, mais il lui était impossible d'accueillir favorablement une proposition qui soulevait les plus sérieuses objections, et qu'on savait d'ailleurs être désapprouvée par les conseillers les plus haut placés de Napoléon.

Mais comment arriver à le faire renoncer à l'exécution d'un projet qu'il caressait avec tant d'amour ?

La tâche était bien délicate.

L'Empereur, dans son mémoire, protestait de son vif désir de maintenir l'alliance anglaise et de son immuable résolution de ne pas faire revenir son armée tant que la guerre ne serait pas terminée.

Quels arguments faire valoir pour contrecarrer son dessein ?

La Reine eut l'idée, pour ne pas heurter son auguste allié, de lui envoyer lord Clarendon.

Sachant que l'Empereur allait venir au camp de Boulogne dans les premiers jours de mars, le sympathique chef du Foreign Office s'y rendit pour discuter la question dans ses détails et ses conséquences.

Dans les papiers du prince Albert, on a retrouvé le récit de ce qui se passa alors, tel que lord Clarendon l'a raconté, à son retour, à la Reine et à son royal époux.

« Nous avons vu hier dans la journée, 6 mars, lord Clarendon qui était arrivé de bonne heure de Boulogne et qui nous a raconté son entrevue avec l'Empereur.

« A son arrivée, il a vu le colonel Fleury (l'officier le plus *confidentiel* de l'Empereur et dont l'existence est liée à la sienne).

« Fleury était impatient de faire savoir à lord Clarendon (avant qu'il vît l'Empereur) que l'Empereur était tout à fait dans l'erreur en croyant que son départ pour Sébastopol était populaire dans l'armée en général et qu'il serait même bien reçu par les troupes de Crimée. Elles lui étaient attachées comme Empereur, mais elles n'aimaient point à être commandées par d'autres qu'un homme du métier, et elles le regardaient comme un civil. Les plans de l'Empereur auraient beau être excellents, ils n'obtiendraient pas la confiance de l'armée.

« Le colonel Fleury n'avait pas formé cette opinion à la hâte, mais grâce à sa profonde connaissance des sentiments des officiers de tous grades, connaissance acquise par ses rapports quotidiens avec eux; et lord Clarendon vit cette opinion confirmée dans la suite par le langage des aides de camp de l'Empereur mêmes et des officiers qui revenaient du camp, en présence de son secrétaire, M. Ponsonby. »

Puis suivent les longs et minutieux détails de l'entrevue, qui ne donnent que le développement des arguments mis en avant par chacun des interlocuteurs.

Le prince Albert termine ainsi son intéressant compte rendu de la mission de lord Clarendon :

« Le but de la visite de lord Clarendon fut complètement atteint. Ses raisons décidèrent l'Empereur à renoncer, pour le moment, à son projet de départ pour le théâtre de la guerre, et, quoiqu'il n'ait renoncé lui-même à son idée que longtemps après, on sentit que l'abandon du projet était virtuellement assuré. »

En ce qui me concerne, le langage du prince Albert est à peu près exact.

En parlant comme je l'ai fait à lord Clarendon, je n'étais que l'écho, ou plutôt l'interprète de Morny, Drouyn de Lhuys, Persigny et autres. Tous traitaient ce voyage de folie.

Persigny se répandait en philippiques fougueuses :
« L'Empereur n'avait pas le droit d'abandonner la France, qui s'était donnée en lui. Nouveau Charles XII, il courait à sa perte. Sébastopol serait pour lui Pultava... » Et que sais-je encore ?

En résumé, l'on commençait à être très inquiet à

Paris. On avait conscience que la présence de l'Empereur au milieu des troupes ne présenterait aucun avantage, tandis que son éloignement de la France serait plein de dangers pour le gouvernement.

Pour ses alliés, c'était là un point important.

« L'Empereur était l'âme du parti de la guerre en France, et si un malheur lui était arrivé, nous nous serions probablement trouvés dans l'obligation de continuer seuls la guerre dans laquelle nous étions engagés (1). »

Toutefois, pendant la visite que Leurs Majestés avaient faite à la Reine, dans le courant d'avril, un programme d'ensemble avait été discuté, sans beaucoup d'entrain, en conseil des ministres anglais. La Reine, l'Empereur, le prince Albert, le maréchal Vaillant y assistaient.

L'Empereur avait exposé ses vues sur les opérations futures, sans parler davantage de son intention de se rendre en Crimée.

Depuis son retour à Paris, les préparatifs du départ continuaient néanmoins, lorsque, le 28 avril, un attentat contre l'Empereur vint modifier tous les projets.

Un Italien, Pianori, avait tiré deux coups de pistolet sur Sa Majesté, au moment où elle revenait du bois de Boulogne, en plein Champs-Élysées.

L'assassin n'avait pas eu la main bien assurée. Ni l'Empereur, ni l'aide de camp de service, le colonel

---

(1) Journal du prince Albert.

Edgar Ney, ni l'écuyer n'avaient été atteints. Un Corse de la police du château, Alessandri, avait arrêté Pianori avant qu'il pût se servir de nouveau de son arme.

Les ministres et les amis, moi en tête, profitèrent de cet événement pour revenir à la charge et faire enfin renoncer l'Empereur à son aventureuse ambition d'aller commander l'armée à huit cents lieues de la France.

Pendant ce temps, le général Niel était maintenu en Crimée en qualité de chef du génie de l'armée, en remplacement de l'estimable et regretté général Bizot (1).

La situation d'aide de camp de l'Empereur, de semi-diplomatique qu'elle était, devenait plus forte au point de vue militaire, et ses rapports, dont la sévérité avait souvent été atténué par le ministre de la guerre, allaient emprunter une nouvelle force à ses fonctions définies. Déjà très bien disposé pour le général Niel, l'Empereur allait tenir d'autant plus de compte de ses observations et de ses critiques qu'elles émanaient d'un esprit supérieur, d'un officier très estimé dans son arme, et,

(1) Dans ses *Commentaires d'un soldat*, Paul de Molènes a conté en quelques lignes émues la mort de ce chef intrépide du génie. « Sans cesse debout sur les parapets, il bravait impunément la mort depuis plusieurs mois. Un matin, au détour d'une tranchée, il fut atteint par une balle qui lui brisa la mâchoire. » Simple, bon, brave, très aimé dans l'armée, Bizot fut sincèrement regretté, et ses obsèques furent l'objet de manifestations touchantes. « Les sapeurs qui creusaient sa fosse, ceux qui portaient sa bière avaient des larmes dans les yeux. Le général Canrobert, qui avait recueilli ses dernières paroles : « Tout va bien » (Bizot parlait du siège de Sébastopol), vint devant sa tombe lui adresser, au nom de ses compagnons d'armes, l'ultime adieu qui se terminait par ces mots : « Dieu, devait à un pareil homme une récompense; cette récompense, il la lui a donnée par la mort que doit ambitionner chacun de nous. » La veuve du général Bizot fut sous-gouvernante du Prince impérial.

il faut le dire aussi, parce qu'elles étaient en communion complète avec ses propres appréciations.

Dans ces conditions, il était à craindre que l'Empereur ne saisît la première occasion pour retirer le commandement au général Pélissier pour le donner à son aide de camp.

J'étais édifié sur le jugement sévère que portait Sa Majesté sur le caractère insoumis de son général en chef, et je savais en quelle estime et quelle préférence marquée elle avait le commandant du génie. Plusieurs conversations me tenaient depuis quelque temps en éveil sur le danger d'une résolution subite de la part de mon Souverain.

Pour être à même de parer le mal et de m'armer contre un péril que je redoutais à l'égal d'une calamité irréparable, j'avais prié plusieurs de mes amis, entre autres le général Feray, gendre du maréchal Bugeaud, et le baron de Bourgoing, écuyer de l'Empereur, volontairement parti pour la Crimée, de m'écrire régulièrement leurs impressions. Le dernier, porteur d'une lettre de Sa Majesté pour le général Pélissier, avait accès dans l'état-major et était parfaitement à même de me renseigner.

Je savais que le maréchal Vaillant venait tout récemment d'aplanir un très sérieux désaccord entre l'Empereur et le général en chef, à propos de l'expédition de Kertch, reprise quand même pour être agréable aux Anglais. Malgré que ce coup de main eût admirablement réussi, Sa Majesté, qui l'avait prudemment fait abandonner par le général Canrobert, n'admettait pas que le général Pélissier se fût lancé dans cette opération sans avoir préalablement obtenu son acquiescement.

Tout faisait donc présager un orage.

L'important était d'être au courant des événements susceptibles de le faire éclater.

Ne tenant pas compte des ordres impératifs qui lui enjoignaient de ne rien tenter contre la place avant de l'avoir investie, le général Pélissier avait répondu : « Qu'en parfaite communauté d'idées avec lord Raglan, il allait attaquer les ouvrages blancs et le Mamelon-Vert. »

Cette attaque, menée avec la plus grande vigueur, avait parfaitement réussi; mais elle avait occasionné des pertes sensibles. Aussi l'Empereur, ménager de ses félicitations, avait-il attendu les rapports pour complimenter le général Pélissier, tout en lui faisant observer qu'une bataille rangée n'aurait pas coûté plus de monde.

Le général en chef avait été mortifié de cette dépêche et avait répondu dans des termes qui reflétaient une profonde irritation.

Le 18 juin, d'accord avec lord Raglan, il combinait encore l'attaque du Grand-Redan et du système Malakoff; mais, pour satisfaire aux idées de l'Empereur, en même temps qu'il allait donner l'assaut, il donnait un corps de vingt-cinq mille hommes au général Bosquet, avec l'ordre de passer la Tschernaïa pour tenir en échec l'armée de secours.

Cette idée n'était pas heureuse. Si c'était par déférence au désir du Souverain que le général Pélissier semblait se rallier, dans une certaine mesure, aux plans de campagne de l'Empereur, il commettait une grande imprudence en retirant au général Bosquet un poste de combat où, jusqu'ici, il n'avait compté que des succès, pour le donner au général Regnaud de Saint-Jean d'Angély, commandant le noyau de la garde impériale.

« Ce dernier, en effet, avait eu trop peu de temps pour étudier le terrain et se mettre en rapport avec des troupes dont la majeure partie ne le connaissaient pas et qui regrettaient leur ancien chef, le général heureux de l'Alma, d'Inkermann et du Mamelon-Vert (1). »

Le général Pélissier est assez glorieux pour qu'il soit permis d'infliger un léger blâme à sa mémoire. Ce changement dans le commandement, dont l'intention était de complaire à l'Empereur et de mettre en relief le commandant de la garde, cachait un sentiment de jalousie contre le général Bosquet, dont l'opinion de l'armée avait un peu trop exalté les mérites après le succès du 7 juin. Les faits qui furent en grande partie la conséquence de cette combinaison déplorable dans ses effets, ne justifient que trop le jugement que je me permets de consigner ici.

Voici dans quels termes sévères Camille Rousset apprécie cette révolution dans le commandement faite à

---

(1) Camille ROUSSET, *Histoire de la guerre de Crimée.*

la dernière heure. L'éminent historien, ami du maréchal Vaillant, ayant puisé ses appréciations dans les documents les plus intimes, l'on peut leur accorder toute créance :

« Quoi qu'il pût être des vrais sentiments du général en chef, le général Bosquet reçut l'ordre de remettre le 16, à deux heures après midi, le commandement des troupes devant Malakoff au général Regnaud de Saint-Jean d'Angély.

« C'était une grave faute que cette révolution dans le commandement; faite à si peu d'heures de l'action, elle devenait d'autant plus grave. »

Des lenteurs regrettables, aussi bien que des précipitations dans l'exécution des dispositions mal prises, un effort trop grand imposé à des troupes réunies pour la première fois sous un nouveau chef, avaient converti en désastre les espérances que le général en chef avait fondées pour justifier sa désobéissance aux injonctions de l'Empereur.

Le général Pélissier, en effet, après le succès du 7 juin, avait prévenu l'Empereur de son intention ; d'accord avec les Anglais encore cette fois, il allait commencer, à partir du 14, une série d'assauts successifs, et sur différents points, pour préparer l'assaut général.

Sa Majesté avait répondu télégraphiquement à cette communication, et renouvelé sa recommandation au général en chef de faire tous ses efforts pour entrer résolument et simultanément en campagne.

Ce télégramme avait profondément affligé le général en chef, et c'était pour rentrer en grâce, sans pour cela renoncer à ses projets, qu'il avait fait choix de la date du 18 juin, anniversaire de Waterloo, et placé, sous ce prétexte, le chef de la garde impériale à la tête du 1er corps.

On sait comment cette fatale journée était devenue l'anniversaire d'un nouveau désastre.

Par le même courrier qui apportait les détails de cette lutte sanglante et l'état de nos pertes, je recevais aussi des lettres très circonstanciées de mes amis le général Feray et le baron de Bourgoing. Tous deux disaient à peu près dans les mêmes termes : « Les pertes ont été considérables. Une panique momentanée s'est produite, mais le moral est bon, et, loin d'être découragés, les soldats ont confiance dans le général Pélissier et sont tout prêts à prendre leur revanche. Dites bien à l'Empereur qu'il se défie des renseignements que lui envoient les généraux Regnaud de Saint-Jean d'Angély, Niel et Béville.

« Le premier, parce qu'il n'est pas content de lui, se plaindra des ordres mal donnés. Les deux autres saisiront l'occasion pour attaquer le général en chef, parce qu'il ne suit pas leurs avis. Mais il faut que Sa Majesté sache que ce serait une faute immense, si elle songeait un seul instant à retirer son commandement au général Pélissier, pour le donner au général Niel. Le commandant du génie de l'armée est, sans contredit, un ingénieur très distingué, mais il n'exerce aucune influence sur les troupes. S'il devenait général en chef, il n'aurait qu'une situation très amoindrie vis-à-vis des Anglais, avec lesquels il est indispensable de vivre en bonne intelligence. Personne autre que le général Pélissier ne saurait jouer un rôle prépondérant vis-à-vis de nos alliés. »

Vivement impressionné par le contenu de ces lettres, et convaincu que leur lecture serait instructive et d'un bon effet sur l'esprit de l'Empereur, pour corriger les critiques que les rapports qui m'étaient signalés avaient dû apporter la veille, je me rendis de grand matin à Saint-Cloud.

Pendant l'été, pour être plus près de mon service, j'habitais à Garches une maison de campagne qui a été brûlée, saccagée par les Prussiens en 1870.

Pour aller au château, je n'avais que les parcs à traverser.

Quand j'arrivai à cette heure plus matinale que d'ordinaire, le valet de chambre me dit que Sa Majesté venait à peine de se lever et qu'elle était encore à sa toilette. Sur la prière que je lui fis transmettre de bien vouloir me recevoir pour lui faire une communication importante, l'Empereur me fit entrer.

« Sire, lui dis-je, j'ai reçu hier au soir des lettres de Crimée, qui m'ont paru devoir vous intéresser. Elles sont écrites par des hommes qui vous sont dévoués et que n'influence aucun esprit de coterie. Si vous voulez bien me permettre de vous lire ces lettres, j'ai l'espoir qu'elles modifieront les appréciations que d'autres correspondances vous ont sans doute apportées.

— Lisez, me dit l'Empereur. »

Quand j'eus terminé ma lecture, que Sa Majesté avait écoutée avec un intérêt très vif, mêlé d'étonnement :

« C'est bien étrange, en effet, de voir combien les opinions partant d'un même point peuvent être discordantes.

— J'ai là une lettre du général de Béville qui me dit tout le contraire. Je n'ai pas lieu pourtant de douter de son dévouement, ni de sa loyauté.

— Comment, Sire, repartis-je, pouvez-vous comparer l'opinion d'un homme passionné, qui s'est posé en adversaire du général en chef; qui, par confraternité d'armes, exalte les vues du général Niel, avec celles d'amis désintéressés dans la question de personnes ?

— Enfin, répond l'Empereur, ce qui est fait est fait. Cet antagonisme entre Pélissier et moi ne peut pas durer davantage; j'ai décidé hier son remplacement par le général Niel, dont je fais le plus grand cas. La dépêche a dû partir dans la soirée.

— Ah ! Sire, quel malheur ! Je vous en supplie, contremandez cet ordre. Il y va de la grandeur de l'Empire, il y va de la gloire de l'armée ! »

Et je regardais l'Empereur, tâchant de pénétrer sa pensée. Je sentais que mes paroles émues l'avaient convaincu de la faute immense qu'il venait de commettre, et j'attendais anxieusement l'effet de mes prières, de mes objurgations.

« Eh bien, me dit-il, allez voir le maréchal Vaillant et demandez-lui d'arrêter la dépêche, s'il en est temps encore! »

Je descendis à Paris, en toute hâte, et me rendis chez le ministre de la guerre. Je lui racontai l'incident et lui fis part des regrets certains que l'Empereur éprouvait de sa décision de la veille, et je lui fis la question que Sa Majesté m'avait autorisé à lui adresser :

« La dépêche est-elle partie ? Si oui, peut-on la rattraper en chemin ? »

Alors le maréchal, comme soulagé d'un grand poids, avec cet esprit malicieux, me dit :

« Pour laisser à notre cher Empereur le temps de la réflexion, j'ai envoyé la dépêche par la poste jusqu'à Marseille. »

Puis, me tendant la main : « Merci pour tout le monde de ce que vous avez fait. Vous savez, je n'aime pas à résister à l'Empereur. Depuis des mois, je tamponne la situation, mais cette fois je n'ai pas osé insister davantage. Vous nous rendez à tous un grand service, à l'Empereur surtout. Je vais de suite faire revenir mon télégramme et me rendre à Saint-Cloud. »

Tel est le récit vrai, complet de la crise du 3 juillet, à laquelle Camille Rousset a mêlé mon nom, mais sans me donner la part qui me revient.

Il s'exprime ainsi : « L'Empereur voulait substituer le général Niel au général Pélissier. La décision avait même été prise. Elle fut rapportée cependant, grâce aux représentations du maréchal Vaillant et du général Fleury. »

Traduisons cette note : « Grâce à la finesse d'esprit du maréchal et aux représentations pressantes du général Fleury. »

Je sais gré toutefois à l'auteur éminent de la *Guerre de Crimée* d'avoir même incomplètement témoigné de mon action dans cette grave circonstance. Le maréchal Vaillant, dont je me plais à célébrer la finesse d'esprit, n'aura évidemment livré à M. Camille Rousset que la moitié des renseignements. Je n'en veux pas à mon grand coopérateur. Il aurait pu, comme tant d'autres collègues, ne pas même parler de mon intervention.

Mais qu'importe tout cela ?

Dans les rôles à côté que j'ai souvent joués, j'ai été trop habitué à me voir sacrifié à la vanité ministérielle, ou autre, pour récriminer contre cette petite ingratitude.

Quand j'intervenais d'ailleurs dans une affaire pour faire triompher une solution que je croyais juste, c'était pour l'Empereur seul que je travaillais. Jamais ni par écrit, ni par paroles, je ne me vantais des victoires remportées. La preuve en est dans le silence qui a été gardé sur cette détermination inopportune que j'ai fait avorter et qui, sans mon initiative, aurait pu compromettre les résultats de cette grande guerre de Crimée.

Non sans raison, je l'avoue, le général Niel a pu me garder rancune de mon ingérence dans les questions de commandement en Crimée. J'ai cru alors servir les intérêts du pays, suivant au reste l'opinion des hommes compétents qui plaçaient le général Pélissier, comme chef d'armée, au-dessus du général Niel.

Si je conteste au général Niel d'avoir possédé au même degré que Pélissier les qualités qui font le général en chef, je ne veux pas me montrer injuste pour sa mémoire. Ingénieur de premier ordre, il a de plus, pendant son trop court passage au ministère, donné d'éclatants témoignages de sa sagacité administrative. Si l'opposition systématique du Parlement ne lui a pas permis de mener à bien les réformes nécessaires dans l'armée, si la mort l'a frappé en pleine lutte, on ne saurait oublier les efforts courageusement tentés. Néanmoins, je le répète, la notoriété de Niel ne pouvait se comparer à celle de Pélissier.

Il n'avait pas manié de troupes ; il n'était pas doué de cette volonté froide, de ce caractère trempé d'acier qui inspire la confiance, qui communique l'élan. Beau diseur, brave de sa personne, mais officier du génie, il n'était pas en communion intime avec les soldats. Il était à sa place comme second dans un siège, mais il n'eût peut-être pas été le général capable de gagner en rase campagne la fameuse bataille que rêvait l'Empereur, et qu'il reprochait tant au général Pélissier de ne pas vouloir livrer.

Dans Pélissier, comme on l'a dit alors, il y avait du Souwaroff. J'ajouterai qu'il eût été Radetzki, s'il avait assez vécu pour combattre la révolution.

CHAPITRE XXIX

Leurs Majestés vont rendre visite à la reine d'Angleterre. — Épisodes du voyage. — Grand succès de l'Impératrice. — Adieux touchants de la princesse impériale d'Allemagne. — Fêtes à Windsor et à Londres. — L'Empereur est acclamé avec un enthousiasme indescriptible. — Il reçoit l'Ordre de la Jarretière. — Cérémonie solennelle. — Revue à Windsor. — Le prince Albert.

Pendant que les armées de l'Angleterre et de la France cimentaient, en Crimée, l'alliance des deux nations, l'Empereur crut le moment opportun pour aller rendre visite à la Reine. Ce voyage avait une double importance vis-à-vis de l'Europe : il affirmait l'amitié des deux souverains, et il fournissait à Napoléon III l'occasion de discuter lui-même avec les hommes d'État anglais son plan de campagne favori, que le général Niel était chargé, nous l'avons déjà dit, de faire prévaloir, mais auquel lord Raglan refusait de coopérer tant qu'il n'en aurait pas reçu l'ordre formel de son gouvernement.

L'Impératrice, que ne retenaient pas encore les précautions de sa maternité, allait accompagner l'Empereur. C'était pour elle une occasion solennelle de faire son entrée dans les familles souveraines.

Si Mlle de Montijo parvenait à faire la conquête de

cette reine austère, nul doute que sa situation en serait grandement fortifiée. Mais si la comtesse Eugénie avait au front une couronne de noblesse, de charme et de beauté qui la faisait l'égale de toutes les princesses, elle n'avait pas pour elle l'origine royale, et ce n'était pas sans appréhension qu'elle affrontait cette redoutable épreuve.

Ces craintes n'étaient pas fondées. Ce voyage, que justifiaient les circonstances, était très habile ; ainsi qu'on le verra plus tard, il a été le point de départ de l'amitié sincère que la Reine a vouée à l'Impératrice et de l'affectueuse sollicitude dont elle n'a jamais cessé, quand est venue l'heure de l'infortune, de lui prodiguer les plus gracieux témoignages.

Cette visite, bien digne de fixer l'attention, se fit avec un certain apparat.

Avant de quitter les Tuileries, le 16 avril 1855, l'Empereur reçut le Corps législatif pour recevoir ses adieux, et lui adressa à peu près les paroles suivantes :

« Messieurs les députés,

« J'ai voulu, avant de partir, vous remercier du concours que vous m'avez prêté pendant la session. Mon absence sera courte. Je pense que je serai votre interprète en assurant le gouvernement de la Reine que vous appréciez tous les avantages de l'alliance avec l'Angleterre. (Oui, oui!) Nous voulons tous la paix, mais à des conditions honorables. Si nous devons continuer la guerre, je compterai sur votre loyal appui. »

Le peuple, qui a le sentiment des événements qui correspondent à la fibre patriotique, s'était porté en foule à la gare du Nord pour saluer Leurs Majestés de ses sympathiques acclamations.

La suite de l'Empereur se composait du maréchal Vaillant, grand maréchal du palais et ministre de la guerre; du duc de Bassano, grand chambellan; du général comte de Montebello; du comte Edgar Ney et du colonel Fleury, aides de camp, et du marquis de Toulongeon, officier d'ordonnance.

Celle de l'Impératrice, de : la princesse d'Essling, grande maîtresse; la comtesse de Montebello et la baronne de Malaret, dames du palais; du comte Charles de Tascher de la Pagerie, premier chambellan.

En ma qualité de premier écuyer, j'avais, comme d'habitude, la direction du voyage.

Deux avisos à vapeur, le *Pélican* et le *Pétrel*, avaient été désignés pour le transport de Leurs Majestés et de leur suite.

L'escorte se composait de deux vaisseaux : l'*Austerlitz* et le *d'Assas;* du *Cocqt*, du *Corse* et de la *Bayonnaise*.

Cette escadrille, suffisamment imposante, était sous les ordres du contre-amiral comte de Chabannes. Une foule de yachts de plaisance, pavillons déployés, l'accompagnaient au loin.

Un temps superbe éclairait cette scène, inauguration des splendeurs impériales.

Dans l'intention, peu réfléchie, de ne point gêner

Leurs Majestés et de nous donner, à nous, plus d'aise à bord, j'avais eu la malencontreuse idée de diviser le cortège au moment de l'embarquement à Calais. Montebello, Edgar Ney, Toulongeon et moi, nous avions pris place sur le second bateau, le *Pétrel*, qui devait marcher de concert avec le *Pélican*.

Le voyage s'accomplit sans encombre, par une mer assez calme, jusqu'en vue de la terre, à quelques milles de Douvres. Mais, à ce moment, un brouillard épais venait s'abattre sur nous, comme un crêpe noir.

Les bâtiments se trouvaient tout à coup séparés. L'on avait beau tirer des fusées, l'on s'entendait à peine, sans se voir, et la marche se trouvait complètement bouleversée.

Nous ne naviguions plus dans les mêmes eaux. Pour comble de désappointement, un des deux vaisseaux avait sans doute une avarie, car l'on entendait des salves de grosses pièces qui signalaient sa détresse. C'était l'*Austerlitz*, nous l'apprenions bientôt, qui venait de s'engraver le long des dunes.

Inutile de dire que nous arrivions avec une grande demi-heure de retard. Quand nous débarquions, Leurs Majestés étaient parties. Nous nous jetions dans un train préparé, qui nous conduisait à Londres, où nous devions, changeant de gare, prendre le chemin de Windsor.

Au moment où nous montions dans la daumont qui nous avait attendus à Charing-Cross, pour nous transporter à Paddington station, je me sentis saisir par le bras par un homme à bonne figure, qui me dit d'un ton suppliant :

« Je vous en prie, colonel, laissez-moi monter avec les valets de pied derrière cette voiture, sinon je ne pourrai jamais rejoindre et j'arriverai beaucoup trop tard pour la toilette de l'Impératrice. Ah! colonel, c'est désolant! si j'arrive en même temps que vous, j'aurai du moins pour excuse d'avoir fait le possible. »

Cet excellent homme, qui me rappelait le désespoir de Vatel, était Félix, le célèbre Félix, le coiffeur de Sa Majesté, qui avait fait route avec nous sur le second bateau. Bien que je l'eusse parfaitement vu pendant la traversée, je ne le remis pas tout d'abord, tant il était bouleversé par les émotions de sa responsabilité, auxquelles, à voir son teint verdâtre, la mer n'était pas étrangère. Il va sans dire que je souscrivis au désir de Félix, et que, pour un peu, dans sa reconnaissance, il m'aurait baisé les mains.

Quand nous arrivâmes à Windsor, bien longtemps après le cortège impérial, je me précipitai chez l'Impératrice pour lui expliquer les péripéties de notre voyage et surtout excuser son malheureux coiffeur. Je trouvai Sa Majesté très calme : « J'espère qu'il ne se tuera pas de désespoir; mes femmes l'ont à peu près remplacé. »

N'en déplaise à l'amour-propre de Félix, s'il vit encore, ou n'en déplaise à sa mémoire, s'il est mort, l'Impératrice, belle comme le jour alors, séduisante, gracieuse, n'avait rien perdu à se passer du grand artiste. De ce soir même commença son immense succès.

La Reine et les jeunes princesses comblèrent la nouvelle Souveraine d'amabilités et de prévenances. Dans les arrangements des appartements, dans toutes les magnificences qui y avaient été réunies pour la circonstance, se lisait le désir de plaire à l'Impératrice et de lui témoigner la plus affectueuse sympathie.

Entre autres détails, le mobilier de sa chambre à coucher avait été entièrement renouvelé. Les plus belles toiles des musées ou des palais de la couronne y avaient été rassemblées.

L'Empereur, lui aussi, était l'objet des attentions les plus délicates. La galerie dite de Waterloo, où se trouvent les portraits d'Alexandre Ier et de Pie VII et de tous les souverains ou hommes d'État qui ont concouru aux grands événements de 1815, perdit son appellation attristante et prit, à partir de ce jour, le nom de la galerie des Tableaux.

Le lendemain de l'arrivée eut lieu un grand dîner de cent couverts, auquel avait été conviée l'élite de la société et du gouvernement.

Rien de plus splendide que l'aspect de cette table couverte de vaisselle d'or datant de plusieurs siècles! Rien de plus pittoresque que la promenade autour des convives du « piper » de la Reine, revêtu de son costume national, jouant de sa cornemuse, dont les sons mélancoliques vous transportent en idée dans les montagnes d'Écosse!

Dans la journée, la Reine avait offert à ses hôtes une revue, sous le commandement du général lord Cardigan. C'était la première fois que le héros de Balaklava reparaissait, monté sur son cheval alezan devenu légendaire, à la tête des troupes, depuis son retour de Crimée.

Un hourra sympathique fut poussé par la foule lorsque l'Empereur s'avança au-devant du général pour lui serrer la main. Lord Cardigan avait été un des compagnons et des amis du prince Louis-Napoléon. Tous deux se retrouvaient dans des circonstances émouvantes. Le prince était devenu l'Empereur, et lui, le lord chevaleresque, venait d'ajouter à son nom une légende glorieuse. Tout le monde connaît l'énergique parole du général, lorsque, après avoir reçu l'ordre impérieux de lord Lucan, son chef, de charger dans des conditions qu'il savait désastreuses, il n'hésita pas cependant. Au moment de prendre son élan, se dressant sur ses étriers, il se tourna vers ses soldats : « Allons, s'écria-t-il, suivez-moi, et en avant le dernier des Cardigan! »

Cette revue fut admirable. Le temps était radieux. En avant de soi, un champ de manœuvres immense, encadré par des arbres séculaires, et à droite en arrière, comme décor magnifique, le colossal et gothique château de Windsor.

Accompagnant l'Empereur, le prince Albert et le duc de Cambridge, tous trois suivis d'un brillant état-major.

Dans six daumonts venant après, les deux souveraines et leurs maisons.

Ce qui frappe tout d'abord, dans les réunions de

troupes en Angleterre, relativement peu nombreuses, c'est l'ordre parfait, l'attitude, la discipline inhérentes à leur caractère. Le respect de l'autorité, si peu connu chez nous, est tel, qu'il suffit de quelques policemen ou de quelques cavaliers pour maintenir la foule.

L'on ne saurait vraiment dire quelle est l'arme la mieux représentée. Infanterie, cavalerie, artillerie rivalisent de calme et de précision dans les mouvements et les défilés. Les Écossais, aux formes athlétiques, aux jambes nues, avec leur coiffure surmontée de plumes, forment une diversion avec l'aspect sérieux, un peu trop automatique, du reste de l'armée. Par leur désinvolture, leur marche hardie, ils rappellent nos zouaves. Leur musique, aux tons aigus, les cornemuses, la petite ménagerie de gros chiens et de moutons énormes, semblables à des ballots de laine, qui les précèdent, ne manquent jamais de soulever les bravos frénétiques des spectateurs. Les Écossais, c'est — comme on dit vulgairement aujourd'hui — le clou d'une revue anglaise.

Les Horse Guards, Life Guards et Blue Guards, avec leur splendide uniforme rouge ou bleu, leur casque argenté à la crinière blanche, leur harnachement luxueux, leurs chevaux noirs admirablement dressés et en main, constituent la plus belle troupe de parade qui soit en Europe. Mais l'artillerie, au point de vue militaire, m'a toujours paru supérieure par son uniforme élégant et pratique, par la perfection de ses attelages, composés en chevaux alezans ou bais, près du sang, harnachés en cuir jaune; cette troupe, elle aussi, est sans rivale dans les armées du continent.

L'artillerie de la garde impériale — dont j'ai, de concert avec le colonel Soleil, composé l'uniforme, calqué, moins les couleurs, sur l'uniforme des guides — pouvait seule en donner une idée. Je n'en dirai pas autant de nos attelages, bien inférieurs à ceux des Anglais.

Le lendemain de cette revue, la Reine remit à l'Empereur la décoration de la Jarretière.

Cette cérémonie imposante est fidèlement racontée dans le *Moniteur*. Je lui emprunte quelques détails (1) :

« Trois salles avaient été préparées : la salle de musique, la salle de réception et la salle dite de la Jarretière, dont le milieu était occupé par une grande table recouverte de velours violet.

« A l'extrémité s'élevait, sous un dais du plus riche aspect, un trône velours et ivoire. Dans la chambre de musique étaient placés des gardes de la « Yeomanry », sorte de milice d'honneur créée par Henri VIII pour le service du château, et dont le costume, depuis cette époque, n'a pas subi le moindre changement. Dans la chambre de réception et à l'entrée de la salle de la Jarretière, le service était fait par les gentilshommes d'armes, tous officiers, la plupart de bonne famille et dont les fonctions sont à peu près celles de nos anciens

(1) *Moniteur universel* du 22 avril 1855.

gardes du corps. La cérémonie était annoncée pour trois heures.

« Les chevaliers de l'Ordre qui devaient y assister étaient réunis dans la chambre de musique. Leur nombre est fixé à vingt-cinq. Dix-neuf étaient présents.

« Rien de plus curieux que le costume de la Jarretière. Un grand manteau de velours bleu, à queue traînante, relevé d'un collet en soie rouge, autour duquel descend le collier ordinal, donne un aspect majestueux aux nobles chevaliers, qui appartiennent aux plus grandes familles du Royaume-Uni.

« A trois heures un quart, l'évêque d'Oxford, chancelier de l'Ordre, a fait l'appel nominal.

« Après s'être rangés sur une seule ligne, les chevaliers se sont mis en marche processionnellement et ont pris place dans la salle de la Jarretière, autour de la table violette.

« A trois heures et demie, on a annoncé l'Empereur.

« Sa Majesté est entrée dans la salle de musique, précédée de deux hérauts de l'Ordre revêtus du manteau rouge. L'Empereur était accompagné du prince Albert, à sa droite, et du duc de Cambridge, à sa gauche. La reine Victoria et l'Impératrice venaient immédiatement après, suivies des deux maisons impériale et royale.

« Leurs Majestés ayant pris place dans les fauteuils qui avaient été préparés, l'évêque d'Oxford s'est levé et, après avoir pris l'agrément de la Reine, a lu les statuts de l'Ordre et proclamé l'élection.

« L'Empereur, s'étant approché de la Reine, en a reçu

deux fois l'accolade : on a beaucoup remarqué, parmi les assistants, qu'au lieu d'une simple poignée de main que la Souveraine donne habituellement au chevalier nouvellement élu, elle avait embrassé deux fois l'Empereur.

« L'Empereur a fait alors deux fois le tour de la table. Les chevaliers étaient debout. Sa Majesté a pris la main de chacun d'eux. La cérémonie était terminée. L'Empereur a été reconduit dans ses appartements par le marquis de Breadalbane, premier lord chambellan.

« Le soir, les chevaliers et les maisons impériale et royale assistaient au banquet dont rien n'égale la magnificence. L'Empereur était assis entre la reine Victoria et la duchesse de Kent ; l'Impératrice, entre le prince Albert et le prince de Leiningen. Au dessert, le prince Albert a porté la santé de LL. MM. II. l'empereur et l'impératrice des Français. »

Après les solennités de Windsor, la cour vint s'installer à Londres. Pendant les quelques jours qui suivirent, les fêtes se succédèrent : concert, bal à Buckingham Palace, grand banquet offert par le lord-maire et enfin spectacle de gala au Théâtre Royal de Covent-Garden.

Comme dans les plus grandes fêtes, toutes les boutiques de Londres étaient fermées pendant qu'avait lieu le banquet de Guild Hall. Au moment où Leurs Majestés entrèrent dans la Cité, la foule, ivre de joie et d'enthousiasme, voulait à toute force dételer les chevaux de la voiture.

La cérémonie et la soirée de l'Opéra ont été racontées dans les journaux anglais de l'époque. Je traduis quelques pages de la narration faite par l'un d'eux :

« Jeudi 22 avril 1855.

« La Cité avait fait de grands préparatifs pour recevoir Leurs Majestés. Une longue tente, ornée de drapeaux tricolores et garnie de gradins, où avait pris place une foule privilégiée, conduisait à la grande salle de Guild Hall, où devait être présentée l'adresse des corporations.

« Deux trônes en velours écarlate étaient destinés à Leurs Majestés. Sous un dais blanc et or, des faisceaux d'armes, des trophées, des drapeaux où figuraient les chiffres impériaux, ornaient les murs de cette immense salle. En face du trône, un nombre considérable de curieux étaient assis sur les gradins.

« Quand l'Empereur et l'Impératrice ont eu pris place, le lord-maire, entouré de toute la lieutenance des « Aldermen » et de la Cour du « Common Council », s'est avancé devant Leurs Majestés, et le secrétaire a lu l'adresse de la corporation de la cité de Londres.

« L'Empereur y a fait, en anglais, une réponse qui a été accueillie par d'immenses acclamations longtemps prolongées.

« Lorsque les applaudissements ont été calmés, le lord-maire a présenté à Leurs Majestés les magistrats de la Cité. Le costume de ces honorables citoyens est vraiment fort curieux. Les « Aldermen » portent un grand manteau de drap écarlate, avec des fourrures brunes. Le « Common Council » se distingue des « Aldermen » par la couleur de son manteau, qui est bleu.

« Tous tenaient à la main une sorte de baguette dorée, longue et mince, terminée par un aigle dont les serres laissaient échapper deux banderoles dorées où étaient inscrits en toutes lettres les noms de Napoléon et d'Eugénie.

« Après la présentation, l'Empereur et l'Impératrice, précédés de la lieutenance du lord-maire et suivis de de toute leur maison, de l'ambassade française et d'une grande partie du corps diplomatique, ont été introduits dans la salle du banquet.

« A quatre heures, l'Empereur et l'Impératrice ont traversé la salle des Aldermen, décorée pour la solennité d'ornements spéciaux et de tableaux appartenant à l'histoire de l'Empire, et sont remontés dans leur voiture, acclamés par une foule immense, composée surtout d'ouvriers.

« A partir de Temple Bar, dans le Strand, la foule se composait principalement de la classe commerçante, des employés des administrations publiques et particulières. Dans Piccadilly et à Hyde-Park, en face de la statue de Wellington, on ne voyait plus de piétons; mais, sur quatre ou cinq rangs, se tenaient immobiles les riches voitures armoriées de l'aristocratie anglaise.

« Là aussi Leurs Majestés ont été saluées par des vivats énergiques. L'enthousiasme était aussi universel que spontané. La nation tout entière: peuple, bourgeoisie, noblesse, a prodigué à l'envie les témoignages les plus éclatants de sa vive sympathie. . . . . . .

« A neuf heures, les augustes hôtes de l'Angleterre sont partis pour l'Opéra... La ville était illuminée comme en plein soleil. Les illuminations, faites au gaz, présentaient d'ingénieux emblèmes. Ici l'Ordre de la Jarretière, là des chiffres impériaux et royaux.

« La loge de la Reine, placée au centre même de la salle, occupait l'espace de cinq ou six loges ordinaires. Elle avait été tendue en satin blanc, avec des bouquets de fleurs. Un dais gigantesque, en soie rose voilée de dentelles, s'élevait au-dessus de la loge et se terminait par une couronne royale velours et or, de chaque côté de laquelle flottaient de riches drapeaux en brocart d'or.

« La salle entière avait reçu une décoration analogue. De longues bandes de satin blanc relevées de guirlandes d'or et de fleurs couraient tout autour de la salle, entre les différents étages des loges, et étaient ornées des initiales impériales et royales.

« Mais la plus grande parure de l'Opéra était certainement la composition même des spectateurs. Dans les loges, depuis le premier rang jusqu'à l'amphithéâtre, à l'orchestre, au parterre même, on n'apercevait que des femmes en grande toilette de bal et des hommes en uniforme ou en costume de cour. Le coup d'œil de la salle était magique. ». . . . .

Le succès de l'Impératrice dans ces différentes solennités fut affirmé et consacré par l'admiration enthousiaste qu'elle inspira.

Quant à l'Empereur, sans être trop flatteur, l'on aurait pu faire ce compliment qu'il semblait le roi de France et d'Angleterre présentant sa nouvelle épousée à ses peuples.

Enfin, il fallut s'arracher à ces ovations qui, loin d'être banales, avaient mis Napoléon III et l'Impératrice en lumière, dissipé toutes les préventions et jeté les bases de cette amitié royale qui, malgré les vicissitudes des temps, ne s'est jamais démentie. L'écho de leur triomphe de l'autre côté de la Manche avait eu en France un retentissement considérable.

Au moment de quitter Buckingham Palace, le matin du départ, une petite scène d'attendrissement montra, plus éloquemment que toutes les paroles, le chemin que l'Impératrice avait fait dans le cœur de la famille royale.

Ce fut les yeux mouillés de larmes que la Reine fit ses adieux à ses augustes hôtes, et ce fut avec des sanglots que la princesse Victoria (1), aujourd'hui la princesse impériale d'Allemagne (2), se jeta dans les bras de l'impératrice Eugénie. Quant au prince Albert, il avait, lui aussi, subi le charme de l'Empereur et s'était pris pour lui d'une apparente sympathie.

Dans un écrit que le Prince consort a publié à la suite de son voyage en France, il a fait de Napoléon III un portrait qui témoigne de son estime pour le jugement et l'esprit supérieurs de l'Empereur. Cette éloquente

---

(1) L'impératrice Victoria, douairière.
(2) Écrit en 1882.

appréciation des hautes qualités du souverain de la France par un prince étranger aussi éminemment distingué et dont la mémoire est restée grande dans le monde, est une consolation des injustices et des calomnies dont l'Empereur a été abreuvé dans son propre pays.

CHAPITRE XXX

Le général Canrobert est rappelé en France. — Ordre du jour du général Pélissier. — Son arrivée à Paris est officiellement annoncée au *Moniteur* du 18 août 1855. — Il est l'objet des attentions de la reine d'Angleterre pendant son séjour en France. — Il est envoyé en ambassade extraordinaire en Suède le 25 novembre. — L'Empereur le fait sénateur et le désigne pour marcher en tête d'une division revenue de Crimée. — Son triomphe sur les boulevards. — Le général Bosquet, guéri de ses blessures, rentre à Paris. — L'Empereur hésite à nommer Canrobert et Bosquet maréchaux de France. — J'interviens d'une manière pressante. — Je décide l'Empereur.

Nous avons vu précédemment qu'après s'être démis de son commandement, le général Canrobert, bien que l'Empereur l'eût désigné pour recueillir la succession du général Pélissier au Ier corps d'armée, n'avait voulu d'abord prendre que le commandement de son ancienne division. Ainsi qu'en témoigne le superbe ordre du jour du commandant en chef, il n'avait accepté qu'une chose, se remettre à la tête de sa vieille division. Ce n'est qu'à regret que le général Pélissier avait déféré aux instances et aux inflexibles désirs de « celui qui était naguère son chef et sera toujours son ami ».

Après avoir glorifié en ces termes l'abnégation du soldat sublime, le général Pélissier s'exprimait ainsi dans son ordre général :

« Soldats,

« Notre ancien général en chef vous a fait connaître la volonté de l'Empereur qui, sur sa demande, m'a placé à la tête de l'armée d'Orient.

« En recevant de l'Empereur le commandement de cette armée exercé si longtemps par de si nobles mains, je suis certain d'être l'interprète de tous en proclamant que le général Canrobert emporte tous nos regrets et toute notre reconnaissance. Aucun de vous, soldats, ne saurait oublier ce que nous devons à son grand cœur.

« Aux brillants souvenirs d'Alma et d'Inkermann, il a ajouté le mérite, le plus grand encore peut-être, d'avoir conservé à notre Souverain et à notre pays, dans une formidable campagne d'hiver, une des plus belles armées qu'ait eues la France. C'est à lui que vous devez d'être en mesure d'engager à fond la lutte et de triompher, et si, comme j'en suis certain, le succès couronne nos efforts, vous saurez mêler son nom à vos cris de victoire. »

Toutefois, informé de divers côtés que le général Canrobert, depuis deux mois qu'il avait abdiqué le commandement, n'avait cessé de se prodiguer comme un simple lieutenant et que sa santé, éprouvée par tant de fatigues et d'émotions, était sensiblement altérée, Sa Majesté le fit inviter par le général en chef à rentrer en France.

Le général Canrobert, qui avait toujours protesté contre les demandes de rapatriement, pour raison de santé notamment, lorsqu'il s'était agi du prince Napoléon, ne voulut pas d'abord se rendre au désir de l'Empereur. Pour vaincre ses scrupules, le général Pélissier conseilla à l'Empereur de rappeler son aide de camp pour reprendre son service auprès de sa personne.

Pour écarter toute idée de défaveur et lui donner au contraire un témoignage éclatant de son estime et de sa sympathie, c'est par sa nomination de sénateur et la note suivante insérée au *Moniteur officiel* que l'Empereur salua son retour.

« 18 août 1855.

« Le général Canrobert est arrivé hier à Paris. Il a fallu les ordres formels de l'Empereur pour le déterminer à se séparer de ses compagnons d'armes et à prendre un repos que les fatigues de la guerre lui rendaient nécessaire.

« Pleine des souvenirs de l'Alma et d'Inkermann, l'armée d'Orient, qui a pu apprécier pendant les rudes épreuves du siège la constance inébranlable du général Canrobert, sa bienveillance et son dévouement pour le soldat, lui a donné à son départ les plus vifs témoignages de regret et d'affection. A Constantinople, à Marseille, à Paris depuis son arrivée, le général a retrouvé partout l'impression des mêmes sentiments.

« L'Empereur a fait au général Canrobert l'accueil que méritaient ses rares qualités et ses grands services. »

Le retour du général Canrobert coïncida avec le grand événement du jour, l'arrivée de la reine d'Angleterre à Paris. Sa Majesté sut faire un chaleureux accueil à celui qui venait, pendant de longs mois, de combattre à côté de ses troupes et, dans bien des circonstances de leur donner des preuves de sollicitude en leur prêtant son généreux appui. En même temps qu'elle conférait le grand cordon de l'ordre militaire du Bain au prince Napoléon, elle accordait la même faveur au général Canrobert.

De son côté, l'Empereur continuait à témoigner au général les plus vives et les plus flatteuses sympathies.

Pendant le séjour de la Reine, Sa Majesté n'avait négligé aucune occasion de mettre son aide de camp en avant, de se parer pour ainsi dire de sa gloire et de la popularité de l'ancien chef de l'armée d'Orient. Après la prise de Sébastopol, l'Empereur avait naturellement nommé le général Pélissier maréchal de France. C'était de toute justice.

L'on s'attendait un peu à voir le général Canrobert honoré de la même faveur. Comme on le verra dans les pages suivantes, l'heure n'était pas encore venue.

La chute de la forteresse de Crimée n'avait pas mis fin à la guerre, et la situation, bien que très améliorée par cet immense succès, n'en restait pas moins pleine d'incertitudes sur la prolongation de la lutte. Telle éventualité pouvait se produire où la coopération de la Suède et du Danemark deviendrait d'une grande utilité.

L'Empereur résolut d'envoyer un ambassadeur extraordinaire pour sonder les intentions des deux souverains et fit choix du général Canrobert.

A Copenhague, comme à Stockholm, l'illustre envoyé fut reçu avec de grands honneurs, et l'écho de ces ovations faites à l'ancien commandant de l'armée de Crimée retentit douloureusement à Saint-Pétersbourg.

Le peuple et l'armée joignirent leurs acclamations enthousiastes aux attentions royales dont l'ambassadeur fut l'objet, et le général Canrobert, dans la haute situation que l'Empereur venait si délicatement de lui ménager, put goûter ainsi un avant-goût des satisfactions plus glorieuses encore qui l'attendaient en France.

En effet, Sa Majesté, pour affirmer les sentiments d'estime envers son aide de camp, lui déléguait, le 30 décembre, l'honneur de marcher en tête d'une des divisions de ligne revenue récemment de Crimée. Cette division, conjointement avec la garde impériale, devait défiler sur les boulevards, depuis la place de la Bastille jusqu'à la place Vendôme. Assigner ce poste d'honneur à l'ancien chef de l'armée d'Orient, c'était le signaler aux applaudissements de la foule. La généreuse pensée du Souverain fut comprise, et jamais triomphateur romain ne fut plus acclamé.

Les femmes pleuraient, agitaient leurs mouchoirs du haut des fenêtres et envoyaient des baisers. Il y avait dans ces démonstrations chaleureuses l'expression d'un sentiment pour ainsi dire maternel. Les épouses et les mères saluaient dans Canrobert le général bienveillant, ami du soldat, qui par sa bonté, sa prévoyante sollicitude, avait sauvé des milliers d'existences.

Cette fête de la reconnaissance est un des plus attendrissants souvenirs que l'Empire m'ait laissés. A travers tant de fêtes grandioses qui remplissent son histoire, aucune ne fut plus émouvante. Quel plus saisissant spectacle que ce défilé de nos légions aux pieds de la colonne! Quel cadre plus magnifique pour voir défiler des héros ! Quels acclamations, quels bravos, quel délire, lorsque parut le chef populaire à demi caché sous les fleurs dont on le couvrait !

L'homme qui pendant trois heures a été acclamé, béni, aimé, comme l'a été le général Canrobert peut oublier les déceptions, les tristesses et les amertumes du reste de sa vie.

Cette consécration patriotique avait une haute signification. Elle appelait clairement l'aide de camp de l'Empereur à la dignité de maréchal de France.

Sa Majesté ne méconnaissait pas l'importance de cette manifestation de l'opinion, mais elle ne semblait pas décidée à lui donner satisfaction. Dans une conversation où j'avais touché cette corde avec la chaleur de ma conviction, je n'avais rencontré que froideur et refus.

« Je ne puis nommer Canrobert maréchal, disait l'Empereur, puisqu'il s'est démis de son commandement et qu'il n'a pas, à proprement parler, gagné de bataille. »

« S'il s'est démis de son commandement, répondis-je,

c'est dans un sentiment de noble abnégation dont l'armée et le pays lui sont reconnaissants. Il n'a pas failli à la tâche comme général; c'est à la politique qu'il a cédé. C'est parce qu'il n'a pas pu faire triompher vos idées et les faire accepter par les Anglais qu'il a quitté dignement le pouvoir; c'est parce qu'il a cru que le général Pélissier, plus âgé que lui, plus expérimenté, serait mieux en position de lutter contre l'obstination hautaine de lord Raglan, qu'il a ainsi assuré le succès de vos armes.

« Rien que cette conduite ne méritait-elle pas une récompense nationale? Votre Majesté réfléchira, et, d'ailleurs, un nouveau candidat au maréchalat vient de s'inscrire, et de celui-là vous aurez difficilement raison. Or, vous ne pouvez nommer l'un sans l'autre. »

Je racontai alors à Sa Majesté que j'avais déjà vu le général Bosquet, qui venait d'arriver à Paris, et qu'il m'avait très nettement formulé son désir d'obtenir le bâton.

« J'ai de nouveau rendez-vous avec lui ce soir, dis-je à l'Empereur, et je rendrai compte demain à Votre Majesté de ma conférence, qui sera chaude. L'ancien élève de l'École polytechnique, le héros de l'Hôtel de ville de 1830, l'ami de Lamoricière, de Cavaignac, ne s'est pas rallié à l'Empire, croyez-le bien, sans avoir à présenter les conditions de son dévouement et sans réclamer hautement le prix de ses glorieux services. Que l'Empereur se souvienne de Marmont! C'est parce que votre oncle n'a pas su le nommer à temps et le comprendre dans la première promotion de 1804, qu'il est devenu son détracteur et son ennemi. »

Le soir même, j'eus un long entretien avec le général. J'ai dit, en plusieurs occasions, que j'étais en relations de bonne amitié avec lui. Je l'avais connu de tout temps : à Oran et pendant la dure campagne de Mascara, lorsqu'il était simple officier d'ordonnance du général de Lamoricière ; à Orléansville, en 1848, quand il remplaça le général de Saint-Arnaud ; à Constantine, en 1851, pendant l'expédition de Kabylie. Avant de partir pour la Crimée, c'est au « mess » des guides qu'il avait fait son dernier dîner. Il n'y avait donc rien d'extraordinaire à ce que, me sachant honoré de la confiance de l'Empereur, il s'adressât de préférence et directement à moi pour me prier de plaider sa cause.

Ainsi que je m'y attendais, il n'alla pas « par quatre chemins ». Après m'avoir énuméré ses services pendant le siège, parlé du rôle important qu'il avait joué à la bataille de l'Alma, il revendiqua hautement le gain de la bataille d'Inkermann, où il avait, disait-il, sauvé l'armée anglaise. Puis, sans acrimonie, il me fit comprendre que son épée était au service de l'Empereur, bien que ses amis fussent exilés ou déchus, mais qu'en échange de son dévouement il réclamait le titre de maréchal, que l'armée de Crimée lui avait décerné depuis longtemps. Sans sortir de la mesure, son langage était fier et ferme, et je restai convaincu que l'analogie de situation que j'avais signalée à l'Empereur, entre le général Bosquet et le duc de Raguse, était parfaitement exacte, et qu'il était de bonne politique pour Sa Majesté de ne pas faire attendre une récompense qu'elle était fatalement destinée à accorder. Donner à propos, c'est donner deux fois, dit le proverbe; et je me décidai à faire, le lendemain, le siège en règle de l'Empereur pour enlever les deux nominations.

Je dormis vite et peu, car je ne me séparai qu'à deux heures du matin du héros d'Inkermann, et à huit heures je me rendais aux Tuileries.

Il entrait dans mon plan de faire valoir d'abord les titres du général Bosquet, avant de reparler du général Canrobert. Je savais bien que l'Empereur céderait plus facilement en faveur du premier. Une fois cette nomination enlevée, je me réservais de démontrer à Sa Majesté qu'il était habile, aussi bien que nécessaire, de donner pour chefs à l'armée les hommes que la guerre venait de grandir, et, comme l'avait fait Napoléon Ier, de fortifier le trône en l'entourant de jeunes maréchaux.

Après une assez longue discussion, serrée et *assise*, comme il arrivait toujours dans les cas importants, je triomphais enfin des hésitations de l'Empereur, et il était décidé que mes deux amis seraient nommés maréchaux de France. Il est vrai d'ajouter que Sa Majesté, qui avait un faible pour le général Randon, profita de l'occasion pour l'ajouter à la liste et célébrer la petite gloire du vainqueur de la Kabylie en l'associant à la grande renommée des généraux Canrobert et Bosquet. Le 18 mars 1856, peu de temps après cette conversation, paraissait au *Moniteur* le décret annonçant la promotion des trois nouveaux dignitaires.

Si je suis entré dans ces détails, ce n'est pas dans un vain désir de faire valoir mon influence, *à un moment donné*, sur l'esprit de l'Empereur. Dans cette circonstance, comme dans vingt autres, je n'ai fait que mon devoir en éclairant, dans son propre intérêt, la religion de mon Souverain. J'étais alors le confident de l'Empereur pour toutes les questions qui touchaient au personnel de l'armée. Cette confiance s'étendait même, ainsi qu'on le verra dans le cours de ce récit, à des désignations politiques. Il était donc bien naturel que je fisse, en cette occasion grave, les représentations que je croyais d'autant plus justes qu'il s'agissait de la grandeur de l'Empire.

Dans ses *Souvenirs du second Empire*, M. Granier de Cassagnac constate, dans un récit très élogieux, les services que j'ai rendus à l'Empereur et à son gouvernement. C'est dans ces termes qu'il parle notamment de mon intervention chaleureuse pour faire nommer Canrobert et Bosquet :

« Un brillant officier, dont les services rendus à l'Empire ne sauraient ni se mesurer ni se compter, M. le général Fleury, remplit avec un zèle attentif et une réserve pleine de délicatesse le rôle d'avocat de l'armée auprès de l'Empereur.

« Le Souverain, qui appréciait son bon sens pratique, accueillait avec intérêt les observations du général Fleury et y déférait le plus souvent. C'est lui, il faut que cette justice lui soit rendue, qui prit l'initiative de la nomination des deux maréchaux qu'il croyait due à l'admirable armée de Crimée, sans compter le maréchal Pélissier, que la prise de Malakoff avait nommé comme toute seule. La voix des soldats avait désigné les deux autres, qui étaient les généraux Canrobert et Bosquet. »

Reconnaissant de ces éloges, je n'aurais qu'à remercier M. de Cassagnac, s'il n'ajoutait le paragraphe suivant :

« J'eus l'honneur d'avoir aussi ma part, une bien faible part, mais dont je n'ai jamais parlé à personne, dans cette promotion. De même qu'en 1851, au *Constitutionnel*, je faisais intervenir le colonel Fleury auprès de M. Véron pour enlever quelque thèse contestée; de même, sous l'Empire, il arrivait quelquefois à M. le général Fleury de trouver mon accès auprès du Souverain et sa bonté pour moi favorables au succès de telle ou telle mesure qu'il croyait utile à l'État.

« C'est ainsi que, lorsqu'il conseilla la nomination des deux maréchaux, il me demanda de l'appuyer auprès de l'Empereur, d'abord au point de vue de la justice, ensuite au point de vue de l'émulation qu'un acte aussi important exciterait dans l'armée. L'Empereur m'écouta avec la bienveillance qu'il témoignait à tous ses loyaux serviteurs, et il convint de l'éclat que donnerait à son trône la consécration qu'il ferait par de grands titres des personnalités éminentes qui se seraient élevées par leurs services.

« Il réserva, comme c'était son habitude, sa décision

ultérieure, mais quatre ou cinq jours après cette conversation, les généraux Canrobert et Bosquet étaient maréchaux de France. »

La part que l'éminent publiciste, dont si souvent je me suis plu à signaler le mérite et la véracité, s'attribue, à propos de ces nominations militaires, n'est qu'une invention de son esprit, ou plutôt un bon mouvement de son cœur. Il prenait chaudement la défense de toutes les causes qui pouvaient rehausser l'Empire, et, par suite de ses relations suivies avec M. Mocquard, et parfois avec Sa Majesté elle-même, il était en situation de faire prévaloir des avis utiles. Ceci est vrai. Je suis donc certain que, si je l'en eusse prié, il se fût associé à mes efforts à propos de mes amis Canrobert et Bosquet. Mais, pour rendre hommage à la vérité, je suis obligé de me réserver à moi seul le mérite qu'il tient à partager avec moi. Je ne me souviens en aucune façon de l'avoir entretenu de la campagne que j'avais entreprise pour obtenir de l'Empereur la nomination des maréchaux.

D'abord, lorsqu'il s'agissait de questions de personnes, l'Empereur n'aimait pas tout ce qui pouvait ressembler à une entente de la part de ses conseillers.

Pour des nominations militaires, Napoléon III n'eût pas admis, quelque estime, d'ailleurs, qu'il eût pour le talent de M. de Cassagnac, que celui-ci se posât en protecteur et juge d'officiers généraux dont il connaissait mieux que personne la valeur et les services. Pour toutes ces raisons, l'éminent publiciste, s'il a parlé en faveur de l'élévation des deux candidats à la dignité de maréchal, l'a fait de sa propre initiative, et, à coup sûr, je me serais bien gardé de le prier de peser sur la décision de l'Empereur.

CHAPITRE XXXI

Voyage de la reine d'Angleterre et du prince Albert en France (18 août 1855). — Impressions et souvenirs de la Reine extraits de son journal tenu jour par jour. — Le livre de sir Théodore Martin traduit par Mme Craven. — Mon opinion personnelle sur les résultats politiques des entrevues de Windsor et de Saint-Cloud.

Dans le chapitre précédent, qui concernait en grande partie le général Canrobert, je n'ai parlé qu'accidentellement du voyage de la Reine, lorsque j'ai fait allusion à la bienveillance flatteuse qu'elle avait daigné témoigner à l'ancien chef de l'armée de Crimée.

Ce voyage est trop important au point de vue historique pour que je ne consacre pas un chapitre spécial et ne formule pas mon opinion sur les résultats politiques des entrevues royales et impériales de Windsor et de Saint-Cloud. Mais, avant d'entreprendre cette tâche, je veux donner à mes lecteurs quelques passages des impressions de la Reine et du prince Albert extraits de leurs propres écrits.

A propos de la mission de lord Clarendon à Boulogne, j'ai déjà puisé à cette source. Je le ferai plus largement en citant textuellement le résumé des impressions que la Reine a consignées dans son journal, à propos des deux visites réciproques que se firent les deux souverains.

Voici comment s'exprime S. M. la Reine, après que l'Empereur et l'Impératrice avaient pris congé d'elle à Buckingham Palace :

« Après les témoignages de mutuels regrets, on se dit adieu. Ils partirent, la musique jouant *Partant pour la Syrie,* que nous avons entendu *quatorze fois* jeudi; et nous remontâmes vite au salon où nous nous étions séparés pour les revoir encore une fois. L'Empereur et l'Impératrice nous aperçurent à la fenêtre, se retournèrent, se levèrent, nous saluèrent; Albert et Georges étaient dans la voiture avec eux (1). Nous suivîmes de l'œil la brillante escorte jusqu'à perte de vue, puis nous rentrâmes dans nos appartements.

« Ainsi s'est passée cette visite, ce grand événement, comme tout passe dans ce monde! C'est un rêve, un beau rêve, brillant et réussi, dont le souvenir est à jamais fixé dans ma mémoire. Alors cela nous a laissé une impression de joie et de contentement. Tout s'est bien passé : pas le moindre accroc, pas le moindre contre-temps. Beau temps, tout souriant; la nation enthousiasmée et heureuse de l'alliance forte et intime de nos deux grandes nations dont l'inimitié serait fatale. Certes, nous sommes actuellement en guerre; mais c'est une guerre qui ne menace ni nos côtes, ni nos foyers, ni notre prospérité intérieure, ce qui serait tou-

---

(1) Le prince Albert et le duc de Cambridge.

jours le cas si nous étions en guerre avec la France...
Je suis heureuse de connaitre cet *homme extraordinaire*,
qu'il est impossible de ne pas aimer et même d'admirer
considérablement après avoir vécu ne fût-ce que peu
de temps avec lui. Je le crois capable de bonté, d'affection, d'amitié et de reconnaissance. J'ai confiance en
lui pour l'avenir. Je le crois franc dans son amitié pour
nous et j'espère que nous avons gagné sa sincérité et sa
bonne foi pour le reste de nos jours. ...

« Albert est rentré à cinq heures... Il était, comme
moi, enchanté de tout, aimant l'Empereur et l'Impératrice (celle-ci, particulièrement) et leur portant grand
intérêt... »

Le 25 avril, l'Empereur, de son côté, en annonçant
à la Reine sa résolution de renoncer à son départ pour
la Crimée, terminait sa lettre par les éloquentes paroles
qu'on va lire :

« Quoique de retour à Paris, je suis toujours par la
pensée avec Votre Majesté. Je sens que mon premier
devoir est de vous assurer de nouveau combien est profonde l'impression qu'a produite sur moi la réception
si pleine de grâce et d'affectueuse bonté que Votre Majesté m'a faite. Des intérêts politiques nous ont d'abord
mis en rapport, mais, aujourd'hui que je suis personnellement connu de Votre Majesté, c'est par une vive
et respectueuse sympathie que je me sens lié à Votre
Majesté pour toujours. La vérité est qu'il est impossible de vivre quelques jours dans votre intimité sans
céder au charme d'un spectacle qui vous montre la

grandeur et le bonheur réunis dans la plus heureuse des familles. L'exquise considération que vous avez eue pour l'Impératrice m'a aussi été au cœur, car rien ne plaît davantage que de voir celle que l'on aime devenir l'objet d'attentions aussi flatteuses (1). »

Dans la même lettre, l'Empereur s'étend en termes de reconnaissance sur l'amitié franche que lui a témoignée le prince et sur son jugement si profond, dont le contact lui a tant appris.

Quelques jours plus tard, la Reine rédigea, dans un mémorandum, ses conclusions sur son étude du caractère de l'Empereur, dont nous extrayons les passages suivants :

« Une alliance entre la France et l'Angleterre est d'une importance si vitale pour les deux pays que l'avantage qui peut résulter du récent voyage de l'Empereur semble être celui-ci : qu'avec ses idées et son caractère, qui sont très personnels, l'accueil naturel et amical qu'il a reçu dans notre famille fera sur lui une impression durable. Il verra qu'il peut compter sur notre amitié et notre loyauté pour lui et son pays, tant qu'il nous demeurera fidèle. Naturellement franc, il verra l'avantage qu'il y a à agir franchement, et, s'il réfléchit sur la chute de la dernière dynastie, il verra qu'elle est due à son mépris de ses engagements et à sa conduite ambiguë envers ce pays et sa souveraine ; et, si je comprends bien son caractère, certainement il cherchera à éviter les mêmes travers. »

---

(1) Extrait de l'ouvrage de sir Th. Martin, traduit par Mme Craven.

Telles étaient déjà les racines qu'avait fait pousser le premier rapprochement de l'Empereur avec la famille d'Angleterre. On s'était plu de part et d'autre, et l'Impératrice aussi avait laissé l'impression la plus séduisante et la plus affectueuse. Ce voyage avait donc été une réussite et faisait prévoir que la seconde entrevue ne ferait que resserrer les liens d'une amitié déjà très vive.

C'est dans un style d'une simplicité charmante, qui n'exclut pas l'élévation des pensées, que la Reine rend, comme d'habitude, un compte fidèle de ses impressions au moment où elle quitte cette fois l'Empereur qui l'a conduite à Boulogne.

« Saint-Cloud, lundi 27 août.

« Je veux écrire aujourd'hui, ici, dans mon joli boudoir, dans ce charmant Saint-Cloud, au bruit rafraîchissant des fontaines, quelques paroles d'adieu. Je suis profondément reconnaissante de ces huit jours de bonheur et de la joie que m'a causée la vue de tant de beaux sites et d'objets intéressants, et de l'accueil que j'ai reçu à Paris et généralement en France. L'union des deux nations et des deux Souverains — car une grande amitié a surgi entre nous — est de la plus grande importance. Puisse Dieu bénir ces deux pays et protéger la vie de l'Empereur, et puisse cette heureuse union continuer toujours pour le bien du monde! »

La Reine arrive à Boulogne. Elle passe la revue des troupes du camp : « Nous avons parcouru les rangs, une vraie forêt de baïonnettes dont l'effet, avec la mer bleue et calme au fond et le soleil couchant jetant une lumière cramoisie sur le tout, était grandiose... Ils marchent bien, les soldats français, moins serrés que les nôtres, mais ils marchent bien ensemble et leur air et leur tenue sont des plus militaires... »

Sa Majesté termine ainsi son récit du départ et de la visite de son yacht en compagnie de l'Empereur :

« Étranges, en effet, sont les voies de la Providence ! Qui aurait imaginé que cet homme, cet Empereur pour qui nous n'étions certainement pas bien disposés depuis décembre 1851, contre lequel on disait tant de choses, et contre lequel il y avait tant à dire, dont la vie a été si remplie de tant de vicissitudes, serait, par les circonstances, par sa conduite droite et loyale envers ce pays et par sa sagesse et sa modération en général, devenu non seulement l'allié le plus ferme et l'ami de l'Angleterre, mais même notre ami personnel?... Il est si calme, si simple, si naïf même, si heureux qu'on lui apprenne ce qu'il ignore, si doux, avec tant de tact, de dignité et de modestie, si plein de respect et d'aimables égards pour nous... ne disant jamais un mot, ne faisant jamais la plus petite chose qui pût me contrarier ou m'embarrasser ! Je connais peu de gens à qui je me sois sentie plus prête à me confier et à parler sans réserve... Je me sentais, je ne sais comment dire, en sûreté avec lui. Sa société est particulièrement agréable; il y a en lui quelque chose d'attrayant, de mélancolique, de séduisant, qui vous attire, en dépit de toutes les préventions; et cela sans l'aide d'aucun avantage extérieur, quoique sa figure ne me déplaise point. Il n'y a pas à en douter, il a un pouvoir extraordinaire pour s'attacher les gens... Enfin, je regarderai toujours ce voyage en France, non seulement à cause des magnificences que nous y avons vues et qui nous ont fait tant de plaisir, mais aussi à cause du temps que nous avons passé avec l'Empereur, comme un des moments les plus agréables et les plus intéressants de ma vie. L'Impératrice a aussi beauconp de charme, et nous l'aimions tous beaucoup. »

J'ai cru être agréable à mes lecteurs en leur donnant cet extrait reflétant la pensée entière de la Reine. Ces éloges, ces témoignages de sympathie, d'admiration, d'amitié, donnés par une souveraine toute-puissante, ne sont-ils pas le démenti le plus éloquent qui ait jamais été infligé aux diffamateurs de Napoléon III?

Si je ne craignais de sortir de mon cadre et de tomber dans les banalités officielles, je pourrais transcrire les récits complets donnés par les journaux de l'époque sur les magnificences de la réception faite aux augustes visiteurs. Je préfère renvoyer les friands de détails au livre si intéressant de sir Theodore Martin. C'est encore la Reine qui, dans son journal quotidien, fait, dans un style charmant, la description des scènes émouvantes et grandioses qui tour à tour se déroulent devant elle : les grands dîners de Saint-Cloud, le bal à Versailles, dans la galerie des glaces, décorée comme au temps de Louis XV, la splendide revue du Champ de Mars, la visite au tombeau de Napoléon Ier, la promenade au vieux château de Saint-Germain, où Sa Majesté parcourut les appartements occupés jadis par Mlle de La Vallière, et ceux qu'habita Jacques II.

Tous ces récits, comme une photographie fidèle, forment une série de descriptions des plus attachantes. La satisfaction, la reconnaissance pour l'accueil qui lui est fait, débordent à chaque ligne, et l'on sent que la Reine, en laissant publier ce livre, a voulu glorifier un brillant passé. L'on se plairait à la suivre dans cette généreuse pensée, si, en même temps, ces pages n'évoquaient de tristes et douloureux souvenirs. Mais il ne faut pas moins en savoir gré à l'amie des beaux et des mauvais jours.

Le résultat considérable qui se dégage de ces rapports affectueux qui vont jusqu'à l'attendrissement, c'est la certitude que l'Empereur avait profondément impressionné la Reine, gagné, quoique avec plus de peine, les sympathies du prince Albert (1); que l'Impératrice avait conquis sa place de souveraine en Europe, et que la France était assurée d'une alliance. Si des nuages sont venus parfois rembrunir ce beau ciel, par suite d'événements indépendants des deux Souverains,

---

(1) Le prince Albert, ainsi que le constate le Livre de la Reine, n'a jamais cessé en effet de se montrer chaud défenseur de la Confédération germanique. Mais son opinion n'a pas exercé d'influence, malgré la haute estime dans laquelle il était tenu par le gouvernement anglais. De là ses préventions contre l'Empereur, qui ne cachait pas son désir, dès cette époque, de voir réviser par un Congrès les traités de 1815. Le prince est mort d'ailleurs en 1861, avant Sadowa. (Note de l'Auteur.)

toujours on reconnaîtra le désir bien ferme de l'Empereur de dissiper les malentendus. Ce n'est pas dire qu'il abdiquera la ligne de conduite qu'il croit de son devoir de suivre, dans l'intérêt de son pays, mais il s'efforcera en toutes circonstances d'expliquer franchement, loyalement, ses intentions. Il se montrera, en face de difficultés sérieuses pour l'Angleterre, allié fidèle et dévoué.

Lors de la révolte aux Indes, il offrira le passage par la France des contingents anglais pour abréger la route. Lorsque après l'attentat d'Orsini (1), le gouvernement de la Reine ne pourra faire voter par la Chambre une loi exceptionnelle contre les assassins réfugiés, de violentes clameurs s'élèveront en France contre l'alliance anglaise.

Des adresses militaires inconséquentes dans la forme (2) compromettront un moment les relations. Napoléon III demeurera impassible. Il éprouvera un vif regret, sans doute, d'avoir vu échouer le *Conspiracy bill,* mais il attachera une trop grande importance à l'amitié de l'Angleterre pour insister sur une proposition qui, présentée de nouveau, aurait eu le même sort. L'acquittement du docteur Bernard, le complice d'Orsini, le trouvera encore une fois imperturbable, sourd aux excitations de la presse, et aux suggestions de ses ministres, la plupart peu favorables à l'Angleterre, il opposera le sang-froid. A lord Cowley, son ami, revenant de Londres après avoir fait de louables efforts pour atté-

---

(1) 14 janvier 1858.
(2) Adresses des colonels, mai 1858. Voir plus bas, chap. XLII.

nuer les effets de ces graves désaccords, Napoléon III répondra qu'il en éprouve plus de regrets que de dissentiment. « Mon opinion n'a jamais varié, ajoutera-t-il. J'ai toujours désiré une alliance avec l'Angleterre; ma politique continuera à être la même, malgré ce qui est arrivé. Mais je crains fort que si pareils incidents survenaient souvent, les deux peuples ne se refroidissent et que les efforts des deux gouvernements ne puissent empêcher une rupture. »

Après une conversation que j'avais eue avec lui sur ces questions brûlantes, l'Empereur me disait encore :

« Après tout, l'affaire est entre moi et le Parlement. Ce sont mes propres assassins que la Chambre a refusé de poursuivre et de condamner. Je ne veux pas en faire une cause nationale. Je place au-dessus d'un sentiment personnel l'intérêt supérieur des deux couronnes et des deux pays. »

Si l'on se reporte à quelques années en arrière, l'on comprendra que ce n'est qu'après mûre réflexion que l'Empereur s'était décidé à faire alliance avec l'Angleterre. Lorsque, simple prince Louis, exilé, il y recevait une hospitalité sympathique, il avait profité de ses loisirs pour étudier à fond l'organisation de ce grand pays. Il s'était toujours promis, s'il arrivait au pouvoir, de s'appuyer sur ce gouvernement, le plus avancé en progrès et en liberté, pour compenser, pour ainsi dire, les restrictions autoritaires que les circonstances ne manqueraient pas de lui imposer. Il se rendit bien compte que ce n'était pas en Prusse, en Autriche ou en Russie qu'il trouverait des sympathies pour un nouvel ordre de choses démocratique, en désaccord complet avec les aspirations rétrogrades et ultra-monarchiques de ces pays. Pendant son séjour en Angleterre, il avait échangé bien des pensées avec lord Palmerston et s'en était fait un soutien et un chaud partisan.

L'alliance anglaise était souhaitée par l'Empereur comme le *desideratum* des intérêts de la France; très grand admirateur de l'Angleterre, c'est vers ses institutions que Napoléon III voulait conduire le pays dès qu'il serait mûr et assez sage pour lui appliquer les réformes libérales.

N'était-ce pas aussi une satisfaction glorieuse pour la France, isolée, diminuée moralement après la révolution de 1848, de se sentir appréciée par la nation même qui, à une autre époque, avait tant contribué à sa ruine militaire? N'était-ce pas une revanche digne d'un grand peuple et d'un grand souverain que cette réconciliation de deux nations rivales?

Au point de vue industriel et commercial, Napoléon III avait puisé en Angleterre des notions de libéralisme qui, dans des temps réguliers, étaient destinées à doubler la fortune de la France. Si plus tard le libre échange n'a pas donné les résultats que l'on était en droit d'attendre de son application successive, il ne faut pas s'en prendre à l'idée, généreuse et féconde, mais rejeter la responsabilité des déceptions passagères sur le 4 septembre et l'instabilité gouvernementale de la République.

Je crois donc, sans anticiper sur les événements, que l'alliance anglaise a été, somme toute, favorable à la France impériale.

A un gouvernement nouveau présidé par un Napoléon, elle a donné plus de prestige que ne l'eût pu faire tout autre accord avec une puissance absolue. En réclamant notre concours dans la guerre de Crimée, l'Angleterre nous a facilité la moisson de gloire qui, pendant les premières années de l'Empire, nous a fait respecter des monarchies rétrogrades. Si, en 1870, elle nous a abandonnés, c'est que nous n'avions pas su éviter cette guerre fatale qu'elle désapprouvait, et que nous avions agi sans la consulter. Encore faut-il reconnaître que jusqu'au jour de la déclaration funeste du 15 juillet, elle avait fait des efforts pour amener une entente entre les puissances signataires du traité de paix de 1856, stipulant qu'aucune guerre ne pourrait être entreprise sans le consentement des parties contractantes.

Je puis certifier que c'est lord Lyons qui a pris l'initiative de cet appel désespéré. La suggestion du représentant de l'Angleterre, bien accueillie par son gouvernement, avait été présentée à Berlin par lord Loftus. Elle avait surpris d'abord, mais, somme toute, avait été prise en considération. Parallèlement, sir E. Buchanan, mon collègue à Saint-Pétersbourg, faisait la même communication à l'empereur Alexandre, qui l'agréait avec un très vif empressement. Le Tsar m'en donnait lui-même l'assurance et me disait de faire connaître ses sentiments à l'Empereur; mais pendant que les ambassadeurs d'Angleterre et moi faisions cette dernière tentive à Berlin et à Saint-Pétersbourg, l'on perdait la tête en France. Les événements se précipitaient, et le ministère affolé, médusé par une opposition stupide, entraîné même par les plus chauds partisans de l'Empire, se jetait sans plus attendre dans une aventure qui devait nécessairement amener la guerre avec la Prusse. Vingt-quatre heures plus tard la question serait peut-être entrée dans une nouvelle phase. Si la paix ne fût pas sortie des négociations suprêmes de la diplomatie, la situation du moins se serait modifiée. On aurait repris son sang-froid de part et d'autre.

L'Angleterre, auteur du projet d'entente, se serait appliquée à le faire prévaloir; l'Autriche se serait peut-être ravisée. On aurait gagné du temps enfin, et la France, affranchie de ce rôle de provocatrice dont elle a assumé les apparences, aurait peut-être trouvé à l'heure du désastre les sympathies qui lui ont été si impitoyablement refusées. Cet incident si peu connu, dont je reparlerai à son heure, a été bien souvent l'objet de mes tristes réflexions.

CHAPITRE XXXII

Le duc de Cambridge distribue des médailles de Crimée au nom de la reine d'Angleterre. — Grande solennité militaire. — La Russie accepte les préliminaires de la paix. — Conférences à Paris. — Traité de paix.

Le 16 janvier 1856 fut marqué par une grande solennité militaire, qui, sans être aussi émouvante que celle du 30 décembre précédent, lors de la rentrée des troupes de Crimée, a eu cependant un grand retentissement en France et en Angleterre.

La Reine, voulant perpétuer le souvenir de la glorieuse guerre de Crimée et associer dans cette pensée les deux nations alliées, avait chargé le duc de Cambridge, son royal cousin, de venir distribuer la médaille instituée récemment.

L'Empereur ne pouvait qu'être touché de ce témoignage de sympathie offert à ses soldats, et une grande revue sur la place du Carrousel et dans la cour des Tuileries fut organisée à cet effet.

Les troupes de la garde et de la ligne, exclusivement prises parmi celles revenues d'Orient, étaient placées sous le commandement du général Regnaud de Saint-Jean d'Angély. Elles formaient deux superbes divisions :

celle de la garde, sous les ordres du général Mellinet, et celle de la ligne, commandée par le général Forey.

L'Empereur radieux avait à ses côtés le duc de Cambridge et le prince Napoléon.

Dans l'état-major, l'on remarquait une foule d'officiers généraux anglais, et parmi les nôtres, les généraux Canrobert, Bosquet, Niel, Espinasse, héros de la veille, entourés d'une grande popularité.

L'Impératrice, très avancée dans sa grossesse, avait désiré assister à ce spectacle imposant. Placée au balcon de la salle des Maréchaux, elle était entourée des princesses, des ministres et des ambassadeurs.

Lorsque, après avoir passé devant le front des troupes, l'Empereur est venu se placer sous le balcon de la salle des Maréchaux, le duc de Cambridge s'est avancé de quelques pas au-devant des officiers et soldats désignés pour recevoir la médaille. Dans une allocution chaleureuse et dite en français, il s'est félicité de l'honneur qui lui était fait par la Reine d'être chargé de distribuer ces médailles, emblème de fraternité et d'estime entre les deux nations.

En entendant un prince anglais, dans le palais même d'un Napoléon, célébrer la bravoure de l'armée française, la foule était électrisée. L'on était ému, fier, les yeux étaient mouillés, et, instinctivement, l'on remerciait l'Empereur d'avoir su, par son habile politique, convertir en alliance intime l'antagonisme séculaire, si funeste au premier Empire.

C'était par une série de faits grandioses, par des

spectacles flattant l'orgueil et les instincts du pays que Napoléon III allait, pendant de longues années, non seulement occuper, réjouir la France, mais encore fixer l'attention, l'étonnement et bien souvent l'admiration du monde.

Bientôt après cette solennité, une autre grande satisfaction était donnée au gouvernement de l'Empereur. La Russie adhérait aux cinq propositions qui devaient servir de préliminaires à la paix.

Sur l'offre de l'Angleterre, les conférences allaient être tenues à Paris. C'est un ministre français qui allait présider ce nouveau congrès de Vienne, et, par un étrange retour des choses d'ici-bas, c'est au comte Walewski, fils de Napoléon Ier, que revenait cet insigne honneur.

Ici se place un incident tout à la louange de l'Empereur. Au moment de la convocation des représentants des puissances belligérantes, le roi de Prusse se trouva blessé de ne pas être appelé à cette conférence, qui allait décider de la paix de l'Europe. C'est à l'Angleterre, irritée de la conduite du cabinet de Berlin, que la Prusse devait cette exclusion. Frédéric-Guillaume IV, frère de l'empereur Guillaume Ier, écrivit à l'empereur Napoléon, pour lui exprimer son chagrin et le prier d'intervenir auprès de la Grande-Bretagne pour vaincre cette opposition.

Il ajoutait « combien il serait heureux de lui devoir son entrée au congrès, et qu'il la lui demandait comme un service personnel dont il conserverait une ineffaçable reconnaissance ». L'Empereur, touché de ce chevaleresque appel à sa loyauté, pénétré d'ailleurs de la haute convenance d'une participation de la Prusse aux grandes délibérations européennes, insista pour son admission et l'obtint.

Le 30 mars, un décret impérial donnait la promulgation du traité de paix et d'amitié conclu entre la France, l'Autriche, l'Angleterre, la Prusse, la Russie, la Sardaigne et la Turquie.

L'article 8, auquel j'ai fait allusion plus haut, était ainsi conçu :

« Art. 8. — S'il survenait, entre la Sublime Porte et l'une ou plusieurs puissances signataires, un dissentiment qui menaçât le maintien de leurs relations, la Sublime Porte et chacune de ces puissances, avant de recourir à l'emploi de la force, mettront les autres parties contractantes en mesure de prévenir cette extrémité par leur action médiatrice. »

En relisant cet article 8, je dois reconnaître qu'il s'adressait spécialement à un cas de dissentiment survenu entre la Sublime Porte et l'une des puissances contractantes. Mais, comme le disait lord Lyons, l'on y aurait néanmoins trouvé un terrain de discussion. Des négociations se seraient ouvertes, et la France en eût recueilli, lors même qu'elles auraient échoué, cet immense avantage d'avoir remis sa cause entre les mains de l'Europe, et de ne pas assumer l'apparente responsabilité de la guerre.

CHAPITRE XXXIII

Naissance du Prince impérial. — Ondoiement du Prince. — Divers décrets de l'Empereur à cette occasion.

Le *Moniteur* du 16 mars 1856 donnait laconiquement la grande nouvelle.

15 mars, onze heures et demie du soir :

« L'Impératrice a commencé à éprouver ce matin vers cinq heures les premières douleurs. Elles se sont ralenties vers midi et ont repris le soir. »

Puis à trois heures et demie :

« L'Impératrice vient d'accoucher d'un prince. Sa Majesté et le Prince impérial sont en bonne santé. »

Le lendemain 17, la feuille officielle donnait tous les détails de l'accouchement, de la présentation de l'enfant selon la tradition de l'étiquette royale, la même qui fut appliquée lors de la naissance du roi de Rome.

« Dès le milieu de la nuit dernière, Sa Majesté avait ressenti les premières douleurs..... L'Empereur, qui s'était rendu auprès de l'Impératrice aussitôt que les premiers signes d'un accouchement prochain s'étaient manifestés, a entouré des soins les plus touchants l'Impératrice, auprès de laquelle se trouvaient sa mère, la comtesse de Montijo, la princesse d'Essling, grande maîtresse de la maison, l'amirale Bruat (1), gouvernante des Enfants de France, et la duchesse de Bassano, dame d'honneur.

« Au moment des grandes douleurs, le prince Napoléon et le prince Lucien Murat, témoins désignés par Sa Majesté, ainsi que le ministre d'État et le garde des sceaux, ont été introduits dans la chambre de l'Impératrice. »

« Aussitôt après l'accouchement, l'enfant a été présenté par l'amirale Bruat à l'Empereur, à l'Impératrice, au prince Napoléon, au prince Lucien, ainsi qu'à Leurs Excellences le ministre d'État et le garde des sceaux.

« Le Prince impérial a reçu les noms de Napoléon-Eugène-Louis-Jean-Joseph. »

Dès le matin, la grande maîtresse de la maison de l'Impératrice avait envoyé, par ordre de l'Empereur, avertir les princes et les princesses de la famille impériale, les membres de la famille de l'Empereur ayant rang à la Cour, les grands officiers de la couronne, les ministres et le président du Conseil d'État, les maréchaux, les amiraux, le grand chancelier de la Légion d'honneur, le gouverneur des Invalides, le commandant supérieur des gardes nationales de la Seine, le général commandant la garde impériale, l'adjudant général du Palais, les officiers et les dames des maisons de Leurs Majestés, qui s'étaient empressés

(1) Veuve de l'illustre amiral mort le 19 novembre 1855, sur le *Montebello*, pendant son retour en France.

de se rendre au palais des Tuileries et qui y sont restés jusqu'après la délivrance de l'Impératrice.

Le Sénat, le Corps législatif et le Conseil municipal de Paris, avertis dès le matin, s'étaient réunis au lieu de leurs séances.

A six heures, une salve de cent et un coups de canon a annoncé le grand événement à la population.

La cérémonie de l'ondoiement eut lieu dans les mêmes conditions de solennité grandiose.

Outre les personnages déjà cités, la chapelle contenait une foule de dames invitées. Un peu avant la fin de la messe, les officiers de service de la maison de l'Empereur sont allés chercher le Prince impérial, et le cortège est entré avant le *Domine salvum*.

Le Prince était porté par la gouvernante des Enfants de France, assistée des deux sous-gouvernantes (1).

Un aide des cérémonies a découvert la tête du Prince, et la cérémonie de l'ondoiement a été accomplie par le premier aumônier de l'Empereur ; après quoi l'enfant impérial a été reconduit avec le même cortège dans son appartement.

Je n'ai jamais oublié la physionomie de ce pauvre cher petit prince, lorsque nous avons été le prendre dans son berceau, disparaissant presque sous le grand cordon de la Légion d'honneur; il était calme et semblait comprendre, sans en être étonné, les honneurs dont il était l'objet. Le fait est que, sans tomber dans le

---

(1) La comtesse de Brancion et madame Bizot, veuve du général tué en Crimée.

dithyrambe, l'enfant avait, à peine au monde, des traits assez accentués pour laisser le souvenir de son visage.

Je me rappelle avoir entendu dire bien souvent à l'Impératrice : « Louis sera très laid ; il a déjà un nez comme un homme. »

L'Impératrice se trompait. Le nez dont elle exagérait les dimensions, n'est pas devenu trop fort, et sans être ce que l'on appelle un très joli garçon, le Prince impérial, charmant d'ailleurs, devait certainement à l'accentuation de ses traits l'air mâle et résolu qui frappait au premier abord.

Après l'accouchement heureux de l'Impératrice, il y eut force distribution de faveurs.

Les largesses pour les bureaux de bienfaisance se montèrent à cent mille francs, pris sur les fonds de la liste civile ; soixante mille francs, par groupes de dix mille, puisés à la même source généreuse, furent mis à la disposition des caisses de secours de la Société des gens de lettres, des auteurs et compositeurs dramatiques, de la Société des artistes dramatiques, des artistes musiciens, des artistes peintres, sculpteurs, graveurs et dessinateurs et enfin de la Société des inventeurs et artistes industriels.

Théophile Gautier composa des vers charmants pouvant presque lutter avec la poésie de sa prose :

> Aux premiers rayons de l'aurore
> Dans les rougeurs de l'Orient
> Quand la ville dormait encore
> Il est venu frais et riant.

L'AVENIR !

Faisant oublier à sa mère
Les croix de la maternité
Et réalisant la chimère
Du pouvoir et de la beauté.

Les cloches à pleines volées
Chantent aux quatre coins du ciel,
Joyeusement leurs voix ailées
Disent aux vents : Noël ! Noël !

Qu'un bonheur fidèle accompagne
L'Enfant impérial qui dort,
Blanc comme les jasmins d'Espagne,
Blond comme les abeilles d'or.

Et toi, dans l'immensité sombre,
Avec un respect filial,
Au milieu des soleils sans nombre
Cherche au ciel l'astre impérial.

Suis bien le sillon qu'il te marque
Et vogue, fort du souvenir,
Dans ton berceau devenu barque,
Sur l'océan de l'Avenir !

L'avenir ! Il était resplendissant, en effet !... Le fils qui venait de naître avait devant lui la plus glorieuse, la plus brillante des destinées. Le poëte avait donc raison de chanter, la foule d'applaudir ; mais, par un enchaînement inouï de malheurs, de fautes, de fatalités, tous ces trésors se dissiperont dans des mains trop prodigues, et, de cet avenir, le Prince, l'héritier de l'Empire ne recueillera, au lieu d'une couronne, que la mort isolée dans les grandes herbes, bien loin, bien loin de son pays !...

Avec un à-propos d'une délicatesse charmante, l'Empereur avait décidé qu'il serait parrain et l'Impératrice marraine de tous les enfants légitimes nés en France dans la journée du 16 mars. Cette idée fut très favorablement accueillie. Depuis la Révolution, il m'est arrivé souvent de rencontrer de jeunes hommes se glorifiant très haut d'être les filleuls de l'Empereur. Tous ces dévouements latents se rencontreront le jour où le pays, las de la République, demandera encore une fois son salut à l'Empire.

Moi aussi j'occupai la bienveillante pensée de l'Empereur. Un décret du même jour, promulgué le 18, me nommait général de brigade. Cette date, choisie par mon cher maître, avait pour moi une grande signification. Elle voulait dire : « Je vous associe aux destinées de mon fils, et je vous donne ainsi un témoignage de mon affection en échange du dévouement que vous m'avez toujours montré. Vous avez été à la peine, je veux que vous soyez à l'honneur. »

Dans le premier moment, j'éprouvai une vive satisfaction en apprenant ma nomination, que je ne savais pas devoir être si prompte.

J'étais fier et reconnaissant à mon Souverain de cette preuve éclatante de son estime. Arriver au haut de l'échelle militaire après quatre ans et demi de grade de colonel et dix-huit ans de service, était certainement une magnifique chose. Cet avancement se justifiait par ma participation au coup d'État et par l'organisation du superbe régiment que je venais de former. Dans mes rêves d'ambition je n'avais pas entrevu d'aussi brillant avenir!

Mais néanmoins un sentiment de tristesse se mêlait à ma joie. Il m'était pénible de quitter ces soldats que j'aimais, à qui je devais tant de satisfactions d'amour-propre et que j'aurais tant désiré conduire au feu. Je ressentais le chagrin réel d'un père de famille qui abandonnerait ses enfants!

Je voulus une dernière fois les passer en revue pour leur présenter mon successeur, le brave colonel de Mirandol, mon compagnon d'armes et mon ami.

Le régiment était alors caserné à Saint-Germain. Pour donner plus de solennité à mes adieux et attirer la foule que l'éloignement du terrain de manœuvre aurait pu retenir en ville, je fixai la réunion sur la Terrasse. Mes six escadrons, au grand complet, en occupaient la plus grande partie (1).

Après une inspection minutieuse entre les rangs, pendant laquelle je fixais chaque visage comme pour en garder le souvenir dans ma mémoire, je me donnai le plaisir d'un de ces beaux défilés dans lesquels excellaient mes guides.

Jamais cette troupe incomparable ne m'avait semblé plus belle. Jamais cette musique célèbre ne m'avait autant impressionné. Puis, faisant former le cercle à l'extrémité de la Terrasse, je me plaçai au centre avec mes officiers. Dans une allocution émue et chaleureuse, je

(1) Voir aux appendices la lettre du général Korte, commandant la division de cavalerie. — Appendice II.

fis des remerciements à tous pour leur belle tenue, leur discipline et leur esprit de corps. Je fis l'éloge du nouveau colonel, un des héros légendaires de nos guerres d'Afrique, et, m'adressant directement aux soldats, je leur dis que ma sollicitude les suivrait partout. « Quand vous serez dans la peine, ajoutai-je, venez me trouver ; je serai toujours prêt à vous rendre service. »

Ces braves garçons se sont souvenus de mes paroles. Mais il faut croire qu'ils ont pullulé. Ce que j'ai secouru de guides depuis trente ans est incroyable (1)!

(1) Il n'est pas sans intérêt de rappeler les noms des colonels des guides.
Au colonel Fleury succédait en 1856 le colonel de Mirandol, qui commandait le régiment en Italie et le conduisait au feu à Magenta. Mirandol, nommé général, avait pour successeur le colonel de Montaigu, mort en 1886 général de division. Le prince Murat fut le quatrième colonel après en avoir été le lieutenant-colonel. Nommé général en 1870, il était remplacé par le colonel de Percin de Northumberland, qui fit avec les guides la campagne sous Metz. En dehors de ceux-là, beaucoup d'officiers sortant des guides ont une belle page dans l'histoire militaire. Pour ne citer que ceux qui sont devenus généraux : Legrand, lieutenant-colonel de la formation, tué à Gravelotte à la tête de sa division, Guépratte, Corot-Laquiante, de Lamartinière, de Nansouty, morts brigadiers, Lefort et de Gressot, morts divisionnaires, enfin le marquis de Galliffet, sous-lieutenant en 1855, devant Sébastopol, aujourd'hui inspecteur d'armée, du cadre de réserve depuis 1896.

CHAPITRE XXXIV

Sollicitude de l'Empereur envers la classe ouvrière. — Inondations de la Loire et du Rhône. — L'Empereur va lui-même porter des secours aux inondés. — J'accompagne Sa Majesté dans ces voyages précipités. — Le général Niel. — Mes premières relations avec M. Rouher.

Le conseil municipal, qui se targue, depuis treize ans (1) qu'il est élu, de remplacer avec avantage les auxiliaires du baron Haussmann, n'a fait, somme toute, que mettre à exécution certains travaux projetés. Il se préoccupe en paroles des intérêts populaires, et il n'a rien édifié, rien créé pour lui venir en aide. La question du renchérissement des loyers a été souvent effleurée, jamais résolue.

Dès l'année 1856, l'Empereur, sur son domaine privé, avait fait acheter des terrains considérables pour y bâtir des maisons à bon marché.

Il avait précédemment fait voter un crédit de dix millions destiné à encourager la construction de maisons pour les ouvriers. Ces tentatives n'ayant pas produit tout le bien qu'on en attendait, l'Empereur avait généreusement aidé sur sa liste civile des constructions

---

(1) Écrit en 1884.

analogues dues à l'industrie privée. Les ouvriers éprouvant une certaine répugnance à se laisser parquer, pour ainsi dire, dans des centres spéciaux, l'Empereur avait compris que le remède était dans l'abaissement des barrières, c'est-à-dire l'heureuse mesure de reporter l'octroi où il est aujourd'hui. Tous les terrains conquis au profit de la Ville constituaient un grand avantage. Ils créaient, pour ainsi dire, comme à Londres, des petites villes juxtaposées, ayant chacune leur bien-être, leur marché assurés.

Une création restait à faire pour compléter l'idée et lui donner tous ses résultats. C'était la création du chemin de fer souterrain destiné à rapprocher les distances. Je sais que l'Empereur en avait la pensée. Je l'ai entendu souvent en proclamer l'urgence logique. Pourquoi n'y a-t-il pas donné suite? Je regrette cette lacune dans les grandes conceptions qui ont présidé à la reconstruction de Paris.

Le conseil municipal aura là une belle occasion d'achever l'œuvre de l'Empereur.

Je me suis un peu étendu sur ce sujet tout spécial et que le lecteur, avec raison, doit regarder comme tout à fait en dehors des sujets que j'ai traités jusqu'ici. C'est à dessein que j'ai abordé ces questions de reconstructions et d'embellissements de Paris. Dans maintes occasions, quand je revenais de Londres, que l'Empereur connaissait si bien, je me souviens d'avoir vanté les avantages du chemin de fer métropolitain, sans lequel, en raison des immenses distances, l'habitation des nouveaux quartiers de la Babylone anglaise n'eût pas été possible. Je signalais à l'Empereur l'insuffisance des omnibus et l'encombrement dangereux qu'ils causeraient si on en augmentait le nombre. Sa Majesté semblait approuver mon raisonnement, mais j'eus le désappointement de ne pas voir suivis les conseils que je me permettais de donner en cette circonstance.

Je crois que l'Empereur, si son gouvernement eût été plus au courant des choses de l'étranger, aurait certainement attaché son nom à cette grande création du métropolitain dont la République aura peut-être toute la gloire.

Ce serait une grande erreur de penser qu'un souverain absolu peut faire tout ce qu'il veut. Oui, certes, au point de vue de la politique extérieure, au point de vue des choses de la paix et de la guerre, il conduit le pays au gré de sa pensée. Nous le verrons bien pour la guerre d'Italie. Mais, pour les questions intérieures, le souverain absolu est loin d'être le maître. Tiraillé, paralysé par ses ministres, qui se vengent de leur impuissance à faire prévaloir leur avis dans les grandes questions, ce prétendu despote arrive à être mené, pour les petites choses, comme un mari dans son ménage.

A l'appui de ce que je dis de l'influence des ministres ou de leur force d'inertie, ce qui revient au même, lorsqu'il s'agissait d'obéir à un ordre qui ne leur plaisait pas, il me revient en mémoire un petit fait, entre tant d'autres, qui trouve sa place ici.

Après un de mes voyages fréquents en Angleterre,

j'avais rendu compte à l'Empereur de l'aménagement bien entendu d'un quartier de cavalerie que j'avais visité à Derby. L'organisation était complète. Elle comprenait, outre les écuries, le manège, des lavoirs pour les hommes et un bâtiment très spacieux contenant des chambres pour tous les officiers non mariés, et le mess avec une salle à manger énorme, un salon de lecture, une bibliothèque, etc.

Sachant qu'il était question de bâtir à Grenelle une annexe de l'École militaire, pour y placer un régiment de cavalerie, je représentai à l'Empereur qu'il serait bon, pour cette succursale, de s'inspirer de la manière peu dispendieuse des Anglais de bâtir aussi bien leurs casernes que leurs gares, manière qui n'implique pas la nécessité de sacrifier, comme on le fait chez nous, à la forme monumentale pour toutes les bâtisses indistinctement. Je me permettais de conseiller à Sa Majesté d'envoyer le chef du génie en Angleterre, pour relever lui-même les conditions et les proportions des casernements en question.

L'Empereur approuva fort l'idée et me dit : « J'en parlerai au ministre de la guerre. »

Au bout de quelque temps, je m'informai, près de Sa Majesté, si elle avait reçu le rapport du chef du génie, qui était alors le colonel Dejean.

« Ah ! à propos, me dit l'Empereur, Dejean est malade et n'a pu se rendre en Angleterre. »

Deux ou trois semaines après, Sa Majesté me dit en riant : « Vous n'avez pas de bonheur pour votre idée de casernement à l'anglaise. Le chef de bataillon du génie qui supplée le colonel Dejean souffre horriblement en mer et a demandé avec instance au ministre d'être dispensé de cette corvée. »

Je ne pouvais que sourire. L'Empereur en fit autant. Il n'avait pas plu au ministre, qui était alors le maréchal Vaillant, de prendre un modèle à l'étranger, et l'affaire était tombée dans l'eau.

Au moment des grandes inondations du commencement de juin 1856, l'Empereur, comme toujours empressé de secourir l'infortune, partit de Saint-Cloud pour aller porter des consolations aux inondés de la Loire et ensuite à ceux du Rhône. Ce ne fut pas sans courir de grands risques que Sa Majesté dut recourir à des bateaux de pêcheurs riverains pour pénétrer dans les villes envahies par l'eau et rendues inaccessibles par terre à plusieurs lieues à la ronde.

C'est ainsi que l'Empereur fit son entrée dans Tours, converti en nouvelle Venise. C'est sur le dos d'un portefaix du Midi que le Souverain se rendait à la mairie de Valence. C'est dans de mauvaises embarcations à moitié défoncées que nous faisions la traversée — traversée est le mot. Après avoir quitté le chemin de fer rompu et inondé, entre Orange et Avignon, nous avions eu à naviguer sur un vrai lac, s'étendant à perte de vue dans la plaine, agité parfois, selon la configuration et la dépression du terrain. Nous passions à hauteur des toits des fermes disséminées sur le parcours, et parfois les rames de nos matelots improvisés se heurtaient à la cime des arbres fruitiers que l'eau recouvrait et cachait à nos yeux.

Après deux ou trois heures de navigation aérienne, nous étions solennellement reçus, aux portes de la ville des Papes, par la flottille des autorités venues au-devant de l'Empereur.

Le spectacle déjà pénible que nous avions rencontré sur notre route, était rendu plus navrant encore lorsque nous vîmes des quartiers entiers ensevelis sous l'eau jusqu'au premier étage et, dans d'autres, une foule de maisons dont on ne voyait plus que la toiture. Les femmes, leurs enfants dans les bras, pleuraient. Les hommes, inertes, impuissants à combattre la ruine et le fléau, semblaient des statues de la douleur.

L'Empereur, attendri, se tenait debout dans sa barque, donnait des secours, des poignées de main aux malheureux inondés, et là, comme à Tours, comme à Blois, comme à Lyon, les populations reconnaissantes bénissaient ce prince qui venait, au péril de ses jours, partager leurs dangers et leur affliction.

C'est toujours avec émotion que je me reporte aux souvenirs et aux péripéties de ces pointes hardies et généreuses que l'Empereur savait si bien faire lorsqu'il s'agissait de payer de sa personne et de répandre ses bienfaits. Ce n'était pas la recherche d'une vaine popularité qui le guidait. Quel prince était plus populaire à cette époque? Non, c'était l'amour du bien, c'était l'élan de son cœur qui le guidaient.

Puisque je suis sur ce sujet, je donnerai, en un chapitre spécial, l'emploi d'une journée de l'Empereur, en regard de l'emploi d'une journée du président actuel de la République (1). L'on verra lequel des deux donnait plus de temps à la chose publique.

Pendant ce voyage, l'Empereur n'était accompagné que de trois personnes : M. Rouher, alors ministre du commerce et des travaux publics, le général Niel et moi.

J'étais assez fraîchement avec l'ancien chef du génie en Crimée. Il n'était pas sans savoir que je l'avais empêché de devenir commandant de l'armée en remplacement du général Pélissier, et, malgré la déférence que je m'efforçais de lui montrer, je n'ai jamais réussi à regagner ses bonnes grâces. Je me suis toujours consolé de cette froideur, parce que j'avais la conviction d'avoir rendu en cette circonstance, non seulement service à l'Empereur, mais au pays et au général Niel lui-même.

Il est évident que si le général Niel, quel que fût son grand mérite, eût échoué là où Pélissier avait réussi, l'Empereur n'aurait pu, comme il l'a fait, le nommer maréchal de France dès que l'occasion s'en est offerte.

C'était la première fois que je me trouvais en rapport avec M. Rouher. Jusque-là je n'avais échangé que de rares paroles avec celui qui devait tenir bientôt une si grande place dans l'État et devenir le vice-empereur.

M. Rouher, à cette époque, était encore le jeune avocat étourdi de sa situation et reconnaissant envers

(1) M. Grévy.

Morny qui la lui avait faite. Quoique doué d'une belle figure, son dehors n'était pas distingué, mais son esprit gai, et ce qu'on appelle bon garçon. Il ne semblait pas infatué de son mérite et paraissait plutôt désireux de se faire des points d'appui parmi les anciens amis de l'Empereur.

Je dois dire que pendant ce voyage, où nos rapports étaient naturellement fréquents, je n'eus qu'à me louer de sa bonhomie et que rien ne me faisait pressentir l'injuste mauvais vouloir qu'il m'a toujours témoigné.

Comme dit l'Arabe, je devais d'autant plus m'étonner de cette haine sourde que je ne lui avais rendu aucun service. Le proverbe est bien mieux justifié quant à ses procédés vis-à-vis de Morny, son bienfaiteur. J'aurai bientôt l'occasion de signaler son ingratitude envers celui qui l'avait désigné au choix de l'Empereur pour faire un garde des sceaux d'un simple avocat de Riom !

Cet homme célèbre, malgré ses grandes qualités, sa prodigieuse vertu d'assimilation, son éloquence incontestable à certains jours, a été tellement funeste à l'Empire qu'il me faut m'imposer une grande réserve pour ne pas l'attaquer avec amertume dès que son nom se présente à ma pensée. Au fur et à mesure que se dérouleront les événements, j'aurai à exposer sa conduite publique et ses actes, et des faits eux-mêmes ressortira le jugement que je ne veux pas dès à présent porter.

CHAPITRE XXXV

Visite de LL. AA. le duc et la duchesse de Brabant. — Visite du roi Victor-Emmanuel à Paris. — Réception qui lui est faite par l'Empereur. — Conséquences qu'il était facile de tirer de ce voyage. — Le prince Napoléon désigné par l'Empereur pour aller au-devant du Roi. — Le comte de Cavour.

Je reviens en arrière pour parler des visites très intéressantes à titres divers de LL. AA. RR. le duc et la duchesse de Brabant et surtout celle du roi de Sardaigne accompagné du comte de Cavour (1).

Le voyage de la Reine n'avait pas été seulement une grande satisfaction pour l'Empereur et son gouvernement. Il avait été, pour ainsi dire, un exemple que les princes et les souverains allaient s'empresser de suivre sans discontinuer pendant tout le temps de l'Empire. Ces visites royales avaient le don de flatter la vanité des Français, et moi qui, par situation, assistais régulièrement aux arrivées et aux départs de ces hôtes illustres, je n'ai jamais eu à signaler sur leur passage que des témoignages de respect et de sympathie de la part de la population.

(1) 1855.

En comparaison des grandes émotions causées par le voyage de la Reine, l'arrivée du duc et de la duchesse de Brabant produisit un effet assez pâle dans le public. Cependant, Sa Majesté parut attacher du prix à la présence à sa cour du fils du roi Léopold, gendre du roi Louis-Philippe.

Aussi, avec sa finesse et son tact ordinaires, l'Empereur ne manqua-t-il pas de faire un accueil distingué à l'héritier du trône de son plus proche voisin. Un service d'honneur important fut envoyé à la frontière, et, comme d'usage, le général commandant la division, ainsi que le préfet du département, se rendirent au-devant des Altesses Royales.

A la gare de Paris, ce fut le prince Napoléon qui les reçut et les conduisit à Saint-Cloud. Le prince Napoléon, qui ne boudait plus décidément et se complaisait dans les rôles de prince héritier que l'Empereur lui ménageait, s'acquitta de sa mission avec une grâce parfaite.

L'Impératrice étant grosse, les fêtes furent intimes, mais très élégantes. La jeune princesse parut enchantée de toutes les distractions qui lui furent offertes, et le prince se montra sous un jour très favorable. Il faisait bien pressentir l'homme capable, sage et instruit, qui gouverne aujourd'hui la Belgique.

A peine ces hôtes agréables étaient-ils partis qu'ils étaient remplacés par le roi de Sardaigne.

Cette fois le même cérémonial que pour la Reine fut observé pour l'auguste allié ; l'Empereur, par le soin qu'il mit à en arrêter les détails avec les grands officiers de la couronne, fit bien comprendre l'importance qu'il attachait à la visite de Victor-Emmanuel.

Tout ce qui pouvait plaire au Roi chasseur, au Roi cavalier, au Roi soldat, fut introduit dans le programme des fêtes, arrêté avec un soin minutieux.

Ce fut le premier veneur, le colonel Ney, qui fut envoyé à Marseille, avec un service de chambellan et d'officier d'ordonnance.

Après de grands honneurs rendus depuis le moment de son débarquement jusqu'à son départ pour Lyon, où il était reçu par le maréchal de Castellane, Victor-Emmanuel, ayant pris quelques heures de repos, se remettait en route et arrivait à Paris à une heure de l'après-midi.

Toutes les attentions, toutes les distinctions, toutes les splendeurs avaient été déployées à la gare.

Sans être plus grandiose que celle faite précédemment à la Reine, la réception empruntait à l'expérience déjà faite et à la ponctualité de l'arrivée un caractère encore plus ordonné, plus puissant et plus militaire.

Le Roi devant aller aux Tuileries, le trajet se fit dans les berlines dorées (demi-gala), au lieu des daumonts qui avaient conduit la souveraine à Saint-Cloud.

A la descente de wagon, Victor-Emmanuel fut reçu par le prince Napoléon, dont il serra les mains avec effusion.

Au maréchal Magnan et à moi, il nous fit un bonjour

si amical qu'il nous sembla que nous étions déjà connus de lui.

Revêtu de son brillant uniforme de hussards, l'air martial, de bonne taille, avec cette physionomie étrange qu'on connaît, le Roi fit une impression très sympathique.

Lorsque l'incomparable musique des guides fit entendre la fanfare de la maison de Savoie et l'air national piémontais, lorsque des vivats s'échappèrent de toutes les poitrines; il fut visiblement ému. Il avait beau dissimuler son attendrissement derrière ses longues moustaches; ses bons yeux ronds et à fleur de tête étaient plus humides qu'il ne l'aurait voulu.

J'escortai le Roi à la portière droite de sa voiture. Pendant le trajet, il ne cessait de regarder le cheval ravissant que je montais et qui s'appelait Cunningham. En arrivant, il me demanda ce qu'était ce bel animal. Je lui dis qu'il était « au rang » de l'Empereur, mais que Sa Majesté ne le montait pas et que je le mettrais à sa disposition. Il parut ravi et ne voulut pas d'autre monture pendant son séjour.

Au moment de son départ, l'Empereur, à qui j'avais raconté le goût enthousiaste du Roi pour Cunningham, le pria de l'accepter.

C'est tout un poème que l'histoire de ce cheval. Pendant la campagne d'Italie, je retrouvai mon favori dans les écuries royales. L'on me dit que l'animal était toujours dans les bonnes grâces de Sa Majesté, mais qu'elle ne le montait plus, ne le trouvant pas assez fort pour son poids. Cette déclaration me combla de joie. A la première rencontre, je demandai au Roi, qui était très bon, très familier avec moi, s'il voulait bien faire un échange; il accueillit ma proposition. Je fis conduire à son camp un gros et superbe cob qu'il trouva à sa convenance et je repris, à ma grande joie, possession de ce cher Cunningham.

La suite du Roi se composait de personnages importants et d'officiers distingués. Lorsque les deux souverains, une fois réunis dans le salon blanc, se présentèrent réciproquement leurs maisons, il fut facile de remarquer qu'un nom entre tous avait fixé l'attention de l'Empereur. Ce nom était celui du président du conseil, le comte de Cavour.

Le soir, en effet, Sa Majesté s'entretint assez longuement avec le ministre du Roi. A la fréquence de ces conservations, toutes les fois que la possibilité s'en présenta pendant le voyage, l'on aurait pu se douter que si l'Empereur et M. de Cavour n'étaient pas encore fixés sur l'époque, ils l'étaient sur l'idée, dès que les circonstances le permettraient, de contracter l'alliance intime d'où devait sortir la guerre.

M. de Cavour n'était pas une nouvelle connaissance. L'Empereur l'avait déjà vu du temps de la Présidence. C'était presque au lendemain de la journée de Novare. Des idées avaient été échangées avec le jeune ministre sur les solutions diverses que comportait la question d'Italie, mais aucun engagement n'avait été pris. Depuis cette époque il n'y avait rien eu à faire.

L'on venait de s'engager dans la guerre de Crimée. L'Angleterre avait intérêt à ménager l'Autriche ; il ne pouvait être question de s'aliéner le cabinet de Vienne. Il avait donc fallu temporiser.

Mais pendant le cours de la campagne, les Anglais reconnurent la nécessité de renforcer leur effectif. Profitant habilement des difficultés que le gouvernement de la Reine rencontrait à faire des enrôlements à l'étranger, M. de Cavour, grâce à l'Empereur, avait fait agréer le concours de l'armée sarde. Bientôt un contingent de quinze mille hommes, sous les ordres du général de La Marmora, venait se ranger aux côtés de l'armée alliée.

Maintenant que Sébastopol était tombé, que la Sardaigne, posée en puissance belligérante, était assurée de prendre place au Congrès, lorsqu'il allait s'agir de traiter de la paix, le ministre patriote se croyait le bienvenu pour entamer les négociations décisives. Il allait trouver Napoléon préparé de longue date à réaliser son beau rêve : « l'Italie libre jusqu'à l'Adriatique ». Il ne s'agissait donc plus pour le tentateur que de faire naître les griefs qui justifieraient une agression.

Mais il fallait encore du temps à l'Empereur pour disposer les esprits à l'idée d'une nouvelle guerre au lendemain des victoires si chèrement achetées en Crimée. Il lui fallait, comme il le disait lui-même : « assurer ses derrières », gagner, sinon le concours effectif, au moins la neutralité de la Russie. Ne devait-il pas craindre, en effet, que la Prusse n'entraînât la Confédération germanique à prendre parti pour une des sœurs allemandes? M. de Cavour, malgré toute sa finesse, son insistance et sa subtilité, n'emporta donc rien de net de ses premiers entretiens pendant sa visite aux Tuileries. Ce ne fut que deux ans après, en 1858, que les négociations effectives furent reprises.

En attendant, il avait laissé à Paris, comme représentant de la Sardaigne, le chevalier Nigra, son ancien secrétaire, et comme attaché militaire, le comte de Vimercati, ancien familier du Roi.

Le premier sut prendre une position importante; malgré son air d'étudiant allemand, son zézaiement et ses manières peu aristocratiques, on le vit bientôt au nombre des favoris de la Cour. Il était, en outre, l'hôte assidu du Palais-Royal et dans la confiance intime du prince Napoléon.

Quant au comte Vimercati, il n'entrait que par le cabinet chez l'Empereur, à l'insu de son ministre la plupart du temps, servait d'intermédiaire secret entre son souverain et Napoléon.

Milanais d'origine, le comte Vimercati avait été compromis dans une des nombreuses conspirations lombardes. Obligé de fuir son pays à la suite d'un duel, il était tombé comme un aérolithe en Algérie, avait pris du service au titre indigène dans les spahis et avait fait brillamment les campagnes de la province d'Oran, pendant les années 1840 et 1841. Par un hasard étrange, c'était sous ma tente que le volontaire exilé avait passé sa première nuit. Il m'était recommandé par des amis de Paris, et j'avais pu lui être utile pendant son noviciat. Ces relations anciennes mettaient Vimercati en confiance avec moi. Par lui j'étais tenu au courant des efforts faits par le Roi et M. de Cavour pour circonvenir l'Empereur, tandis que parallèlement le chevalier Nigra, bien appuyé par le prince Napoléon, continuait son travail de séduction à la Cour.

CHAPITRE XXXVI

Baptême du Prince impérial.

L'on a souvent dit que l'Empire était comme un feu d'artifice perpétuel dont les bouquets se renouvelaient sans cesse et produisaient de nouvelles clartés. Ceci est bien vrai pour les premières années du règne.

Depuis 1852, que d'événements grandioses, que de scènes émouvantes ! Combien se succéderont encore de ces spectacles qui parlent au cœur et à l'imagination de la France, jusqu'au moment où les jours sombres et les tristesses viendront succéder aux jours lumineux !

Après la Crimée, le voyage de la Reine. Après ce grand fait historique, les visites princières ; le défilé héroïque sur les boulevards des divisions revenues d'Orient ; leur ancien chef acclamé. Puis la naissance du Prince impérial, son baptême avec toutes les pompes, toutes les splendeurs de la monarchie ! Pour compléter cette resplendissante énumération, c'est à Paris que va se réunir le Congrès qui signera la paix.

Ne voulant pas faire le Dangeau, je n'entrerai pas dans le récit détaillé de la solennité du baptême. Je renvoie mes lecteurs au *Moniteur* du 15 juin 1856. Ce compte rendu est la photographie fidèle du cérémonial de cette grande journée. On en jugera par ces quelques lignes :

« Il faut avoir été spectateur pour se rendre compte de l'émotion d'un million d'âmes échelonnées sur tout le parcours des cortèges, et sur l'effet vraiment féerique des décorations spontanées qui avaient transformé toutes les voies conduisant à Notre-Dame. Toutes les croisées étaient tendues, les maisons pavoisées. Sur la place du parvis, jonchée de feuillages et de fleurs, un porche était construit en avant du portail. L'intérieur de la vieille basilique était transformé. Les voûtes d'un bleu tendre, parsemées d'étoiles; de grandes tentures d'un rouge éclatant répandues sur les hautes murailles, des milliers de bougies venant inonder le chœur de lumières ardentes, tout cet ensemble saisissait l'âme d'un irrésistible mouvement d'admiration ! Dans le fond s'étageaient les prélats sur leurs bancs, mitre en tête, crosse en main. A droite et à gauche, des tribunes remplies de dames du corps diplomatique et de la Cour. Sur les bas côtés, des uniformes de toutes sortes complétaient cet inimitable tableau. »

Les cortèges étaient en effet superbes et marchaient dans un ordre admirable. Le cardinal légat était arrivé le premier dans une voiture attelée de huit chevaux; représentant le Pape, le légat avait été conduit avec les mêmes honneurs qui auraient été attribués au Souverain Pontife.

Venait ensuite le cortège du Prince impérial accompagné de la gouvernante des Enfants de France, des deux sous-gouvernantes, de la nourrice et de miss Schaw. Aux portières, les maréchaux Canrobert à droite, Bosquet à gauche, des aides de camp, des écuyers, des officiers d'ordonnance de l'Empereur.

Puis enfin suivaient les splendides carrosses composant le cortège de Leurs Majestés.

L'Empereur et l'Impératrice étaient montés dans la grande voiture du sacre de Charles X, qu'au moment du mariage, je l'ai déjà dit, j'avais fait remettre aux écussons et aux armes impériales. Cette magnifique berline toute dorée, embellie de riches peintures, a coûté, dit-on, deux cent mille francs (1); elle est encore à Trianon, au moment où j'écris, avec tous les autres équipages de grand gala qui ont servi dans toutes les cérémonies du second Empire.

Ce serait se répéter que de signaler la correction, l'ordre, la magnificence de ces cortèges. Tous les chevaux étaient superbes, appareillés de robe baie, à l'exception de l'attelage du corps de l'Empereur, qui était composé de carrossiers bai brun, d'une taille énorme, et les plus beaux, je crois, de toutes les écuries royales et impériales de l'Europe.

Aux portières de Leurs Majestés, à hauteur des roues de derrière, étaient à droite : le maréchal Magnan, grand veneur, le maréchal Baraguay-d'Hilliers, le général de Lawœstein, commandant les gardes nationales de la Seine, et moi, comme premier écuyer; a gauche :

---

(1) Cette berline a été évaluée un million.

le maréchal comte de Castellane, le commandant en chef de la garde impériale, général comte Regnaud de Saint-Jean d'Angély. Tout en avant, les officiers d'ordonnance et écuyers.

Puis, derrière la voiture, le groupe des aides de camp de l'Empereur.

Je n'ai pu résister, tout en ayant renvoyé mes lecteurs au compte rendu officiel, au plaisir d'appeler l'attention sur l'ensemble des cortèges. L'on me comprendra lorsqu'on réfléchira aux difficultés que j'avais à surmonter pour les composer. J'ai eu l'occasion de le signaler déjà, au moment du mariage de l'Empereur, les écuries impériales, bien moins nombreuses que celles de la royauté, — environ trois cents chevaux, au lieu de sept à huit cents, — avaient beaucoup de peine à répondre aux exigences du service ordinaire, à plus forte raison à celles que comportaient de semblables cérémonies. Je m'en tirais néanmoins parce que tous les chevaux étaient de robe uniforme et de même modèle, et que je faisais venir d'Angleterre, pour la circonstance, le nombre de carrossiers nécessaires pour compléter les attelages. J'allais moi-même les chercher et les choisir. (J'indique ce moyen aux grands écuyers de l'avenir.) Ce système, que j'avais mis en pratique déjà pour le mariage et pour la visite de la Reine, je l'ai appliqué tout le temps de l'Empire pour les autres grandes cérémonies, notamment à l'Exposition de 1867.

Après la solennité du baptême, Leurs Majestés et le Prince impérial se rendirent à l'Hôtel de ville pour assister au banquet offert par la ville de Paris.

Les princes, les princesses, les maisons des souverains et des princes et princesses assistaient à ce banquet.

Pour revenir le soir, j'avais fait remplacer toutes les voitures à six et huit chevaux par des berlines à deux chevaux de demi-gala, c'est-à-dire vertes et à train doré. Le retour devant se faire au trot, ce genre de service était seul possible. Rien de plus richement élégant d'ailleurs que ces belles berlines à glaces, éclairées intérieurement et livrant l'Impératrice et les princesses resplendissantes de diamants à l'admiration de la foule. Ces berlines à quatre lanternes, menées par d'énormes cochers, montées derrière par quatre valets de pied, traînées par des carrossiers gigantesques, ne le cédaient en rien aux grands carrosses dorés menés au pas cadencé et s'avançant magistralement comme dans une représentation théâtrale.

Si jamais une Cour est rétablie, je conseillerai, si je suis encore de ce monde, de renoncer aux grands attelages de pas, et de ne plus faire usage que de voitures à deux chevaux conduites au trot. La pompe n'y perdrait pas grand'chose, et cette simplification aurait de grands avantages. Elle serait plus en rapport avec les idées de notre temps, comporterait moins de personnel et moins de chevaux.

Si le Prince impérial avait vécu, je l'aurais amené à adopter ce système, plus en rapport avec ses idées pratiques. L'Empereur lui-même n'avait sacrifié à la tradition des grands attelages au pas que pour se conformer à l'usage. Mais je me souviens qu'un jour, à Camden, la conversation étant tombée sur ces scènes d'apparat, Sa Majesté approuva fort mes observations :

« Si je reviens jamais, disait-il, oui, nous mettrons toutes ces reliques au magasin, ou plutôt nous les laisserons où elles sont, à Trianon.

« Pauvre Fleury, ajoutait-il avec bonté, que de peines toutes ces cérémonies devaient vous donner! — Aucune, répondis-je, Sire, puisque je travaillais à vous plaire et à donner à votre maison tout l'éclat des autres règnes. »

Pauvre cher Empereur !

CHAPITRE XXXVII

Le duc de Malakoff.

Le 1.er août de cette même année 1856, le maréchal Pélissier, après avoir rapatrié toute son armée, quittait enfin Sébastopol. Il avait tenu à honneur, comme un commandant de navire, à ne quitter son bord qu'après avoir embarqué le dernier de ses soldats. Cette coquetterie de la part de l'illustre duc de Malakoff n'avait rien qui dût étonner. Il avait l'intuition de tout ce qui était digne et fier. Il avait conscience du service immense qu'il venait de rendre à son pays et à l'Empereur, et il lui était agréable de faire désirer son retour, bien certain que l'accueil qui lui était réservé serait d'autant plus chaleureux qu'il n'aurait pas paru pressé de l'obtenir.

Le temps et la réflexion ne pouvaient que faire apprécier à sa juste valeur l'importance des succès éclatants qu'il venait de remporter.

Aussi, à peine l'Empereur, qui était à Plombières, eut-il appris son arrivée en France, qu'il lui écrivit de venir le trouver pour recevoir ses embrassements avant de venir à Paris.

L'entrevue fut touchante et digne du Souverain comme du maréchal.

De même qu'autrefois Louis XIV, quand il recevait Turenne victorieux, au haut du grand escalier, à Versailles, l'Empereur alla au-devant du duc de Malakoff et le serra dans ses bras avec effusion. Il le garda deux jours dans sa maison, eut pour lui toutes les attentions et le traita en véritable ami.

Nul doute que, si la mort n'était pas venue faucher Pélissier avant 1870, l'Empereur ne l'eût trouvé ferme et fidèle à l'heure des épreuves suprêmes. Il eût été encore en âge de tenir l'épée haute au service du Souverain qui avait fait de lui le chef incontesté de l'armée française. Par la fermeté de son caractère, par le prestige de son glorieux passé, bien autrement que Bazaine il eût été le général que réclamaient les circonstances. Lui qui, en Crimée, s'était montré si rebelle à l'idée de disséminer ses forces, lors même que l'Empereur lui en donnait l'ordre, il se serait opposé, avec toute l'autorité de son nom, au plan de campagne désastreux adopté sous Metz. Si les événements l'avaient appelé à jouer le rôle de Mac Mahon à Châlons, certes il aurait ramené l'Empereur à Paris, malgré les avis contraires. Il aurait fait de la capitale un Sébastopol inexpugnable ! Avec les cent mille hommes si fatalement enfournés à Sedan, il eût empêché l'investissement, usé les forces de l'ennemi, et quand serait venue l'heure de traiter de la paix, il eût indubitablement sauvé l'Empire !

Quand on analyse la faiblesse de conception de tous

ces hommes qui, à divers titres, conduisaient ou conseillaient l'Empereur dans un moment néfaste, est-il permis un seul instant de mettre en doute que le maréchal Pélissier ne les eût tous dominés du haut de sa gloire et de sa supériorité?

Que de regrets superflus, mais aussi que de reproches à faire à ceux qui ont laissé conduire l'Empereur à sa perte!

Ce Trochu a été indigne, traître, odieux, oui, cent fois oui! Mais cependant il avait accepté la mission de ramener ce malheureux Empereur à Paris. Il avait quitté Châlons dans la conviction qu'il le précédait de vingt-quatre heures. Mac Mahon change d'avis, Trochu trouve un gouvernement affolé qui le traite avec défiance. Il devient alors la proie de l'opposition qui le flagorne, en fait son La Fayette. La tête lui tourne, et le 4 septembre, au lieu d'aller aux Tuileries protéger l'Impératrice, à l'Assemblée pour l'empêcher d'être envahie, il s'en va à l'Hôtel de ville et devient l'instrument de la révolution.

Loin de ma pensée donc d'excuser quoi que ce soit de sa conduite. Je la condamne hautement. Je veux prouver qu'elle est la résultante du changement intervenu du jour au lendemain dans les résolutions de l'Empereur. Supposons l'Empereur mettant à exécution son projet de revenir dans la capitale avec l'armée de Mac Mahon; Trochu et les vingt mille mobiles défendaient l'Empire! Napoléon III exerçait une telle influence sur ceux qui l'approchaient que le nouveau gouverneur de

Paris n'aurait pas même eu la velléité de trahir celui qui venait de l'investir d'un commandement de confiance. Eût-il voulu transiger avec son devoir, il eût été absorbé par l'armée de Châlons.

Ce n'est qu'en apprenant que l'Empereur ne revenait pas que Trochu, ambitieux, circonvenu, a pactisé avec les ennemis de l'Empire. L'histoire le jugera sévèrement sans doute. Elle le flétrira avec raison comme traître à son Souverain, comme incapable, bavard et vaniteux! Mais, je le crains bien, l'histoire aussi aura des sévérités pour les hommes du gouvernement pusillanime qui a donné de fatals conseils et a pesé de tout son poids sur les résolutions de l'Empereur et du maréchal de Mac Mahon.

Revenons au maréchal Pélissier : en quittant Plombières, il revint directement à Paris.

Par les soins de l'Empereur, une réception flatteuse l'attendait à la gare de Lyon. Le maréchal Vaillant, ministre de la guerre, le maréchal Magnan, gouverneur, les généraux et colonels de la garde impériale et de l'armée de Paris, le félicitaient à sa descente de wagon. Un bataillon d'infanterie lui rendait les honneurs, et c'est aux acclamations d'une foule sympathique qu'il montait en voiture avec le maréchal Vaillant, qui lui avait fait préparer un appartement au ministère de la guerre.

Toutes ces attentions étaient justifiées et au delà. Elles étaient, en outre, le témoignage de la haute considération dans laquelle l'Empereur entendait que l'on tint le commandant en chef de son armée d'Orient.

Les ministres, jaloux de la suprématie qui allait s'imposer, n'étaient pas tous convertis à l'idée de s'incliner devant le vainqueur de Sébastopol.

Un d'entre eux, le plus habile, le plus fin, M. Fould, donna la mesure de son mauvais vouloir et de sa maladresse, malgré tout son esprit.

Quand le maréchal Pélissier fut nommé duc de Malakoff, le ministre d'État, M. Fould, en lui adressant le brevet ducal avec force félicitations, faisait connaître au grand dignitaire qu'il aurait à rembourser aux sceaux la somme de dix à douze mille francs pour les frais réguliers de son investiture.

En recevant cette communication, le bon maréchal bondit de colère et me pria de passer chez lui.

« Que signifie cette mystification? me dit-il. L'on me condamne à payer la gloire d'avoir pris Sébastopol! Je suppose que l'Empereur ignore la mise en demeure que j'ai reçue de la part de son ministre. Si j'en doutais un seul instant, je renverrais le brevet et renoncerais au titre qui m'a été donné en récompense de mes services. Je ne veux pas être traité en duc du Pape, et je vous serai très obligé, mon cher Fleury, d'éclaircir cette affaire. »

Je n'avais qu'une chose à répondre en voyant l'irritation du maréchal, c'est qu'il y avait malentendu sans doute, et que cette application de la loi n'aurait pas dû, raisonnablement, être exercée à propos d'une distinction pour ainsi dire nationale. Je le calmai enfin et l'assurai que l'erreur serait sûrement réparée.

Pour ne pas indisposer l'Empereur, toujours facile aux préventions contre le duc de Malakoff, en souvenir des discussions passées, et aussi en raison de ses formes un peu rudes et du sans-gêne de son caractère, je m'arrêtai à l'idée d'en référer simplement à M. Fould. J'étais en très bons termes alors avec ce ministre, qui me fit l'honneur, lui aussi, d'être plus tard jaloux de moi, et je devais croire avec raison qu'il serait sensible à ce témoignage de déférence.

Le rencontrant justement le lendemain, 1er janvier, à la réception des Tuileries, je lui exprimai, avec modération, mon regret de le voir réclamer au maréchal Pélissier, à l'homme qui venait de consacrer l'Empire aux yeux de l'Europe, le remboursement d'un titre que la France entière lui avait décerné pour ainsi dire en même temps que l'Empereur. Comme il semblait ne pas comprendre la différence immense qui existait entre une récompense de ce genre, impliquant un titre historique, avec un simple brevet donné à la faveur, j'insistai avec véhémence et lui dis que je m'étais adressé à lui par convenance, mais que, s'il ne revenait pas sur sa décision, je porterais la plainte du duc de Malakoff devant l'Empereur. M. Fould céda enfin. La lettre fut redemandée au maréchal, et les droits d'enregistrement des sceaux furent payés par la liste civile.

Ce cher duc de Malakoff n'était pas tendre à la dépense, et je sais qu'il me sut un gré extrême de mon intervention.

Lorsque, en 1858, à la suite de l'attentat d'Orsini et des difficultés parlementaires qui en furent la conséquence, Persigny crut devoir se démettre de son ambassade, l'Empereur eut l'heureuse idée de désigner le duc de Malakoff pour le remplacer. Cette nomination fut très sympathiquement accueillie à Londres et considérée, à juste titre, comme une preuve de la volonté bien arrêtée de Napoléon de maintenir les relations amicales des deux pays.

« Je vous en prie, dites à la Reine, écrivit lord Cowley (22 mars) à lord Malmesbury, qu'il est impossible de douter du désir qu'on éprouve de lui être agréable par cette nomination d'un de ses propres amis et de la valeur que l'Empereur ne cesse d'attacher, malgré des boutades momentanées, à l'alliance anglaise. On ne pouvait mieux réparer l'offense faite par les adresses des colonels (1) qu'en envoyant le plus grand soldat de l'armée pour représenter la France. »

Il était important que le maréchal fît bonne figure dans cette haute position, si peu en rapport avec ses habitudes simples. En d'autres circonstances, le maréchal Soult, qui était riche, avait tenu en Angleterre un état de maison très brillant. Le maréchal du second Empire ne devait pas déchoir. J'offris donc mes services à notre glorieux représentant, et, en peu de jours, par un tour de force, je lui installai ses voitures de gala, ses livrées, son personnel. Bon et confiant dans mon

---

(1) Voir chapitre XLII.

désir de lui être agréable; il se laissa faire, et notre Radetzki — ainsi que je l'appelais; ce qui ne lui déplaisait pas — partit pour Londres avec des équipages aussi bien tenus que ceux des plus grandes maisons d'Angleterre. Ce sacrifice aux habitudes du pays ne fut pas sans utilité pour le faire bien venir de la foule, et le grand soldat de Crimée empruntait à cette élégance une certaine force qui venait s'ajouter à sa renommée.

« Êtes-vous satisfait, monsieur le grand écuyer? » me disait-il un jour que je lui faisais visite à Londres.

« Monsieur le maréchal, vous avez l'air du duc de Wellington. » Et il était ravi.

CHAPITRE XXXVIII

Le comte de Morny, ambassadeur extraordinaire à Saint-Pétersbourg.

J'ai fait pressentir déjà que l'admission de la Sardaigne dans le Congrès de Paris avait été habilement assurée par le comte de Cavour, le jour où, de concert avec l'Empereur, il avait réussi à faire accepter par ses alliés le concours d'un contingent de l'armée Piémontaise. Il s'était ainsi créé une tribune dont il se servirait pour exposer les difficultés de la situation générale en Italie et les griefs particuliers de la Sardaigne à l'égard de l'Autriche.

Dans les discussions très vives auxquelles ces récriminations avaient donné lieu, le ministre italien n'avait rencontré en somme que fins de non-recevoir et froideur du côté de l'Angleterre. Le gouvernement de la Reine ne voulait en aucune façon mécontenter l'Autriche, son alliée du moment.

La Russie, au contraire, qui ne pardonnait pas à cette dernière son ingratitude, son inaction pendant la guerre de Crimée, s'était montrée très favorable à M. de Cavour. Faisant chorus avec la France, elle avait chaudement appuyé les revendications patriotiques du ministre de Victor-Emmanuel.

L'Empereur, dans ses entretiens avec le comte Orloff, confident de la pensée d'Alexandre II, avait recueilli cette assurance qu'en cas de guerre probable, la Russie, sans être décidée à contracter une alliance intime, était résolue du moins à laisser faire et à ne pas entraver d'une manière quelconque l'action commune de la France et du Piémont.

En cas d'éventualité de guerre, que les propositions de médiation et de congrès acceptées et refusées tour à tour ne parviendraient pas à conjurer, l'Empereur, qui voyait de loin, avait tout intérêt à se ménager les bonnes grâces du glorieux vaincu, dont la neutralité devait lui être d'un si grand secours faute de mieux.

Une occasion toute naturelle s'offrait de faire acte de courtoisie : c'était d'envoyer un ambassadeur à Saint-Pétersbourg, pour assister au couronnement et reprendre les relations. Le personnage le plus considérable de l'Empire, le comte de Morny, était tout désigné d'avance pour représenter la France et Napoléon III.

La notoriété que lui donnait sa naissance, son air de famille, ses manières distinguées, son esprit pratique, son expérience des hommes, le rôle très important qu'il avait joué avec tant de crânerie au 2 décembre, tout concourait à le placer dans des conditions exceptionnelles et à fixer sur lui l'attention.

C'était avec un mélange de sympathie et de curiosité

que la société russe, si frondeuse, étudiait l'envoyé de l'Empereur.

Plus grand, plus élancé que son... maître, Morny était physiquement mieux partagé, mais il n'avait pas à un si haut degré le don de charmer et de plaire. Son abord était agréable, mais il manquait de naturel. L'on sentait le sceptique, le blasé, sous les dehors qu'il s'efforçait de rendre gracieux. Habitué à être gâté, adulé par un entourage de quémandeurs et d'hommes d'affaires, il avait à s'observer lorsqu'il se retrouvait avec ses amis et les gens comme il faut qui n'avaient rien à lui demander. Il était grand seigneur sans doute sous beaucoup de rapports, mais l'on n'aurait pas pu dire de lui comme de Napoléon III, qu'il était l'homme le mieux élevé de France.

Ainsi que l'Empereur, il était calme et imperturbable, doué de toutes les énergies, mais il n'avait pas comme lui dans le regard cette bonté, cette douceur, cette pénétration qui rendaient l'Empereur irrésistible et fascinaient tous ceux qui l'approchaient.

Tel que, Morny était un homme hors ligne, et sa mort fut une grande perte et un grand dommage pour l'Empire et le pays. Il exerçait un grand ascendant sur la Chambre et sur les ministres. Sans les suivre toujours, l'Empereur écoutait volontiers ses conseils clairvoyants et fermes; s'il eût vécu au moment du désastre, Morny eût été d'un grand secours.

L'ambassadeur extraordinaire arriva à Saint-Pétersbourg avec une suite très nombreuse. En dehors des secrétaires et des attachés, plusieurs généraux distingués et plusieurs officiers à titres ronflants avaient été désignés pour l'accompagner (1). Parmi ces derniers figurait le marquis de Galliffet, alors simple sous-lieutenant dans mon régiment des guides, déjà gâté à la Cour et jouissant de la faveur que l'Empereur lui a constamment témoignée.

J'ai entendu critiquer assez sévèrement la pompe militaire un peu exagérée de l'ambassadeur. Le comte de Morny, n'étant ni maréchal ni chef d'armée, n'aurait pas dû déployer un si grand luxe d'officiers autour de lui. Ceux-là mêmes qui ont cavalcadé aux portières de sa voiture, comme ils l'auraient fait pour un souverain, ont regretté de s'être prêtés à ces témoignages de trop grande déférence. La faute, d'ailleurs, n'est pas à Morny, mais au ministre de la guerre, qui n'a pas su garder la mesure. Je l'ai dit dans le temps, mais on ne m'a pas écouté.

Puisque l'on envoyait une mission militaire, qu'au-

(1) Le personnel diplomatique se composait de : M. Charles Baudin (fils de l'amiral), premier secrétaire; vicomte de l'Espine, vicomte Siméon, secrétaires; le marquis de Piennes, le marquis de Sayve, le duc de Grammont Caderousse, le marquis de Courtarvel, le baron d'Hunolstein, le marquis de Maussabré, attachés. La mission militaire était composée du général Lebœuf (artillerie de la garde), général Frossard (génie), général Dumont (infanterie), qui tous trois s'étaient fait un nom glorieux dans la guerre de Crimée; le lieutenant-colonel comte Reille (fils aîné du maréchal), le capitaine d'état-major Piquemale (tué en 1871 pendant la Commune), le prince Paul de Bauffremont, capitaine au 8e lanciers, le comte d'Espeuilles, lieutenant au 6e hussards, le marquis de Galliffet, sous-lieutenant aux guides. Le comte Joachim Murat, en qualité de secrétaire du Corps législatif, accompagnait le Président. Il a publié en 1858 une intéressante brochure où il contait les fastes et les fêtes de cette inoubliable ambassade du comte de Morny.

torisaient grandement les circonstances, cette mission aurait dû se maintenir en corps, accompagner l'ambassadeur dans les cérémonies, mais ne pas escorter à cheval, comme des aides de camp et des officiers d'ordonnance, l'envoyé diplomatique, si extraordinaire qu'il fût.

Quoi qu'il en soit, par son tact, sa finesse, son entregent, Morny sut prendre la première place dans la faveur de l'empereur Alexandre, et, par suite d'une habile combinaison dans son itinéraire qui lui fit gagner un jour d'avance sur ses collègues, il se trouva, pendant la série des fêtes, le doyen du corps diplomatique.

Son faste, son luxe, ses attelages, sa galerie de tableaux qu'il avait apportée de Paris, ajoutaient encore au prestige de sa situation. Les armes parlantes de ses voitures ne laissaient rien ignorer de son origine. Ce ne fut pas néanmoins sans jalousie que lord Granville, le prince Esterhazy, le prince de Ligne se trouvèrent contraints de lui céder le pas.

Pendant qu'il poursuivait le cours de ses triomphes à Saint-Pétersbourg et à Moscou, un complot se tramait contre lui à Paris.

Tout le monde sait que, depuis de longues années, Morny vivait dans des liens très étroits avec la comtesse X... Cette liaison, commencée sous les auspices de la sympathie la plus vive, avait dégénéré avec le temps en une espèce de raison sociale. Des intérêts communs, des participations dans certaines créations industrielles avaient confondu les fortunes du couple devenu plus financier qu'amoureux. De grands bénéfices avaient été réalisés, et, selon la comtesse, le partage n'avait pas été équitablement fait. Quelques tiraillements s'étaient produits entre les associés, et Morny avait plusieurs fois songé à rompre et à se marier. C'est ainsi que l'on avait parlé, avant son départ, de son union avec une Américaine, veuve aujourd'hui d'un des comtes de Moltke, et aussi avec une charmante jeune fille du faubourg Saint-Germain, Mlle de Bondeville.

La comtesse, prévenue à temps, avait su faire avorter ces beaux projets d'émancipation. Morny supportait donc avec peine cette chaîne devenue trop lourde et toujours ressoudée au moment où il espérait la voir se briser. « Êtes-vous heureux d'être marié ! me disait-il un jour. Je voudrais bien faire comme vous. Le mariage me semblerait un paradis à côté de tout ce que j'endure ; ni foyer, ni liberté, ni enfant, c'est odieux ! »

Il partit donc dans des conditions d'esprit qui devaient le conduire à profiter de son éloignement pour secouer son joug.

Parmi les jolies femme de la Cour de Pétersbourg et dans l'essaim des demoiselles d'honneur de l'Impératrice, une d'entre elles avait produit sur lui une vive impression.

Blonde aux yeux noirs, svelte, distinguée, d'une tournure noble et pleine d'élégance, les traits fins, avec une tête de camée, la princesse Sophie Troubetzkoï réalisait le type d'une rare beauté.

De la grande famille des Troubetzkoï, descendante

d'un des compagnons de Rurick, la princesse Sophie, sans fortune, était toute prête à épouser le premier grand seigneur qui lui demanderait sa main. Sensible aux attentions du séduisant ambassadeur, elle avait agréé sa cour, et la nouvelle du mariage prochain de Morny arrivait comme une bombe à Paris.

L'Ariane délaissée avait jeté feu et flamme en apprenant ce qu'elle appelait la « trahison d'Auguste », et, des questions financières surgissant entre eux, elle menaça de faire un procès, remettant ses intérêts entre les mains de M. Rouher, qui avait mis son dévouement à ses pieds, et dont elle avait accepté le chaleureux concours.

Un beau matin, le galant ministre porta donc devant l'Empereur les plaintes et les récriminations de la comtesse. Il prit l'air convaincu et désintéressé d'un arbitre n'agissant que dans l'intérêt des deux parties.

« Mme X..., disait-il, se trouve ruinée du fait de l'abandon de Morny. Elle a droit à une indemnité pour la dédommager d'une rupture qui compromet l'avenir d'une foule d'affaires dans lesquelles Morny et elle sont engagés. Elle demande la protection de l'Empereur et son arbitrage souverain. Si elle n'obtient pas de Votre Majesté une compensation satisfaisante, Mme X... est décidée à porter ses réclamations devant la justice. »

L'Empereur, effrayé du scandale qu'un procès semblable ferait rejaillir non-seulement sur Morny, mais sur le gouvernement tout entier, condamna l'absent, sans l'entendre, à payer une très grosse somme. L'ambassadeur dut s'exécuter, et l'épilogue fut une rupture entre Rouher et Morny. Cet antagonisme dura jusqu'à la mort de ce dernier. Un semblant de réconciliation se fit pourtant au moment d'un voyage de Leurs Majestés, lorsqu'elles visitèrent le Puy-de-Dôme. Les deux adversaires ayant de graves intérêts à soutenir dans ce département, où l'un était né et où l'autre avait fondé un grand établissement industriel qui avait été le point de départ de sa carrière politique, je les fis se réunir chez moi, au Louvre, pour débattre ensemble le voyage. Mais cette paix fut de courte durée. Morny ne pardonna jamais à Rouher.

L'affaire, bien qu'on eût évité le procès à scandale, avait souverainement déplu à l'Empereur. Il en voulait à Morny de s'être exposé, et j'appris indirectement, mais d'une source certaine, que son intention était de ne pas le renommer à la présidence de l'Assemblée.

Je considérai cette disgrâce comme extrêmement regrettable à tous les points de vue. Elle frapperait non seulement dans son influence l'homme le plus important dans la politique de l'Empire, mais elle atteindrait moralement l'œuvre de l'ambassadeur à Saint-Pétersbourg.

J'étais tellement convaincu des inconvénients pour l'Empereur lui-même de cette résolution, que je fis une véritable campagne pour la faire avorter. Ne me trouvant pas assez fort, après avoir sondé le terrain pour entamer seul la lutte, je pensai à m'adjoindre Persigny. Mon fougueux ami était bien un peu beaucoup jaloux de Morny, mais je savais qu'il lui attribuait une grande force dans l'Etat et que, dès lors, il serait d'avis de le soutenir. Je partis pour aller trouver notre ambassadeur à Londres. Il fut ce que j'attendais de lui, très ardent à prendre en main la cause de son collègue de Saint-Pétersbourg, et me promit d'intervenir auprès de l'Empereur.

Sûr de cet appui, le seul qui, dans la circonstance actuelle, fût efficace, je continuai à cheminer dans l'esprit de l'Empereur.

Lorsque, au mois d'août, Morny revint de Russie, il se rendit à Plombières pour saluer Sa Majesté. Je fus au-devant de lui pour le réconforter et le mettre au courant des choses. Il était très abattu, très blessé dans son amour-propre d'avoir à quitter le Palais-Bourbon. Je le rassurai en lui racontant que Sa Majesté n'avait pas encore fait connaître sa détermination, et que j'avais tout lieu d'espérer qu'elle abandonnerait cette fâcheuse résolution. Je n'étais pas si sûr que cela du changement d'idée de l'Empereur, mais je comptais sur l'impression du retour, sur les bons résultats dont l'ambassadeur rendrait compte après sa brillante mission, et enfin sur cette intimité secrète qui unissait les deux fils de la même mère. Je ne me trompais pas dans mes prévisions. L'entrevue fut des plus affectueuses et dura deux grandes heures. En sortant du cabinet de l'Empereur, Morny était radieux. Il venait de recevoir l'assurance qu'il reprendrait son cher fauteuil de président, qu'il a occupé jusqu'à son dernier jour.

Si je me suis un peu étendu sur cette affaire et sur l'attitude de M. Rouher, c'est afin que mes fils sachent bien qu'en toute circonstance je me suis montré l'ami dévoué de Morny.

CHAPITRE XXXIX

Voyage à Osborne. — Affaire des Principautés. — Anecdotes.

Le public ne s'était pas douté des causes de désaccord, de méfiance et de jalousie qui, en 1857 et en 1858, avaient failli compromettre, sinon briser l'alliance anglaise.

Lorsque, dans la conférence, était venue la question des Principautés, l'Empereur avait fait présenter par le comte Walewski une proposition tendant à placer la Valachie et la Moldavie réunies sous le gouvernement d'un prince européen, relevant de la Porte. Cet arrangement avait soulevé de très vives discussions.

Il avait l'inconvénient de contrarier les vues de l'Autriche, qui entendait conserver une influence sur les Principautés, ses voisines, et de mécontenter la Porte qui, dans l'union des deux provinces et l'introduction d'un prince étranger, voyait pour elle, dans un avenir prochain, l'abaissement et la perte de son autorité.

Cette proposition déplaisait aussi à la Russie, qui désirait l'avènement d'un prince national. C'était pour elle la certitude d'exercer bientôt à Bucarest une quasi-suzeraineté.

Quant à l'Angleterre, elle était franchement hostile à cette combinaison, parce qu'elle la considérait comme le premier coup porté à l'existence même de l'Empire ottoman en Europe. De plus, lord Palmerston et lord Clarendon y voyaient un commencement d'exécution du rêve cher à l'Empereur : « le remaniement des frontières ». Ainsi que je le dirai plus tard, ces deux hommes d'État avaient reçu les confidences de Napoléon III à ce sujet.

En face de tant de dissidences, l'Empereur, conformément à son habitude, n'avait pas insisté. Pour masquer sa retraite, il avait offert de se rendre à Osborne pour prendre l'avis de la Reine et du prince Albert, bien décidé d'avance à retirer une proposition qu'il reconnaissait inopportune. Après s'être fait un peu prier, la Reine avait accepté la rencontre. Lord Palmerston et lord Clarendon, le comte Walewski et le comte de Persigny devaient aussi se rendre à la résidence royale pour ouvrir une espèce de conférence intime.

Après plusieurs entretiens empreints de la plus amicale courtoisie et dont les ministres, chaque soir, rendaient compte à leurs souverains, l'Empereur, simulant l'homme convaincu des dangers que sa persistance pourrait entraîner, avait retiré son projet. C'était faire acte de conciliation, sans trop engager l'avenir, puisque cette combinaison devait, quelques années plus tard, recevoir son exécution, sous l'autorité du prince Charles de Hohenzollern, aujourd'hui roi de Roumanie.

La bonne grâce que Sa Majesté avait apportée en faisant cette concession avait ravivé la confiance et les bons sentiments de la Reine à l'égard de son allié. L'Impératrice, de son côté, avait charmé le prince Albert, son admirateur déclaré, et l'on s'était séparé dans les meilleurs termes. L'on aurait dit d'amoureux se faisant des serments de fidélité, après des explications orageuses.

Voici dans quels termes, après le départ de ses hôtes, la Reine rendait compte de ses impressions à son oncle le roi Léopold (1) :

« La visite que nous venons de recevoir a été en tous points satisfaisante et agréable. Politiquement, elle a été un bienfait du ciel, comme dit lord Clarendon, car les malheureuses difficultés des Principautés ont été aplanies et réglées d'une façon satisfaisante. L'entrevue a été tranquillement agréable... l'Empereur a causé avec Albert avec franchise, et Albert a fait de même envers lui, ce qui est un grand avantage; et, le dernier jour, lord Palmerston m'a dit : « Le prince peut dire « bien des choses que nous ne pouvons pas dire. » Ceci est fort naturel.

« L'Empereur, à qui j'ai transmis le message dont vous m'aviez chargée, m'a priée de vous dire mille choses, et il a ajouté : « Le Roi n'est pas seulement très « aimable, mais il a tant de bon sens! »......

« On ne saurait être plus aimable, bon, gai et sans contrainte que l'ont été Leurs Majestés. Ce sont de

---

(1) Livre de sir Théodore Martin, déjà cité.

charmants hôtes, et, quant à elle, nous en sommes tous amoureux. Je voudrais que vous la connaissiez. Albert, qui s'engoue faiblement des dames et des princesses, l'aime beaucoup et se déclare son grand partisan.

« Le dévouement de Persigny à l'Empereur, son courage et sa droiture dans toutes ces affaires font plaisir à voir. »

De son côté, lord Clarendon, de retour à Paris, écrivait à la Reine : « On ne saurait trop estimer l'importance de cette visite, car l'Empereur c'est la France, et, qui plus est, la France sous sa forme la meilleure, parce qu'il lui est permis de céder à de généreux mouvements et d'apprécier la vérité. Son alliance avec l'Angleterre a donc été retrempée et renforcée à Osborne. »

Le prince Albert avait été plus réservé, et nous verrons dans la suite, quand j'aurai à porter un jugement d'ensemble sur la situation de l'Empereur en Europe au moment de la guerre d'Italie, que le prince-époux a été loin de lui être favorable.

Après le voyage d'Osborne, je lis bien, dans le mémorandum que le prince a envoyé à son confident Stockmar, que « l'Empereur a été conciliant, très confiant », mais je constate aussi, dans ce long factum, qu'à la simple allusion faite par Sa Majesté de son désir de voir un jour reviser les traités de 1815, le prince a repoussé la réalisation de ce programme avec une hautaine énergie.

« ... Alors l'Empereur a parlé d'un sujet qu'il avait très à cœur et dont on aurait pu, croyait-il, parler lors de la Conférence de Paris; mais il en avait abandonné la pensée en présence des difficultés et des dangers qu'il pourrait faire naître, à savoir les traités de 1815.

« Je lui ai exprimé de la façon la plus énergique mon opinion sur le danger qu'il y aurait à toucher à cette question. Ces traités pouvaient être mauvais, sans doute, mais leurs principes n'étaient pas dirigés contre la France. Ils étaient le résultat d'une guerre de vingt-cinq ans qui avait embrasé toute l'Europe, et ils étaient la base d'une paix qui avait assuré au monde un repos de quarante années. . . . .

« ... L'Empereur m'a répliqué qu'assurément, s'il y avait lieu de prévoir de tels résultats (danger pour la paix du monde), il ne fallait pas y songer, mais qu'il lui semblait que beaucoup de petites améliorations dans l'état de l'Europe étaient possibles sans amener de telles conséquences. Il ne voulait rien faire qui pût créer le désordre; tout ce qu'il désirait, c'était de bien s'entendre avec le gouvernement anglais sur toutes les éventualités, afin que, le cas échéant, on ne nous trouvât pas pris au dépourvu et en désaccord.

« J'ai répondu que les traités de 1815 avaient été la base sur laquelle reposaient le droit international et l'état légal de l'Europe, mais que cela n'avait pas empêché de nouveaux ajustements dans certains cas. Je n'avais qu'à citer la Belgique... Le point principal des traités, en tant que dirigés contre la France, c'était l'exclusion du trône de la famille Bonaparte. Que sa présence ici, en ce moment, était la plus grande preuve qu'il n'y avait aucune difficulté à changer des points spéciaux lorsque de pareils changements étaient nécessaires ; mais que mettre en doute les traités d'une façon générale, c'était conduire à une commotion générale. »

Inutile de pousser plus loin les citations de ce long mémorandum. J'en ai dit assez pour prouver que, si l'entrevue avait été agréable, l'Empereur n'en devait pas moins emporter la conviction que le prince Albert serait, sa vie durant, l'adversaire de sa politique.

La visite d'Osborne n'avait donc été qu'un replâtrage, mais son résultat suffisait au besoin du moment. Elle avait donné le change à l'opinion, en faisant taire les bruits de mauvaise entente entre les deux nations alliées.

Cette villégiature *in private* ne dura que quatre jours. On vécut de la vie de famille. Le prince Albert, grand agronome, promena ses hôtes dans ses fermes, leur donna complaisamment des notions d'agriculture, leur fit admirer ses machines et ses constructions agricoles. Un bal champêtre, des causeries intimes, une petite revue à pied dans le parc avaient occupé les Souverains, pendant que leurs ministres bataillaient, les uns pour enfoncer une porte ouverte, les autres pour faire semblant d'en défendre l'entrée.

C'était la première fois que je me rencontrais avec lord Palmerston. Ce grand vieillard, vrai type de l'Anglais de 1815, que nous représentent les gravures du temps, était très curieux à étudier; il procédait par saillies et prenait plaisir à étonner son auditoire.

Il parlait de l'Empereur en très bons termes, mais je crois qu'à ce moment déjà il critiquait sa politique et faisait chorus avec le prince Albert.

Dans une promenade que nous fîmes aux environs d'Osborne, dans un char à bancs faisant cortège à celui de la Reine, lord Palmerston fut des plus aimables et des plus galants avec les dames de l'Impératrice. La conversation ne tarit pas un seul instant, et je me souviens, comme si c'était hier, des deux heures agréables que nous passâmes pendant cette excursion.

J'ai parlé tout à l'heure des prétentions d'agronome du prince Albert. Comme, en longeant ses magnifiques prairies peuplées de moutons énormes touchant la terre, je me mis à regretter de voir les clôtures en bois goudronné remplaçant les belles haies vives d'autrefois, le ministre me dit : « Vous ne savez sans doute pas la raison de ce changement? Les haies de verdure se confondant avec les prairies offraient un coup d'œil charmant, c'est vrai, au lieu de ces vilaines palissades noircies; mais voici l'explication : on a fait le calcul que ces haies occupaient, sur la surface de l'Angleterre, un nombre infini d'hectares perdus pour la culture. De plus, ces haies attiraient et contenaient un nombre indéfini de bêtes qui nuisaient aux moissons. » Je suis sûr qu'à l'heure qu'il est cette explication est peu connue.

Comme nous rentrions, lord Palmerston, me prenant à part d'un air sérieux auquel je faillis me tromper, me dit : « Cher général, quels sont donc, je vous prie, ces messieurs distingués qui ont précédé l'Empereur d'un jour et qui, hier matin, ont pris position sur tous les points culminants dès que le yacht impérial a été en vue ? »

Comme il souriait de sa description et que je vis bien qu'il ne m'avait amené que pour faire un mot, je fis son jeu et lui dis que ces beaux messieurs étaient des hommes de la police qui n'avaient pas su se dissimuler, ainsi qu'ils devaient certainement en avoir reçu l'ordre.

« Ils étaient si beaux, si bien habillés de neuf, habit noir et cravate blanche, que je les avais pris pour des ténors.

— Ce ne sont que des comparses! » lui dis-je ; et il se mit à rire de sa plaisanterie et de ma réponse.

Le fait est que le préfet de police, Piétri, aurait bien dû, en envoyant ces braves gardes du corps à la Belle Jardinière pour s'habiller de neuf, leur faire prendre des redingotes pour le matin.

Quand la Reine était venue en France, je me souviens encore de la bonne tenue des hommes affectés à son service personnel. L'on aurait dit de véritables gentlemen. Il faut en prendre son parti, les Anglais ont bien des défauts, mais leurs employés dans toutes les sphères sont mieux élevés, mieux vêtus que les nôtres ; leurs serviteurs mêmes ont meilleure façon que ceux de notre pays. Cela tient à ce que chaque état, chaque corporation, du haut jusqu'en bas, forment des classes hiérarchisées. Le Français se croit supérieur à tous les employés et, à peine en place, ne pense qu'à en sortir.

Mais si, par une digression que le hasard m'a dictée, je me plais à faire dans un certain ordre d'idées l'éloge des Anglais, je ne puis néanmoins m'empêcher de signaler une rudesse de forme dans leur caractère qu'il est très désagréable d'avoir à supporter.

Ainsi tout le monde sait que dans les clubs — et nous faisons de même en France — il est admis d'entrer le chapeau sur la tête et de ne pas même le retirer pour saluer en arrivant. L'on se parle et s'aborde comme si l'on ne s'était pas quitté depuis la veille. Toutefois, dans nos clubs français, au Jockey, à l'Impérial, à l'Union, au Cercle de la rue Royale, les mieux composés de Paris, personne ne garde son chapeau lorsqu'un personnage, prince ou autre étranger de distinction, est amené par un membre du comité pour visiter les salons.

En Angleterre, il en est tout autrement. Tout membre, en raison de la morgue inhérente au caractère anglais, croirait déroger s'il faisait attention à un nouvel arrivant, quel qu'il fût, parcourant le club. Chacun se prévaut de l'idée qu'il est chez soi, et qu'il ne doit se déranger pour personne. S'il lit un journal, il continue; s'il est assis, il ne bouge pas; il feint de ne voir ni entendre ce qui se passe autour de lui.

Dans une visite que l'Empereur fit avec moi et un Anglais de nos amis au cercle de Cowes, je fus frappé de cette maussaderie.

Lorsque Sa Majesté entra, un membre seul, appartenant au comité sans doute, vint au-devant de lui. Tous les autres, assis, debout, causant, lisant, ne prêtèrent pas la moindre attention. J'étais abasourdi de ce manque d'égards, je ne dirai pas seulement à l'égard de l'Empereur, mais à l'égard d'un étranger. Quelque habitué que je fusse au sans-façon des clubs, je ne pouvais revenir de cette inconvenance. Sa Majesté, voyant mon étonnement, me dit avec son indulgence ordinaire : « Ne vous préoccupez pas de cela. J'ai fait partie de ce cercle autrefois, et je suis sûr qu'ils affectent cette indifférence, qui vous choque, pour me faire comprendre qu'ils me considèrent toujours comme un des leurs et que je suis chez moi dans leur club aussi bien qu'eux. »

Il y avait du vrai dans cette interprétation, car l'Empereur était non seulement populaire en Angleterre, mais très aimé de la haute société, et il n'y avait là que des gens extrêmement distingués. Il ne pouvait donc y avoir de parti pris, ni mauvaise intention contre leur ancien collègue devenu le souverain de la France.

Je n'en avoue pas moins que je n'ai jamais pu digérer cette étrange manière de témoigner de ses sympathies pour un visiteur étranger...

Dans notre premier voyage à Windsor en 1855, j'avais pris note de quelques détails dans la tenue et dans le service de table qui me paraissaient mieux entendus que chez nous. J'avais fait part à l'Empereur de mes observations, et l'ordre avait été donné d'en tenir compte. Mais, soit manque de goût, soit force d'inertie de la part des chefs du service intérieur, ces améliorations n'avaient pas été apportées. Le voyage d'Osborne devant se faire « en privé » et donner, par conséquent, toutes les facilités pour constater par comparaison les défectuosités que j'avais signalées, je donnai le conseil à Sa Majesté d'emmener avec elle l'adjudant général du palais, remplissant les fonctions de grand maréchal.

Cet excellent homme, très ordonné (1), mais un peu en dehors des choses de l'élégance, convint des lacunes sur lesquelles mon attention avait été appelée, et, au séjour suivant à Compiègne, tout était comme je l'avais désiré.

Avant de quitter Osborne, l'Empereur invita le duc de Cambridge à venir passer quelques jours avec lui au camp de Châlons. Cette gracieuseté faite au commandant en chef de l'armée fut très agréable à la Reine. Les adieux se ressentirent de la satisfaction qu'en éprouva Sa Majesté, et c'est avec l'émotion des premières rencontres que les souverains se dirent au revoir dans les termes les plus affectueux.

En attendant un nouvel orage dont les grondements se feront bientôt entendre, rendons-nous au camp de Châlons, dont, jusqu'à ce moment, je n'ai pas encore eu l'occasion de donner la physionomie.

---

(1) Le général Rolin.

CHAPITRE XL

Le camp de Châlons. — Le duc de Cambridge. — Lord Cardigan.

Le camp de Châlons est une création de l'Empereur, datant de 1856. Le général Castelnau (alors lieutenant-colonel, aide de camp du ministre de la guerre) et moi, avions reçu la mission de reconnaître le terrain, de poser les jalons des baraquements futurs et de désigner l'emplacement du grand quartier impérial et général. Ce camp forme un immense quadrilatère où cent mille hommes peuvent manœuvrer à l'aise.

Depuis sa fondation jusqu'en 1870, l'Empereur n'a jamais manqué d'y aller passer une partie du mois d'août. Sa Majesté aimait à se trouver au milieu de ses soldats le jour de sa fête.

Pendant les trois semaines qu'elle donnait aux manœuvres, aux expériences de tir, c'était un va-et-vient de visiteurs de marque et de généraux étrangers. L'Impératrice, la princesse Anna Murat y firent deux ou trois fois une courte apparition.

Il y avait maison ouverte au grand quartier impérial. Tous les généraux, officiers supérieurs et officiers les plus anciens de chaque grade étaient tour à tour invités à la table du Souverain.

Après les repas de soixante à quatre-vingts couverts, matin et soir, Sa Majesté causait familièrement avec ses hôtes, et de ces entretiens l'Empereur tirait des renseignements utiles sur les questions à l'ordre du jour. Il écoutait les avis contradictoires donnés loyalement par chacun, et se formait une opinion sans subir celle de son ministre.

Très enclin à encourager les inventions, il se préoccupait sans cesse des améliorations possibles dans l'hygiène et la nourriture du soldat. Non content de questionner les colonels sur les résultats obtenus, soit à propos d'une chaussure nouvelle, soit à propos d'un changement dans l'habillement, l'Empereur recueillait l'avis des hommes de garde qu'il interrogeait isolément. Sa sollicitude était constante, paternelle, sa générosité sans limites. Combien d'officiers de tout grade lui doivent le repos de leur famille ! Combien d'infortunes soulagées dans ces audiences toujours accordées.

Le quartier impérial était simplement, mais confortablement organisé. Il se composait d'un pavillon au centre contenant les appartements strictement nécessaires de l'Empereur et du Prince impérial. A sa droite, un autre pavillon destiné à l'Impératrice ; en continuant, des baraques un peu moins importantes pour les princes étrangers ou les ministres. A la gauche du pavillon de l'Empereur, le salon de service pour les aides de camp et officiers d'ordonnance. A la suite, sur la même ligne et à dix mètres, une immense salle à manger pour recevoir jusqu'à cent convives. Derrière cette grande construction, une salle de réunion assez vaste pour abriter les invités après chaque repas. Enfin, perpendiculairement au pavillon de l'Empereur, deux longues rangées de baraques isolées pour loger la maison militaire. Parallèlement à ces dernières, à quelques mètres en arrière, le même nombre de petits pavillons affectés aux étrangers. Derrière le tout, des baraques pour les serviteurs.

Hors du quartier, des écuries pour cent vingt chevaux de selle et de poste. Faisant face aux écuries était le quartier de l'escadron des cent-gardes, avec baraquements et mess pour les officiers et soldats.

Tout cet ensemble de constructions en planches recouvertes d'une peinture uniforme présentait un coup d'œil très satisfaisant.

Aucun luxe, mais une régularité, un ordre admirables. Dans les camps que j'ai visités en Europe, je n'ai rien vu qui pût rivaliser avec cette organisation du quartier impérial.

C'est le capitaine du génie Veynant qui avait présidé à l'établissement de ce vaste parallélogramme, et c'était le colonel comte Lepic, aide de camp de l'Empereur, qui, en qualité de premier maréchal des logis du palais, avait la haute main sur le quartier impérial.

L'on ne saurait trop rendre justice à l'entente de l'un et à l'esprit d'organisation du second. Ce pauvre Lepic, enlevé par la mort il y a peu d'années, était un de mes bons amis. Il m'est agréable, en citant son nom, de lui consacrer quelques lignes d'éloges et d'affectueux souvenir.

Le 18 septembre, le duc de Cambridge fut exact au rendez-vous. J'allai le recevoir à sa descente de wagon. En dehors de ses aides de camp, lord Burghersh, les colonels Clifton et Maude, le prince était accompagné de lord Cardigan, que l'Empereur avait directement invité.

Pour faire honneur au cousin de la Reine, Sa Majesté avait envoyé deux pelotons de ses cent-gardes pour l'escorter de la gare au quartier impérial. Une double haie formée par la cavalerie s'étendait sur tout le parcours.

Le noble duc et son ami furent très chaleureusement accueillis. La vue de ces habits rouges dans un camp français évoquait des souvenirs glorieux. Tous les anciens soldats de Crimée étaient d'autant plus sympathiques aux deux héros d'Inkermann et de Balaklava, que cette présence au camp rappelait la part généreuse prise, dans ces glorieuses journées, par l'armée française courant au secours des Anglais.

Après une semaine bien employée, pendant laquelle avaient eu lieu de grandes manœuvres, des expériences de tir, des revues, de grands dîners, des représentations au théâtre improvisé de Mourmelon, le duc de Cambridge et lord Cardigan, fêtés, acclamés, chaque fois qu'ils passaient dans les rangs, prirent congé de l'Empereur.

Ce n'était pas sans motif que Napoléon avait peut-être exagéré la note en faisant à ses hôtes une réception si brillante. L'Empereur allait bientôt partir pour se rencontrer à Stuttgard avec l'empereur de Russie. Il s'attendait aux récriminations jalouses que causerait à Londres cette entrevue, et il tâchait, par son amabilité, d'atténuer la méfiance dont il savait devoir être l'objet.

CHAPITRE XLI

Entrevue de Stuttgard. — L'Empereur se rencontre avec
l'empereur de Russie.

Le 25 septembre 1857, après vingt-quatre heures passées à Paris, l'Empereur, accompagné du comte Walewski, ministre des affaires étrangères, du prince Joachim Murat, du général de Failly et de moi, se rendait au rendez-vous que lui avait fait offrir l'empereur de Russie.

En passant par Bade, Sa Majesté avait été saluée par le prince de Prusse, frère du roi. Ce même prince de Prusse était celui qui allait devenir régent, puis roi, et devait être un jour l'empereur d'Allemagne.

Après avoir rendu visite à sa tante la grande-duchesse Stéphanie, l'Empereur s'était rendu au château grand-ducal et avait déjeuné avec le grand-duc et la grande-duchesse de Bade, la grande-duchesse Sophie, la princesse Marie et le prince de Prusse, venu le matin à sa rencontre.

Dans la même journée, Sa Majesté se remettait en route pour Stuttgard, où elle arrivait à quatre heures.

A Carlsruhe, LL. AA. grand-ducales, Guillaume et Maximilien étaient venues le complimenter.

Le roi et la reine de Wurtemberg, la reine de Hollande, la reine de Grèce, la grande-duchesse Hélène de Russie, attendaient l'auguste visiteur.

Dans la soirée, l'empereur et l'impératrice de Russie venaient se joindre à cette réunion princière.

Des grands dîners auxquels assistaient les trois souverains, l'impératrice de Russie, les quatre reines et les princesses, escortés de leurs grands dignitaires; des jardins du château de Walhelma féeriquement illuminés; de la visite aux magnifiques haras du Roi, fanatique de ses chevaux réputés dans le monde entier, je ne parlerai pas; toutes ces belles choses ne sont que le cadre d'un tableau bien autrement intéressant : celui de tous ces princes et princesses entourant de leur déférence respectueuse, de leurs prévenances sympathiques, l'Empereur venu dans cet Olympe; spectacle plus saisissant que les grandes scènes de Windsor et de Saint-Cloud.

C'était, pour Napoléon III, une réédition de Tilsitt. C'était l'affirmation de sa puissance, de son influence personnelle. C'était un éclat rappelant les beaux jours du premier Empire.

Je ne veux pas paraître plus au courant que je ne l'ai été et ne le suis des motifs qui avaient déterminé les cabinets de Saint-Pétersbourg et des Tuileries à concerter cette solennelle rencontre. Comme tout le monde s'occupant de politique, j'ai compris — je n'ai pas reçu de confidence de l'Empereur à ce sujet — que le Tsar, sous le prétexte banal d'entrer en relations amicales avec son généreux adversaire et de le remercier de sa modération, avait pour but de le détacher de l'alliance anglaise et d'obtenir de lui des garanties contre toute immixtion de la France dans la question polonaise.

L'empereur Alexandre, sachant les visées de son bon frère sur la reconstitution de l'Italie, pouvait raisonnablement croire qu'il arriverait à brouiller les deux alliés en promettant, sinon son concours, du moins sa neutralité.

Nous avons vu déjà que le comte Orloff avait fait entrevoir les intentions de son maître de ne pas entraver les solutions posées dans la conférence par le comte de Cavour.

De son côté, l'Empereur n'avait qu'à se laisser aduler jusqu'au moment où on lui demanderait plus qu'il ne voulait tenir. Calme comme toujours, se sentant supérieur, il faisait bravement tête à cet assaut de séductions déployées contre lui. Il n'était pas insensible aux attentions dont il était comblé. Mais il n'était pas grisé. C'était le propre de l'Empereur de ne paraître jamais étonné de sa surprenante fortune. Il semblait un souverain revenu d'exil et continuant son règne commencé.

Néanmoins, la reine de Hollande, femme d'un esprit supérieur, se préoccupait de ce travail d'enlacement qui se faisait autour de son cousin. Très dévouée à l'Empereur, mais très engouée de l'Angleterre, elle craignait — était-ce à la suite de quelque indiscrétion de ses parents? — que toutes ces coquetteries ne finissent par compromettre l'alliance anglaise.

Un matin, dès l'aube, je recevais d'elle un billet laconique me disant de venir au plus tôt. Quelques instants après, — il n'était pas sept heures, — je me rendais chez Sa Majesté. Je la trouvais tout habillée et déjà devant sa table à écrire.

« Vous êtes étonné de mon appel si matinal? Mais je n'ai pas dormi de la nuit. Je sais que Napoléon doit se rencontrer tout à l'heure avec l'empereur Alexandre. Tous ces entretiens répétés me donnent beaucoup à penser. Je désire, mon cher général, que vous suppliiez l'Empereur de se défier des Russes et de ne pas perdre de vue que l'alliance anglaise est précieuse pour la France et pour lui. »

Quoique je ne fusse pas tout à fait de l'avis de la Reine, je ne pouvais que m'acquitter de ma commission sur l'heure.

Sa Majesté sourit un peu du zèle exagéré de la Reine et se contenta de me dire : « Je la tranquilliserai. »

La reine de Hollande n'avait pas tout à fait raison. L'alliance anglaise était précieuse, sans doute, mais n'était durable qu'à la condition que l'Empereur fît tout ce que voulait son alliée, fît abnégation des intérêts français et ne recherchât, en dehors d'elle, aucun point d'appui en Europe. Cette politique d'effacement, malgré ses inconvénients, eût peut-être été la bonne pour un autre souverain que Napoléon. Elle ne pouvait convenir au neveu du grand Empereur, qui s'était tracé pour devoir de rendre ses frontières à la France et d'arborer la politique de nationalité. La logique condamnait donc l'Empereur à rechercher aujourd'hui les sympathies de la Russie, pour mener à bien les commencements de son programme, et demain de faire effort pour gagner la Prusse, quand viendrait, à son tour, la question du Rhin.

Ce que l'on peut dire toutefois, c'est que cette politique, quelle que fût sa grandeur, ne pouvait cadrer avec celle de l'Angleterre, qui la repoussait énergiquement, et qu'il eût été plus net et plus habile, dès lors, de renoncer carrément à une alliance que la jalousie et la méfiance allaient rendre stérile.

Mais l'Empereur, nous l'avons dit, avait un grand faible pour ce pays dont il connaissait les mœurs, appréciait le génie. Il en avait reçu l'hospitalité la plus généreuse, il était en relations d'amitié avec ses hommes d'État. Il avait, enfin, gagné les bonnes grâces de la Reine. Rien de plus naturel qu'il hésitât à rompre des liens qui lui étaient chers et qui avaient fortifié ses premiers pas; seulement, comme un époux volage, il voulait usurper le droit d'être infidèle, sans, pour cela, recourir à la séparation. Plus, au contraire, il avait de torts à se reprocher, plus il redoublait d'amabilité et d'affectueux témoignages. Nous l'avons vu courir à Osborne pour dissiper un nuage; nous le verrons bientôt inviter la Reine et le prince Albert à venir à Cherbourg.

Mais il sera trop tard, la confiance sera perdue, et, des documents dont fourmille le livre de sir Théodore Martin, il ressortira que l'alliance anglaise avait, à cette époque, fini de donner les fruits qu'elle pouvait produire.

CHAPITRE XLII

Le duc de Malakoff à Londres. — Renversement de lord Palmerston. — Le général Espinasse ministre de l'intérieur. — Les adresses des colonels à propos de l'attentat d'Orsini. — Le calme renaît. — Le comte de Cavour à Plombières. — L'Empereur invite la Reine à assister aux fêtes de Cherbourg.

Nous n'avons précédemment fait qu'indiquer à la suite de quelles circonstances le duc de Malakoff avait été envoyé à Londres pour prendre la succession du comte de Persigny. Nous allons un peu nous étendre sur les graves incidents qui avaient motivé cette nomination ; nous prions le lecteur de remonter avec nous à quelques chapitres en arrière.

Après l'attentat d'Orsini (1), le gouvernement français avait chargé l'ambassadeur à Londres de soumettre au cabinet de la Reine une modification à la loi des étrangers.

La législation anglaise, disait en substance cette note, devait-elle aider les desseins d'hommes qui ne sont pas simples réfugiés, mais des assassins, et continuer à donner asile à des personnes qui se placent au-dessus du droit commun ? Le gouvernement de Sa

(1) 14 janvier 1858.

Majesté Britannique peut nous aider à empêcher la répétition de menées aussi coupables, en nous donnant une garantie de sécurité qu'aucun État ne peut refuser à un État voisin et que nous sommes autorisés à attendre d'un allié.

De plus, comptant sur la haute raison du cabinet anglais, nous nous abstenons d'indiquer en aucune façon les mesures qu'il croira devoir prendre pour acquiescer à ce désir. Nous laissons entièrement le choix à sa décision.

Cette communication faite en langage si modéré avait été bien accueillie d'abord par lord Palmerston, et un article ajoutant à la loi une aggravation de pénalité avait été proposé contre les conspirateurs et les complices d'assassinat contre les souverains étrangers.

Cette modification à l'*Alien Bill* avait passé en première lecture à une forte majorité. Mais, entre temps, l'Empereur avait donné le ministère de l'intérieur au général Espinasse, en remplacement de M. Billault, l'un des hommes les plus distingués de l'Empire.

Cette nomination étrange avait produit un détestable effet, aussi bien en France qu'à l'étranger.

Le général Espinasse, brave et énergique officier, avait été un des principaux acteurs dans les journées du coup d'État, et l'Empereur pouvait, à juste titre, compter sur son dévouement. Mais son arrivée insolite au pouvoir, dans un poste civil, impliquait à la fois un caractère de menace et de faiblesse de la part du gouvernement.

ADRESSE DES COLONELS.

Je fus tellement affecté de cette nomination que j'en fus littéralement malade de chagrin. Je la considérai avec raison comme un acte d'affolement, et il me fût extrêmement pénible de constater que, pour la première fois, l'Empereur, toujours si maître de lui d'habitude, avait manqué de sang-froid.

A côté de cette mesure, si regrettable à tous les points de vue, était venu se placer un nouvel incident qui changea complètement les dispositions du parlement anglais.

Un assez grand nombre de colonels, Castagny en tête, présentèrent des adresses de félicitations à l'Empereur sur son salut providentiel. Quelques-unes d'entre elles, malheureusement, dénonçaient l'Angleterre, comme un repaire de conspirateurs et d'assassins et réclamaient une éclatante réparation.

Ces manifestations imprudentes, reproduites par le *Moniteur officiel*, furent considérées à Londres comme exprimant la pensée de Napoléon III.

En seconde lecture, la proposition de lord Palmerston fut rejetée, et le ministère mis en échec remit sa démission à la Reine.

Le pouvoir passa dans les mains de lord Derby, dont le premier acte fut de retirer le *Conspiracy Bill*.

Persigny, froissé d'avoir échoué dans ses efforts de conciliation, rejeta la faute sur le compte de Walewski et demanda son rappel à l'Empereur.

C'est alors que, pour calmer les esprits, aussi bien à Londres qu'à Paris, Sa Majesté donna l'ambassade au duc de Malakoff.

Le maréchal était bien l'homme de la circonstance. Le choix du chef victorieux de l'armée de Crimée, outre qu'il était très flatteur pour l'Angleterre, avait coupé court aux excitations de la presse des deux pays, ainsi qu'aux criailleries populaires d'Hyde Park, qui avaient pris les proportions d'un appel aux armes contre la France.

Le duc de Malakoff, dont nous connaissons le sans-façon et la crudité de langage, avait bien un peu découvert l'Empereur, en blâmant trop haut la nomination d'Espinasse. Mais si sa langue était trop longue, son cœur était loyal et son influence considérable.

Grâce à l'apaisement que sa présence avait produit à Londres, et malgré quelques ferments d'irritation nouvelle causée par l'acquittement de Bernard, le complice d'Orsini, l'Empereur, sans trop paraître se déjuger, put retirer le ministère de l'intérieur au fougueux Espinasse. Les intérêts réciproques aidant, les relations des deux pays reprirent bientôt leur cours accoutumé.

J'ai déjà indiqué que Napoléon III attachait un prix immense à conserver l'alliance anglaise. Toujours fidèle à son système de temporisation, il savait faire opportunément les concessions nécessaires, lorsque les relations semblaient le plus compromises. Dans ces derniers événements, c'est lui qui avait eu le beau rôle. En n'insistant pas près du gouvernement de la Reine pour obtenir une satisfaction personnelle, il avait fait preuve d'habileté et ramené la question à ses moindres proportions.

L'explication de cette longanimité, il faut la trouver dans l'extrême désir de l'Empereur de rester en bons termes avec une alliée dont l'intimité lui était agréable et flattait son amour-propre.

Il n'oubliait pas non plus que c'était la Reine qui, la première parmi les souverains des grandes puissances, lui avait tendu la main et reconnu l'Empire. La bonne grâce aussi que l'Impératrice avait rencontrée à la cour de Saint-James avait touché le cœur du nouvel époux. Par les lettres affectueuses qu'il écrivait à la Reine, par les fréquentes communications, au moindre nuage, qu'il chargeait Persigny de lui transmettre, on voit la constante préoccupation de l'Empereur d'atténuer les moindres causes de mécontentement.

C'est ainsi que nous le voyons, au moment où la question des principautés menace de devenir irritante, solliciter une entrevue avec la Reine et retirer sa proposition, quitte à la représenter plus tard.

Il doit se rencontrer avec l'empereur Alexandre, il prévoit les jalousies que cette rencontre va soulever, il s'empresse, avant de partir pour Stuttgard, d'inviter le duc de Cambridge à venir le retrouver au camp de Châlons, et il fait au cousin de la Reine une réception royale.

Au mois de juillet, l'Empereur doit recevoir une visite qui ne manquera pas d'inquiéter l'Angleterre. Il a donné rendez-vous au comte de Cavour. C'est dans cette entrevue qu'il compte s'engager définitivement à seconder l'Italie, et qu'en échange le ministre de Victor-

Emmanuel promettra le consentement du Roi au mariage de sa fille avec le prince Napoléon et stipulera, pour après la guerre, la cession de Nice et de la Savoie.

A ces éventualités grosses d'orage, il faut bien un palliatif nouveau. Il inventera les fêtes de Cherbourg et n'aura de cesse, jusqu'à ce que la Reine consente à y assister.

Cette entrevue de Plombières, tenue secrète pendant quelques jours, avait bien vite été connue à Londres. La nouvelle, colportée, commentée par la presse, avait ouvert le champ à toutes les suppositions et réveillé les passions à peine endormies. L'Empereur faisait démentir tous les bruits propagés à cette occasion. Mais le prince Albert, soufflant sur le feu, se montrait incrédule aux explications fournies par l'ambassadeur de France et les journaux officieux.

Cette guerre avec l'Autriche, disait-on autour de la Reine, n'est que le prélude du programme belliqueux de Napoléon; et là-dessus on faisait grand tapage des armements et de l'augmentation prétendue des forces de terre et de mer de la France.

Après avoir battu l'Autriche, ajoutait-on, c'est à l'Angleterre qu'il s'en prendra, puis il portera son armée sur le Rhin; et la méfiance allait grandissant.

L'Empereur n'avait pas de si vastes projets et ne nourrissait aucune mauvaise pensée contre l'Angleterre. Plus que jamais, au contraire, il tenait au maintien de la bonne entente avec elle. Il se faisait l'illusion de croire que, si la Reine et le prince Albert étaient hostiles à ses projets sur l'Italie, il avait néanmoins dans le pays de nombreux partisans de sa politique.

Beaucoup d'esprits libéraux, en effet, ne voyaient pas sans une secrète satisfaction la croisade que le souverain de la France allait entreprendre contre des gouvernements despotiques et surannés qui asservissaient la péninsule italienne.

L'Empereur, à son point de vue, avait donc intérêt à ménager, tout en n'abandonnant rien de ses projets, non seulement les susceptibilités de la Cour et du Cabinet, mais à se concilier les sympathies de l'Angleterre. C'était dans cet ordre d'idées qu'il avait tant tenu à faire agréer à la Reine l'invitation qu'il lui avait adressée de venir assister à la solennité pacifique de Cherbourg.

Les hésitations qui avaient précédé l'acceptation avaient duré un certain temps. Il est curieux, comme signe des temps, d'en donner l'aperçu suivant, que j'extrais du livre de sir Théodore Martin (1) : « Il était tout naturel, au surplus, que la souveraine d'Angleterre hésitât à assister à cette démonstration. Les travaux de Cherbourg ayant été entrepris dans l'origine comme une menace contre l'Angleterre, elle ne pouvait naturellement en voir l'achèvement avec une grande satisfaction. La réflexion et les communications échangées avec l'ambassadeur à Paris et avec les Tuileries prouvèrent cependant que l'invitation de l'Empereur avait

(1) Sir Théodore MARTIN, *Le prince Albert*, p. 268.

été faite avec le désir de bien marquer que, s'il était arrivé à achever des travaux commencés depuis le règne de Louis XIV, il l'avait fait, non pour mettre l'Angleterre en défiance, mais seulement pour fortifier la position de la France en Europe. Lors donc que l'offre fut renouvelée au mois de juin par le duc de Malakoff, dans une entrevue avec lord Malmesbury, le gouvernement anglais fut d'avis que la Reine devait se rendre au désir de l'Empereur, et pensa même que cette rencontre pourrait avoir des avantages politiques.

« Rien, écrivit lord Malmesbury à la Reine, n'influe autant sur l'esprit de l'Empereur que ses entrevues personnelles avec Votre Majesté. » On savait combien l'Empereur avait été contrarié lorsque la Reine avait, une première fois, décliné l'invitation.

Il fut donc décidé que la Reine irait à Cherbourg, mais qu'elle quitterait cette ville avant la fête préparée pour l'ouverture du grand bassin.

CHAPITRE XLIII

La Reine à Cherbourg. — Extraits de son journal. — Toasts de l'Empereur et du prince Albert.

C'est le 4 août 1858 que l'Empereur et l'Impératrice quittaient Saint-Cloud pour se rendre à Cherbourg.

Pour faire honneur aux augustes hôtes qu'elles allaient rencontrer, la suite de Leurs Majestés était brillante et nombreuse.

Le 5 à sept heures du soir, les salves de tous les vaisseaux et des forts annonçaient l'entrée en rade de la reine d'Angleterre.

Aussitôt l'Empereur et l'Impératrice se rendaient à bord du yacht royal.

La première entrevue fut un peu embarrassée et se ressentit des hésitations qui l'avaient précédée.

La Reine dans son journal, auquel nous avons déjà fait plusieurs emprunts, rend compte de ses impressions d'une manière si charmante, si vraie, que je n'hésite pas à transcrire purement et simplement son récit. Cette photographie prise sur le vif est autrement intéressante qu'une description banale que l'on peut lire dans le *Moniteur*.

Avant de citer le texte même du journal de la Reine, donnons, comme cadre aux différents tableaux qu'elle peint sous des couleurs si variées, la composition de son escorte en arrivant à Cherbourg. Puisons cette description dans le livre de sir Théodore Martin.

« La visite de Cherbourg, attendue avec intérêt en France autant qu'en Angleterre, allait s'effectuer. Vers midi, le 4 août, le yacht royal *Victoria and Albert* partit d'Osborne ayant à bord la Reine, le prince et la princesse de Galles.

« A six milles environ de Cherbourg, ils rallièrent l'imposante escadre qui devait former l'escadre royale pendant le séjour de la Reine, et qui était partie à peu près six heures avant elle.

« L'escorte se composait du *Royal Albert*, 131 canons, ayant l'amiral lord Lyons à bord; du *Renown*, 91 canons; du *Diadème*, 32 canons; de l'*Euryalus*, 51 canons; du *Curaçao*, 31 canons, et du *Racoon*, 22 canons. En outre, à la suite immédiate du yacht royal, sous le commandement du capitaine Dennarr, le *Fairy*, le *Banshn*, le *Black Eagle*, le *Vivid* et le yacht de *Trinity House Irène*.

« L'escorte suivit le yacht royal et entra avec lui dans le port, vers six heures et demie, au milieu des salves répétées des navires de guerre français qui remplissaient la baie et des forts innombrables qui le dominaient. »

Maintenant nous citons le journal de la Reine :

« La soirée était triste et sombre, mais le port était

plein d'animation. Neuf vaisseaux de guerre français étaient à l'ancre, le long de la digue, et de tous côtés s'apercevaient d'innombrables petits bâtiments brillamment décorés.

« Lorsque nous sommes entrés, des salves répétées trois ou quatre fois tonnèrent de tous les vaisseaux et de tous les forts. L'effet était vraiment grandiose. Nous avons jeté l'ancre au milieu de ces vaisseaux entourés des nôtres; le spectacle était merveilleux. . . . . .

« Nous avons dîné fort gaiement à sept heures. La digue était en partie illuminée. Un peu avant, on entendit le cri : « L'Empereur arrive ! » Les musiques se firent entendre, les hommes étaient sur les vergues et les acclamations résonnèrent. Le beau canot blanc avec une tente de velours vert et l'aigle d'or s'est approché. Albert a reçu nos hôtes au bas de l'échelle, et moi en haut.

« L'Empereur est monté d'abord, puis l'Impératrice en robe de soie blanche et lilas et un chapeau garni de dentelles blanche et noire. Je les ai embrassés tous les deux . . . .

« ... Le duc de Malakoff, qui était venu d'Angleterre dans le *Royal Albert*, le préfet maritime et autres sont arrivés avec eux. Nous les avons conduits, après avoir échangé quelques paroles, dans le salon où nous nous sommes assis.

« L'Empereur a été très embarrassé ; l'Impératrice moins et très affable.

« L'Empereur a demandé avec anxiété si le sentiment

contre la France était toujours aussi vif en Angleterre ; si l'on croyait toujours à une invasion. Nous avons souri, lui disant que l'irritation s'était beaucoup calmée, mais que le lieu même où nous nous trouvions causait quelques craintes, et que ces malheureuses adresses des colonels avaient causé un mal incalculable... L'Empereur a répondu qu'on les avait publiées à son grand déplaisir. . . . . . . !

« ...A midi moins vingt, nous sommes tous montés sur le *Fairy*, Albert et George (duc de Cambridge) en uniforme (petite tenue), Berthie (prince de Galles) dans son uniforme de highlander... Alors ont commencé ces assourdissantes salves, auxquelles cependant on finissait par s'accoutumer et qui vraiment produisent un effet merveilleux et bien supérieur aux nôtres. . .

« ... Nous y avons causé un instant (à la préfecture maritime), puis nous avons déjeuné dans un des petits salons avec l'Empereur, l'Impératrice, George, Ernest (prince de Leissingen) et Berthie (prince de Galles). Tous deux ont été aimables, mais l'Empereur un peu contraint et silencieux et pas disposé à parler. Plus tard, lorsque nous nous sommes assis et que nous avons causé avec l'Impératrice, elle a parlé avec beaucoup d'anxiété des affaires, de l'espoir qu'elle avait que tout irait bien, et a encore beaucoup parlé, comme l'avait fait l'Empereur, du mal que les articles de notre presse avaient produit, traduits dans les journaux étrangers, de notre impuissance à l'empêcher, etc.

« ... Nous avons même parlé de l'odieux attentat

d'Orsini, sur lequel l'Impératrice nous a donné plusieurs détails.

« La compagnie s'était réunie dans le salon voisin; nous y sommes allés pour leur parler. Mme Walewska était là, et une jolie veuve espagnole (1) amie de l'Impératrice, appelée Valéra, qui bientôt épousa le duc de Malakoff, les généraux Niel, etc. (2).

« Un dîner à bord de la *Bretagne* faisait partie du programme.

« Nous étions tous les deux très nerveux de ce que mon pauvre Albert avait à prononcer un discours à ce dîner, qu'il lui fallait composer en réponse à celui de l'Empereur.

« ... Nous nous sommes mis à table. Un grand dîner de près de soixante-dix personnes, bien organisé sous une tente sur le pont. L'espace, quoique bas et étroit, était bien décoré de fleurs, de drapeaux et de devises.

---

(1) La jeune personne dont parle la Reine était la comtesse Valera de la Paniega, cousine de l'Impératrice. — Sa Majesté l'avait amenée à dessein pour la faire voir au duc de Malakoff. — Le maréchal la trouva très charmante, lui adressa des vers (il avait cette douce manie de composer des quatrains) et la demanda en mariage. (N. de l'A.)

(2) La suite de Leurs Majestés se composait de S. Exc. le maréchal Vaillant, ministre de la guerre, grand maréchal du palais; de la princesse d'Essling, grande maîtresse de la maison de l'Impératrice; du général Niel, aide de camp de l'Empereur; du général Fleury, premier écuyer, aide de camp de l'Empereur; du marquis de Chaumont-Quitry, chambellan de l'Empereur; du comte de Lezay Marnésia, chambellan de l'Impératrice; du baron de Bourgoing, écuyer de l'Empereur; du capitaine Brady et du marquis de Cadore, lieutenant de vaisseau, officiers d'ordonnance; de M. Mocquard, chef du cabinet de l'Empereur; du maréchal Magnan, qui accompagnait Leurs Majestés dans le ressort de son commandement; de la comtesse de La Bédoyère et de Mme de Lourmel, dames du palais de l'Impératrice.

La suite considérable de l'Empereur et de la nôtre, les amiraux et officiers des deux flottes y assistaient.

« J'étais assise entre l'Empereur et George, lady Devart de l'autre côté de l'Empereur. Albert était en face, entre l'Impératrice, qui avait Berthie de l'autre côté et Mme de La Bédoyère.

« L'Empereur s'est déridé et a causé avec sa franchise habituelle avec moi pendant le dîner. Mais il n'était pas gai et paraissait affecté de tout ce qu'on avait dit de lui en Angleterre et ailleurs. Enfin, le dîner fini, vint l'heure terrible des discours.

« L'Empereur, d'une voix forte, en a fait un admirable, portant ma santé, celle d'Albert et de toute la famille royale. Puis, la musique ayant joué, est venu le moment de torture par lequel je ne voudrais pas repasser. Albert s'en est très bien tiré, quoiqu'une fois il ait hésité. J'étais là, tremblante, les yeux cloués sur la table. Néanmoins le speech a fait très bon effet. Cela fini, nous nous sommes levés, et l'Empereur, dans la cabine, a serré la main d'Albert, et nous avons parlé de l'émotion terrible que nous venions d'éprouver.

« L'Empereur lui-même avait changé de couleur, et l'Impératrice de son côté était très nerveuse. Je tremblais tellement que je ne pouvais pas avaler mon café. »

Dans son discours, l'Empereur s'était efforcé d'affirmer sa fidélité à l'alliance anglaise.

« En vérité, disait-il, les faits parlent d'eux-mêmes et ils prouvent que les passions hostiles, aidées de certains incidents malencontreux, n'ont pas réussi à altérer l'amitié qui existe entre les deux couronnes, et le désir qu'ont les deux nations de rester en paix. Je dirai même plus : j'ai la conviction que si l'on tentait de raviver les vieux ressentiments et les passions d'une autre époque, les efforts demeureraient impuissants devant le bon sens du peuple, comme les vagues reculent devant la digue qui, à ce moment, protège les flottes des deux empires contre la violence de la mer. ».

Le prince Albert avait répondu par des phrases banales qui n'auraient pas dû tant l'émotionner quand il les prononça, car il ne fit pas grands frais d'imagination.

Mais, comme on dit vulgairement, le diable n'y perdit rien. A la suite des impressions de la Reine, si naïves, si charmantes dans leur simplicité, on lit dans le livre de sir Théodore Martin le passage suivant, qui est toute la révélation des pensées intimes du prince époux :

« En présence d'un homme qui avait toujours agi aussi franchement et aussi loyalement que le prince, l'Empereur ne pouvait pas être à son aise en pensant que, peu de jours auparavant, il avait conclu un arrangement avec le comte de Cavour à Plombières, arrangement dont le but ne pouvait manquer d'être condamné par la Reine et par le prince.

« Il est inutile de chercher ailleurs la cause de cette réserve, que malgré sa profonde estime personnelle pour ses hôtes royaux il ne parvint pas à dissimuler. »

Plus loin on lit encore ceci :

« En attendant, on peut juger par ce que le prince

écrivait, deux jours après, à la duchesse de Kent, qu'il était sérieusement inquiet de ce qu'il considérait comme une négligence dangereuse.

« A Cherbourg, comme vous l'auront appris les journaux, si vous avez lu les bons, tout s'est bien passé. L'Empereur était préoccupé et triste. L'Impératrice paraît souffrante. Les préparatifs militaires dans la marine française sont immenses. Les nôtres sont pitoyables. Nos ministres font de belles phrases, mais ils n'agissent pas; mon sang bout quand j'y pense. »

En étudiant ce livre de sir Théodore Martin, à chaque page on y constate l'animosité du prince Albert pour l'Empereur et la préoccupation constante du prince époux de fomenter, contre l'alliée de l'Angleterre, les jalousies et les méfiances de l'Allemagne. Tous les actes, toutes les pensées de Napoléon sont travestis. Si l'Empereur lui fait confidentiellement connaître les aspirations de sa politique, il se sert de ces aveux pour semer la discorde, au mépris de l'alliance anglaise, qu'il aurait avant tout mission de défendre. Il reste Allemand, Prussien, lorsqu'il aurait pour strict devoir de n'avoir pas d'autre politique que celle de son pays d'adoption.

Pendant ce temps, la Reine oscille entre les préventions qu'entretient dans son esprit le prince époux, qu'elle adore, et les sympathies réelles qu'elle ne peut s'empêcher d'éprouver pour l'*homme extraordinaire* (1).

---

(1) Journal de la Reine.

Ce qui étonne, c'est que la Reine ait protégé cette publication, ou au moins n'ait pas retranché ce qu'il y a de blessant dans ce livre pour la mémoire de l'Empereur, aussi bien que pour celle du prince Albert. Cette négligence paraît singulière de la part d'une souveraine qui n'a cessé de montrer pour l'Impératrice tombée des sentiments de si délicate affection.

FIN DU TOME PREMIER.

APPENDICE

I

ÉTATS DE SERVICE DU GÉNÉRAL FLEURY.

Engagé volontaire aux spahis réguliers d'Oran, le 16 novembre 1837.
Brigadier, le 23 juin 1838.
Maréchal des logis, le 23 octobre 1838.
Sous-lieutenant, le 11 décembre 1840.
Passé au corps de cavalerie indigène (escadron d'Oran), le 17 juillet 1842.
Détaché près le colonel Yusuf, le 3 septembre 1842.
Lieutenant, le 14 septembre 1842.
Capitaine adjudant-major, le 11 juillet 1844.
Capitaine commandant l'escadron d'Orléansville, le 19 novembre 1844.
Passé au 1er régiment de spahis, le 15 novembre 1845.
Chef d'escadrons au 3e régiment de spahis, le 5 juillet 1848.
Officier d'ordonnance du Président de la République, le 26 décembre 1848.
Lieutenant-colonel du 1er régiment de hussards, le 8 août 1851.
Aide de camp du Président de la République, le 17 février 1852.
Passé au régiment de guides d'état-major (devenu régiment des guides de la garde impériale), le 31 octobre 1852.
Colonel, le 22 novembre 1852.
Aide de camp de l'Empereur, en décembre 1852.
Premier écuyer de l'Empereur, le 31 décembre 1852.
Général de brigade, le 18 mars 1856.
Directeur général des haras, le 19 décembre 1860.
Envoyé extraordinaire à Turin, juillet 1861.
Général de division, le 13 août 1863.
Envoyé extraordinaire à Copenhague, décembre 1863.
Sénateur, le 15 mars 1865.
Grand écuyer de l'Empereur, le 30 décembre 1865.

Envoyé extraordinaire à Florence, décembre 1866.
Ambassadeur de France à Saint-Pétersbourg, le 25 septembre 1869.
Relevé de ces fonctions, en septembre 1870.
Disponible à dater du jour de sa rentrée en France, le 29 juin 1871.
Retraité par décret du 25 août 1879.
Décédé à Paris, le 11 décembre 1884.

CAMPAGNES : 1837, 1838, 1839, 1840, 1841, 1842, 1843, 1844, 1845, 1846, 1847, 1848 et 1851, Afrique; 1851, intérieur; 1859, Italie (a reçu la médaille d'Italie).

BLESSURES : Coup de feu à la main gauche et contusion à la tête dans un combat livré dans la plaine de Cheliff, le 7 octobre 1845, contre les révoltés du Dahra ; — blessé à la tête en décembre 1851, à Paris.

CITATIONS : Cité à l'ordre de l'armée, le 18 août 1841, comme s'étant distingué dans les combats livrés pendant l'expédition de Mascara ; — cité à l'ordre de la division d'Oran, le 8 novembre 1841, comme s'étant particulièrement distingué au combat de Tackmaret, le 26 octobre, et pour avoir enlevé l'étendard des réguliers ; — cité dans le rapport du duc d'Aumale, en date du 20 mai 1843, comme s'étant particulièrement distingué à la prise de la smalah d'Abd-el-Kader ; — cité dans le rapport du maréchal Bugeaud, en date du 16 juin 1844, comme s'étant particulièrement distingué dans le combat de la veille ; — cité dans le rapport du maréchal Bugeaud, en date du 15 juillet 1844, comme s'étant particulièrement distingué dans les combats des 11 et 12 du même mois ; — cité dans le rapport du maréchal Bugeaud, en date du 17 août 1844, pour la bataille d'Isly ; — cité dans le rapport du maréchal Bugeaud, en date du 18 avril 1845, à l'occasion d'une charge exécutée sur un parti d'insurgés du Dahra ; — cité dans le rapport du maréchal Bugeaud, en date du 23 mai 1845, comme s'étant fait particulièrement remarquer dans le combat livré le 21 du même mois aux révoltés du Dahara ; — cité dans le rapport du colonel de Saint-Arnaud, en date du 19 juin 1845, comme s'étant fait remarquer par son intelligence et sa bravoure dans deux razzias exécutées les 17 et 18 juin ; — cité dans le rapport du colonel de Saint-Arnaud, en date du 11 octobre 1845, comme ayant eu les honneurs de la journée au combat livré le même jour aux Béni-Ouragh ; — cité dans le rapport du général Comman, en date du 25 novembre 1845, comme s'étant particulièrement fait remarquer dans un engagement qui eut lieu le 20 du même mois entre Orléansville et Ténez ; — cité comme s'étant distingué à l'affaire du 15 mars 1846, contre Bou-Maza ; — cité dans le rapport du maréchal Bugeaud, en date du 30 avril 1846, comme s'étant distingué dans le combat livré le 23 avril dans le bas Dahra.

DÉCORATIONS : Chevalier de la Légion d'honneur, le 3 janvier 1842 ; — Officier, le 20 août 1849 ; — Commandeur, le 19 mars 1858 ; — Grand officier, le 13 août 1859.

APPENDICE.

II

Lettre adressée par le général Korte au colonel commandant le régiment, après l'inspection générale de 1854.

« Versailles, 22 mai 1854.

« Mon cher Colonel,

« Au moment où vous cessez d'appartenir à la division de cavalerie de l'armée de Paris, je veux vous féliciter de l'honneur bien mérité qu'a obtenu le régiment des guides de passer tout entier dans la garde impériale.

« Je ne puis certes m'empêcher de regretter de voir sortir des attributions de mon commandement un si beau corps; mais, d'un autre côté, rendant un éclatant hommage à sa belle tenue, à son esprit remarquable, à son dévouement à l'Empereur, à son zèle pour le service, je me plais à reconnaître que nul n'était plus digne d'entrer comme noyau dans ces troupes d'élite, qui feront revivre les jours glorieux du règne de Napoléon Ier.

« Je me souviendrai avec plaisir d'avoir eu sous mes ordres le régiment des guides et en particulier des bonnes relations que j'ai entretenues avec son digne colonel, dans lequel j'ai toujours trouvé le concours le plus intelligent et le plus empressé. Je vous prie de faire connaître à tous vos officiers, en leur communiquant cette lettre, la satisfaction qu'ils m'ont causée par leur bonne manière de servir. Ces Messieurs peuvent être certains que je ne cesserai de les suivre avec intérêt dans le cours de leur carrière.

« Quant à vous, mon cher colonel, je ne puis mieux vous faire connaître comment j'apprécie vos qualités militaires qu'en transcrivant ici les notes que je vous ai données à mon inspection générale.

« M. le colonel Fleury est sans contredit l'un des plus bril-

« lants colonels de l'arme de la cavalerie. Capacité, intelli-
« gence, activité, zèle bien entendu, conception facile, déci-
« sion prompte, bravoure téméraire, instinct de la guerre;
« en un mot, il possède toutes les qualités qui constituent
« l'officier de cavalerie par excellence.

« Dans l'intérêt de cette cavalerie, il faut le nommer géné-
« ral de brigade et général de division, dès qu'il aura le
« temps de grade exigé par la loi. »

« Je vous renouvelle, mon cher Fleury, l'assurance de ma vieille et bien sincère amitié.

« Général Korte. »

TABLE DES MATIÈRES

DU TOME PREMIER.

A MES FILS VII

CHAPITRE PREMIER

Mes premières années de jeunesse. — Départ pour l'Angleterre. — Ma rencontre avec le comte de Persigny et le marquis de Gricourt. — Ma présentation au prince Louis-Napoléon à son retour d'Amérique. — Je rentre en France et je m'engage aux spahis 1

CHAPITRE II

Mon retour à Paris en novembre 1837. — Je m'engage pour l'Afrique. — Ernest Leroy. — Le général Descarrières. — Yusuf. — Je pars pour Alger. — Traversée. — Relâche à Palma. — Le commandant de Montauban... 8

CHAPITRE III

Arrivée de Yusuf à Oran. — Sa biographie, ses services. — Le maréchal de Mac Mahon. — Yusuf rentre en France. — Critique du rôle du maréchal en cette circonstance 16

CHAPITRE IV

Du Barail. — Cissey. — Mon petit état-major................. 27

CHAPITRE V

Organisation de l'escadron d'Orléansville. — Composition remarquable de cette troupe. — J'imagine le système des smalahs. — Je fais de la culture pour payer mes constructions. — Campagne contre Bou-Maza. — Divers épisodes. — Je suis proposé pour chef d'escadrons. — Révolution de 1848. — Je suis nommé. — Départ pour la France. 35

TABLE DES MATIÈRES.

CHAPITRE VI

Je pense à retrouver le prince Louis-Napoléon. — Départ du duc d'Aumale, gouverneur de l'Algérie. — Influence regrettable du prince de Joinville sur son frère. — L'armée d'Afrique était dévouée au Roi et à son fils. — Il était possible d'embarquer quinze à vingt mille hommes et de marcher sur Lyon et Paris. — Le duc d'Aumale et la Smalah. — Réception chez le général Cavaignac. — Je rencontre le général de Beaufort, ancien aide de camp du duc d'Aumale. — Ma destinée tient à cette rencontre 51

CHAPITRE VII

Je retrouve Persigny, grâce à l'obligeance du comte de Nieuwerkerke. — Notre entrevue au comité Pyat, rue Montmartre. — Persigny me présente au prince Louis-Napoléon à l'hôtel du Rhin. — Le Prince me fait un excellent accueil. — Il me convoque pour un entretien particulier le lendemain. — Je deviens son aide de camp. — Je m'installe à l'hôtel du Rhin. — J'organise la maison du Président. — Anecdotes. — Le comte de Goyon. — M. Thiers................ 60

CHAPITRE VIII

Comment expliquer le succès écrasant du vote du 10 décembre. — Après les journées de Juin, la bourgeoisie se jette dans les bras du général Cavaignac. — La candidature du prince Louis-Napoléon réveille le sentiment napoléonien. — Il n'est pas en désaccord avec les idées démocratiques. — Les entreprises de Strasbourg et de Boulogne lui ont fait une légende. — Le peuple incarne toujours le pouvoir dans un homme. — Le nom de Napoléon et la qualité de prince devaient toujours l'emporter sur tout autre prétendant. — Le Prince se rend le 10 décembre à la Chambre pour lire son message. — Il est chaleureusement accueilli par l'Assemblée et les tribunes. — Il est en habit et porte le grand cordon de la Légion d'honneur. — Il tend la main à Cavaignac qui la lui refuse. — Edgar Ney et moi nous escortons le Prince. — M. de Lacrosse, questeur, monte dans la voiture du Président. — Installation à l'Élysée. — Le lieutenant-colonel comte Pajol... 72

CHAPITRE IX

spect de l'Élysée. — Premier dîner. — Nombreuses visites le soir. — Les dévouements s'accumulent et s'imposent. — Le Prince forme sa maison militaire. — Je suis un peu le grand maître de la Cour. — Le Prince m'accorde une grande confiance. — Première grande revue. — Impression très vive produite par le Prince. — Sa belle tenue à cheval. — Réceptions à l'Élysée. — L'élite de la société monarchique s'y donne rendez-vous. — Pour elle le Président est le Monk qui doit ramener la royauté!... 79

CHAPITRE X

Le prince Louis-Napoléon, après un an de pouvoir, commence à être violemment attaqué par les radicaux. — Il est soutenu par les chefs du parti monarchique, à la condition d'abdiquer entre leurs mains. — Agitation du 29 janvier à propos du licenciement de la garde nationale. — Les sociétés secrètes ont fomenté un mouvement. — Le Président monte à cheval et parcourt les quais jusqu'à l'Arsenal. — En traversant la cour du Carrousel, il est acclamé par les commandants Lafon et Saucerotte, à la tête de deux bataillons de gendarmerie mobile cantonnés dans la cour des Tuileries. — Il semble que le Prince n'a qu'à détourner son cheval pour se faire reconnaître empereur. — Pendant ce temps, le général Changarnier dissipe les rassemblements sur les boulevards. — Élections du 13 mai 1849. — Le ministre Odilon Barrot se désintéresse des élections. — Le parti conservateur fait de grands efforts pour les diriger. — Réunion de la rue de Poitiers. — Manifestation du 13 juin.. 86

CHAPITRE XI

Rome est prise. — Immense popularité du Prince. — Le pays inquiet de l'avenir manifeste clairement son désir de voir prolonger les pouvoirs du Président. — Je réconcilie le Prince avec le général de Lamoricière. — Il accepte, grâce à mon intervention, d'aller à Saint-Pétersbourg comme ministre plénipotentiaire. — Manifeste du Prince à l'Assemblée. — Effet produit dans le pays. — Le général de Lamoricière donne sa démission. — Il devient l'ennemi du Président. — Regrets que j'en éprouve. — Le maréchal Bugeaud. — Composition du nouveau ministère. — Anecdote à propos de Rachel....... 94

CHAPITRE XII

Coup d'œil sur l'Élysée. — La haute société française et étrangère s'y porte en foule. — Le message du 31 octobre est mal accueilli par les chefs des partis réactionnaires. — Maison militaire. — Mes diverses attributions. — Le comte de Morny. — Il a de la peine à prendre de l'ascendant sur le Prince. — Je suis le confident de Louis-Napoléon à ce sujet. — J'aide beaucoup à un rapprochement plus intime dont j'entrevois l'utilité. — Réunion des Burgraves à l'Élysée. — L'on ne peut s'entendre. — Stupéfaction des conservateurs après les élections socialistes de Paris. — Loi du 31 mai proposée par les monarchistes. — Malgré sa répugnance le Prince la fait appuyer par son gouvernement. — Ingratitude des chefs de parti après cet acte de conciliation. — L'antagonisme s'accentue entre l'Assemblée et le Président.. 108

CHAPITRE XIII

Organisation du voyage. — Mon cheval tombe à Lyon. — Je suis blessé au pied et ne puis continuer le voyage. — Le général de Montebello me remplace dans mes fonctions de premier écuyer. — Le général Changarnier dessine de plus en plus son opposition. — A une revue de Satory, il donne l'ordre au général Neumayer d'empêcher les troupes de crier : « Vive Napoléon ! » — La cavalerie ne se soumet pas à ses ordres. — Changement du général Neumayer et destitution du général Changarnier. — Changement du ministre de la guerre. — C'est moi qui vais prévenir le général Schramm qu'il est remplacé par le général Regnaud de Saint-Jean d'Angély. — Le lendemain je porte au général Changarnier sa lettre de destitution. — Je crois un moment que le général va me faire arrêter. — La situation se rembrunit. — La nécessité de la modifier s'impose. — Je fais part au Prince de mes idées à ce sujet... 119

CHAPITRE XIV

Le général de Saint-Arnaud. — Nécessité de le grandir. — Expédition de la petite Kabylie. — Mon entrevue avec le général Randon, ministre de la guerre. — Je m'ouvre assez à lui pour qu'il comprenne le but que je poursuis. — Il me charge de faire une demande au Prince. — Je pars pour l'Algérie. — Je suis l'expédition. — Je gagne Saint-Arnaud à la cause du Prince. — Je reviens en France. — Saint-Arnaud est nommé général de division. — Son arrivée à Paris. — Il s'installe à l'École militaire............................. 129

CHAPITRE XV

Arrivée de Saint-Arnaud à Paris. — Bon accueil que lui fait le Prince. — Saint-Arnaud est l'objet de l'attention publique. — Il se pose de suite en chef de la jeune armée. — Je travaille avec le Prince à la composition de la garnison de Paris. — Rentrée en France des généraux marquants d'Algérie. — Projet de coup d'État pendant la prorogation de la Chambre. — De la lumière et de la vérité sur les causes qui font avorter ce projet. — Le général de Saint-Arnaud retire sa parole. — Le général Magnan, gouverneur de Paris, refuse d'agir seul. — Embarras et grand désappointement à l'Élysée. — Le préfet de police, M. Carlier, donne sa démission. — Le bruit du coup d'État transpire. — Dangers que court le Prince. — Tentatives inutiles près des généraux Baraguay-d'Hilliers et Castellane. — Je propose au Prince

TABLE DES MATIÈRES. 429

d'aller voir le général de Saint-Arnaud. — M. Rouher présent quand je fais cette proposition. — Explications que me donne Saint-Arnaud sur son refus d'agir. — Je réconcilie le Prince avec le général. — Nous partons pour Saint-Cloud................................ 141

CHAPITRE XVI

Le Prince à Saint-Cloud. — Conférences qui précèdent le nouveau ministère. — Son programme. — Rentrée de la Chambre le 4 novembre. — Message du Président. — Il propose l'abrogation de la loi du 31 mai. — Colère des chefs de la droite. — Proposition des questeurs. — Fermeté du général de Saint-Arnaud. — Tumulte dans l'Assemblée. — La proposition est rejetée. — Nouvelles intrigues pour renverser le Président. — Soirée du 1er décembre............... 154

CHAPITRE XVII

Le coup d'État. — Récit d'ensemble donné assez exactement par M. de Cassagnac dans ses *Souvenirs du second Empire*. — Le récit circonstancié des arrestations et des mesures de police a été publié par M. de Maupas. — Ce qui se passe à l'Élysée dans la matinée du 2 décembre. — J'accompagne la brigade de carabiniers sur les boulevards. — Je suis blessé d'un coup de feu à la tête à la hauteur de la porte Saint-Denis. — Différents épisodes....................... 161

CHAPITRE XVIII

Journées des 4 et 5 décembre.................................. 182

CHAPITRE XIX

Satisfaction générale après le coup d'État. — Opinion de Victor Hugo. — Commencement de Jacquerie en province. — Le 12 décembre, tout rentre dans l'ordre. — Le Prince organise sa maison militaire et civile. — Je cumule plusieurs fonctions avec celle d'aide de camp. — Le Prince dans ses promenades. — Sa popularité à cette époque et pendant l'Empire.. 194

CHAPITRE XX

Miss Howard. — Quelques réflexions à son sujet. — Crainte qu'elle nous inspire. — Miss Howard se révèle ambitieuse de jouer un rôle. — Elle assiste à un bal des Tuileries. — Je combats son influence dangereuse.. 204

CHAPITRE XXI

Je conseille au Prince de se marier. — Intérêt sérieux d'épouser une princesse. — Projet d'alliance avec la princesse de Wasa. — Je vais à Darmstadt en mission pour cette négociation. — Insuccès. — Le Prince n'en éprouve aucun mécontentement.................. 211

CHAPITRE XXII

Explication de l'indifférence du Prince au sujet de l'insuccès de la négociation de Darmstadt. — Louis-Napoléon est épris de la comtesse Eugénie de Montijo. — Confidence du Prince. — Je conseille le mariage. — L'Empereur demande la main de Mlle de Montijo au retour de Compiègne. — Le mariage est résolu le 22 janvier 1853. 218

CHAPITRE XXIII

Préparatifs du mariage. — Je complète l'organisation de mon beau régiment des guides. — En même temps, j'organise le cortège du 30 janvier... 226

CHAPITRE XXIV

Constitution de la maison de l'Empereur, de l'Impératrice et de la famille impériale. — Je suis chargé de la rédaction du règlement et des attributions de chaque chef de service. — Je m'inspire du règlement de la maison de Napoléon Ier. — Suppression d'une partie des grandes charges. — Hésitation de l'Empereur lorsqu'il s'agit de désigner le grand écuyer et le grand veneur. — Je prends la parole. — L'incident se termine à notre satisfaction, au colonel Ney et à moi. — Réflexions à ce sujet............................... 237

CHAPITRE XXV

L'Empereur annonce son mariage aux délégués des grands corps d'État en présence de toute la Cour. — Mariage civil. — A Notre-Dame... 246

CHAPITRE XXVI

L'Empire est reconnu par toutes les puissances. — Difficultés d'étiquette soulevées par l'empereur de Russie. — Napoléon III ne proteste pas, par esprit de conciliation. — Affaire des Lieux saints. — Le Tsar envoie le prince Mentchikoff à Constantinople porter un ultimatum. — L'armée russe passe le Pruth et envahit la Bessarabie. — Départ des flottes françaises et anglaises pour les eaux de la Grèce. — Conférence de Vienne. — Dernier effort de l'empereur Napoléon pour maintenir la paix. — La guerre est déclarée à la Russie par la France et l'Angleterre. — La Prusse et l'Autriche n'y prennent pas part, mais refusent de s'engager avec la Russie.................. 250

CHAPITRE XXVII

L'Empereur fait choix du maréchal de Saint-Arnaud pour commander l'armée française. — Conversation confidentielle que j'ai avec Sa Majesté à ce sujet. — Le maréchal Vaillant remplace le maréchal de Saint-Arnaud à la guerre. — Considérations sur le maréchal de Saint-Arnaud... 258

CHAPITRE XXVIII

Mort du maréchal de Saint-Arnaud. — Le général Canrobert le remplace comme général en chef. — Démission du général Canrobert. — Son désaccord avec lord Raglan. — Il est remplacé par le général Pélissier. — Expédition de Kertch. — Son rappel. — Mécontentement de l'Empereur contre le général Pélissier. — Sa Majesté veut lui retirer son commandement pour le donner au général Niel. — Je fais revenir l'Empereur sur sa détermination. — La dépêche est arrêtée par le maréchal Vaillant, grâce à mon initiative.................. 265

CHAPITRE XXIX

Leurs Majestés vont rendre visite à la reine d'Angleterre. — Épisodes du voyage. — Grand succès de l'Impératrice. — Adieux touchants de la princesse impériale d'Allemagne. — Fêtes à Windsor et à Londres. — L'Empereur est acclamé avec un enthousiasme indescriptible. — Il reçoit l'Ordre de la Jarretière. — Cérémonie solennelle. — Revue à Windsor. — Le prince Albert........................... 287

CHAPITRE XXX

Le général Canrobert est rappelé en France. — Ordre du jour du général Pélissier. — Son arrivée à Paris est officiellement annoncée au *Moniteur* du 18 août 1855. — Il est l'objet des attentions de la reine d'Angleterre pendant son séjour en France. — Il est envoyé en ambassade extraordinaire en Suède le 25 novembre. — L'Empereur le fait sénateur et le désigne pour marcher en tête d'une division revenue de Crimée. — Son triomphe sur les boulevards. — Le général Bosquet, guéri de ses blessures, rentre à Paris. — L'Empereur hésite à nommer Canrobert et Bosquet maréchaux de France. — J'interviens d'une manière pressante. — Je décide l'Empereur.................. 303

CHAPITRE XXXI

Voyage de la reine d'Angleterre et du prince Albert en France

(18 août 1855.) — Impressions et souvenirs de la Reine extraits de son journal tenu jour par jour. — Le livre de sir Théodore Martin traduit par Mme Craven. — Mon opinion personnelle sur les résultats politiques des entrevues de Windsor et de Saint-Cloud........... 316

CHAPITRE XXXII

Le duc de Cambridge distribue des médailles de Crimée au nom de la reine d'Angleterre. — Grande solennité militaire. — La Russie accepte les préliminaires de la paix. — Conférences à Paris. — Traité de paix.. 329

CHAPITRE XXXIII

Naissance du Prince impérial. — Ondoiement du Prince. — Divers décrets de l'Empereur à cette occasion.................... 333

CHAPITRE XXXIV

Sollicitude de l'Empereur envers la classe ouvrière. — Inondations de la Loire et du Rhône. — L'Empereur va lui-même porter des secours aux inondés. — J'accompagne Sa Majesté dans ces voyages précipités. — Le général Niel. — Mes premières relations avec M. Rouher... 341

CHAPITRE XXXV

Visite de LL. AA. le duc et la duchesse de Brabant. — Visite du roi Victor-Emmanuel à Paris. — Réception qui lui est faite par l'Empereur. — Conséquences qu'il était facile de tirer de ce voyage. — Le prince Napoléon désigné par l'Empereur pour aller au-devant du Roi. — Le comte de Cavour 349

CHAPITRE XXXVI

Baptême du Prince impérial............................. 357

CHAPITRE XXXVII

Le duc de Malakoff....................................... 363

CHAPITRE XXXVIII

Le comte de Morny, ambassadeur extraordinaire à Saint-Pétersbourg... 371

CHAPITRE XXXIX

Voyage à Osborne. — Affaire des Principautés. — Anecdotes... 381

TABLE DES MATIÈRES.

CHAPITRE XL

Le camp de Châlons. — Le duc de Cambridge. — Lord Cardigan. 392

CHAPITRE XLI

Entrevue de Stuttgard. — L'Empereur se rencontre avec l'empereur de Russie 397

CHAPITRE XLII

Le duc de Malakoff à Londres. — Renversement de lord Palmerston. — Le général Espinasse, ministre de l'intérieur. — Les adresses des colonels à propos de l'attentat d'Orsini. — Le calme renaît. — Le comte de Cavour à Plombières. — L'Empereur invite la Reine à assister aux fêtes de Cherbourg 403

CHAPITRE XLIII

La Reine à Cherbourg. — Extraits de son journal. — Toasts de l'Empereur et du prince Albert.................................... 411

APPENDICE.. 421

PARIS

TYPOGRAPHIE DE E. PLON, NOURRIT ET Cie

Rue Garancière, 8.

www.ingramcontent.com/pod-product-compliance
Lightning Source LLC
Chambersburg PA
CBHW071110230426
43666CB00009B/1904